· 本专著为国家自然科学基金青年项目“基于西通道的国家西向流通网络特征与组织模式研究”（41701141）、河南省高等学校哲学社会科学创新团队建设计划项目（2014－CXTD－07）研究成果。
· 本专著受到国家自然科学基金面上项目“环境变化、系统调整与家庭响应整合视角下乡城移民空间决策与机制研究”（41771158）资助。

中国区域协调发展论

The Theory of Coordinated Regional Development In China

逻辑脉络与案例区研究

文玉钊◎著

A Logical Venation And Case Study

中国经济出版社
CHINA ECONOMIC PUBLISHING HOUSE
北 京

图书在版编目（CIP）数据

中国区域协调发展论：逻辑脉络与案例区研究 / 文玉钊著. --北京：中国经济出版社，2022.8

ISBN 978-7-5136-7053-1

Ⅰ. ①中… Ⅱ. ①文… Ⅲ. ①区域经济发展-协调发展-研究-中国 Ⅳ. ①F127

中国版本图书馆 CIP 数据核字（2022）第 153092 号

责任编辑　叶亲忠
责任印制　马小宾
封面设计　华子图文

出版发行　中国经济出版社
印 刷 者　北京富泰印刷有限责任公司
经 销 者　各地新华书店
开　　本　710mm×1000mm　1/16
印　　张　15.25
字　　数　230 千字
版　　次　2022 年 8 月第 1 版
印　　次　2022 年 8 月第 1 次
定　　价　88.00 元
广告经营许可证　京西工商广字第 8179 号

中国经济出版社　**网址** www.economyph.com　**社址** 北京市东城区安定门外大街 58 号　**邮编** 100011
本版图书如存在印装质量问题，请与本社销售中心联系调换（联系电话：010-57512564）

前言 PREFACE

自改革开放以来，由于各地区发展条件与外部动力的差异，区域经济差异大、发展不平衡成为中国的基本国情之一。在长期“东西差距”的基础上，近年来中国又呈现中心城市加速崛起（“强省会”现象）、南北方经济分化加剧（经济增速“南快北慢”，经济份额“南升北降”）、不同地区间转型发展的动力差异明显等新现象，区域间的分化趋势正在持续加剧。在此背景下，区域协调发展引起经济学、地理学、管理学、社会学等学科学者群体的高度关注。本书尝试对中国区域协调发展的逻辑脉络进行系统分析，并以具体区域为对象进行实证研究。本书内容安排如下：

一是对区域协调发展进行理论解析。关注全球范围内广泛存在的区域发展不协调现象，并从区域特性、区域分化以及理性应对等层面深入剖析区域发展的理论逻辑；全面认识区域协调发展的理论基础，分类梳理国外理论，对中国学者在区域空间结构、地域功能研究等与区域协调发展相关的领域取得的较大理论进展进行总结。

二是深入分析中国区域协调发展的实践逻辑。在关注历史传统的基础上，分析当前我国区域协调发展的政策脉络，并结合中国特色国情，提出新发展阶段区域协调发展的目标体系；从经济发展、自然条件、体制机制等视角深入分析当前我国区域协调发展的现实约束，并从陆海、流域（大江大河）、经济核心区（城市群/都市圈）、经济边缘区（省际交界地带）等典型的空间类别入手，构建区域协调发展的空间层次。

三是聚焦陆海联动及其协调发展。“一带一路”倡议实施之后，中国进入了双向开放、陆海联动、门户引领的新阶段，陆海复合型大国的优势得到高效发挥，并集聚巨大经济动能。本书以中国对欧洲的外贸运费和外贸时间成本作为测算指标，对双向开放前后不同城市的区位差异进行测度，通过定量研究剖析“一带一路”倡议下的城市区位格局，以反映陆海联动与协调发展的基础条件变化。

四是聚焦大江大河流域这一跨地域的自然—经济单元的协调发展。我国河流广布，跨省流域众多，部分大河流域涉及不同的经济板块以及南北方、沿海与内陆不同地区。近年来，国家逐步重视“以流域为纽带、东中西相统一、横向互补发展”模式，依托流域的天然联系，流域的协调发展对于破解我国区域经济差异和发展水平约束意义重大。本书以流域面积大、人口密集、工农业相对发达的长江、黄河、珠江、淮河、辽河、海河、松花江七大江河流域，以及长江支流赣江流域为案例区，对流域地带的协调发展困境与路径进行深入剖析，提出黄河国家战略下的郑州枢纽区等方案。

五是主要聚焦城市群与都市圈这一典型的经济核心区的协调发展。本书选取黄河流域城市群与都市圈、成渝城市群、环鄱阳湖城市群为研究对象，对城市群发展的复杂性、不同城市群间以及城市群内部的协调进行了针对性剖析，尤其对城市群空间结构、基础设施互联互通、对外运输通道、空间开发开放模式等进行详细研究。

六是聚焦以省际交界地带为代表的经济边缘区的协调发展。省际交界地带如同“被遗忘的角落”，往往面临着比较复杂的发展困境。赣南、苏北、豫西南地区都处于三四省交界地带，远离所在省份的经济重心区域，在经济发展、区域竞合、交通网络等方面均面临较突出的现实挑战。通过对以上地区的针对性研究，本书深度审视新一轮国家战略导向，优化协调发展思路，打破边缘区发展困境，以实现社会经济发展水平和区域地位的双重崛起。

七是主要分析和展望新发展阶段中国区域协调的路径。基于前面章节的理论分析与实证研究，本部分从推动不同层次的空间协同、国家核心地带的网络化重塑、保护性开发与低碳协同、胡焕庸线的突破与国土空间协调发展等方面，对区域协调发展路径进行深入分析；提出打造国家核心地带“菱形”格局，详细剖析生态文明时代的区域协调发展应对策略，从“双循环”时代和人口“零增长”与“负增长”的视角，深入审视新环境下区域协调发展新的关注点与协调之道；着眼于未来，认为区域协调发展必须坚持尊重自然与经济社会发展规律，新发展阶段应更加强调以人为核心的区域协调发展，区域协调发展应充分重视文化的作用。

推进区域协调发展的目的是破解当下区域发展的不平衡、不全面、不可持续问题。区域协调发展必须坚决破除地区间的利益樊篱和政策壁垒，最终形成统筹有力、竞争有序、绿色协调、共享共赢的新局面。当然，不能简单地要求各地区达到同样的发展水平，而是各地区要根据自身条件，发挥比较优势，走出富有地域特色的高质量发展之路。在这一过程中，自然、经济、政治、文化等方面的因素都将起到重要作用，自然与经济社会规律不可违背，政府的科学调控不可缺位，文化的重要影响不能忽视；科技创新与国际环境亦是极为重要的外部变量。区域发展的态势与区域间的关系将在内外因素的共同驱动下持续发生变化，新发展阶段的中国将在区域格局重塑中走向协调发展。

文玉钊

2022 年 5 月于河南财经政法大学

目　录 CONTENTS

1 区域协调发展的理论解析

区域发展不协调是区域发展过程中的普遍现象，广泛出现在不同国家。从理论分析角度来看，对区域特性的准确把握是深度认识区域协调发展的基础，只有对区域本身的发展与演化规律进行深入了解，才能对区域间的关系进行全面的认识和理性判断，进而科学地协调区域间的主体利益和相互作用关系。

1.1 区域发展不协调现象

区域协调发展是全球范围的共同议题。“拥挤的区域”“衰败的区域”“资金短缺的区域”“环境恶化的区域”等问题的涌现，严重影响了经济发展的协调性，往往给国家经济社会的持续发展带来极大的现实挑战。自 20 世纪以来，德国、意大利、美国、英国、日本、中国等均面临着区域发展不协调的现实困境，长期困扰着国家与地方政府。一方面，区域发展不协调问题在全球分布广泛，在发达国家和发展中国家均有涉及；另一方面，该问题往往具有历史性，长期存在并不断演化为复杂的综合性问题。

1.1.1 区域发展不协调的国家案例

德国的矿产资源，尤其是煤炭、铁矿基本上分布在西部地区。基于矿产资源，德国在“二战”之前建立了鲁尔、萨尔、西里西亚 3 大工业区，其中鲁尔、萨尔工业区分布在德国西部，而西里西亚工业区在“二战”之后被划入波兰。1949 年，德国分裂为东、西两个部分。受苏联影响，东德走上了一条高能耗、高污染的以重工业为主的粗放式经济发展道路。在这一时期，西德的大部分经济社会指标均高于东德的相关指标。1990 年德国统一之后，东德国土被划分为勃兰登堡、梅克伦堡—前波美拉尼亚、萨克森、萨克森—安哈尔特和图林根 5 个州，即德国东部地区。为实现协调发展的目标，政府从财政和产业政策上支持东部地区发展，除了采取措施协调联邦各州的财政资源来帮助东部地方政府履行其公共职能外，还通过低息贷款、贷款违约风险保证等方式帮助东部地区的企业获取资金，以促进东部地区投资。1991 年，德国东部联邦州的人均国内生产总值(GDP)约是西部各州的42%，2015 年这一比例提高到 73%，“东西差距”依然显著。德国东部在居民收入、基础设施、医疗、教育、住房等方面的水平仍低于西部各州，东西部联邦州之间仍然存在结构性差距。2016 年，德国西部各州共有 20 多万个初创公司，东部各州只有 2.64 万个，DAX 指数最大的 30 家公司的总部均设在德国西部(聂琳，2018)。经济差距导致了一系列政治和社会问题。德国东部地区多数居民仍感觉自己是这个国家的“二等公民”。德国前总理默克尔认为，德国的统一不是一个已完成的状态，而是一个持续的过程，并呼吁为东、西部的协调发展做出更多努力(新华社，2018)。

意大利呈现典型的“南北”差距现象。意大利国土南北狭长，按照行政区划，意大利整体可以分为北部、中部、南部 3 大板块。北部地区包括艾米利亚—罗马涅、弗留利—威尼斯·朱利亚、利古里亚、伦巴第、皮埃蒙特、特伦蒂诺—上阿迪杰、瓦莱达奥斯塔、威尼托 8 个大区，拥有米兰、都灵、热那亚、威尼斯等知名城市。意大利中部包括拉齐奥、马尔凯、托斯卡纳、翁布里亚 4 个大区，首都罗马位于该区域。从经济差异角度来看，北部和中部地区被广泛视为北意大利，阿布鲁佐、巴西利卡塔、卡拉布里亚、坎帕尼亚、莫利塞、普利亚、西西里、撒丁 8 个大区则被视为南意大利。北意大利工业、商业、旅游业发达，集中了全国 60%以上的人口和 80%左右的 GDP。1951 年，南意大利的人均 GDP 为北意大利人均 GDP 的 52.9%，1973 年这一数值达到 60.5%，但此后其再没有实现增长(中华人民共和国驻意大利共和国大使馆经济商务处，2021)。在人均寿命方面，南意大利的人均寿命比北意大利的人均寿命要少 2 年。意大利研究机构 Eurispes 在《2021 年意大利经济发展研究报告》中指出，意大利的经济和社会不平等现象仍然非常明显，相当于整个领土 41%的南部地区具有完全不同的社会、经济和公民环境，其看起来几乎像另外一个国家，这是亟待解决的结构性问题（中华人民共和国驻意大利共和国大使馆经济商务处，2021）。

1.1.2 相关国家的应对策略

对此，各国政府实施了一系列有利于区域协调发展的策略（见表 1-1），有效控制或消解了发展失衡导致的矛盾（孙志燕、侯永志，2019；曾灿、张秀生，2017；茹小斌等，2019）。发达国家在推动区域协调发展方面主要有以下经验：一是实施财政平衡政策。如为了平衡德国东西部的发展，1991 年 7 月开始，德国决定对全体公民征收“所得税、工资税、法人税的 7.5%”纳入“德国统一基金”（Fonds Deutsche Einheit），用于支援东部地区的发展，并于 1993 年通过《团结公约》并将其规范化、常态化（聂琳，2018）。意大利、美国等均出台了差异化的税收和财政支出政策，日本进行了大规模的财政转移支付。二是设立专门的政府机构，用于制定经济和财政政策，加大对欠发达地区的投资力度。三是大力支持欠发达地区完善基础设施建设，提升交通通信水平，改善营商环境。四是大力推进国土整治计划，引导更多第二、第三产业在欠发达地区布局，同时根据欠发达地区的比较优势确定其主导产业。五是政府不断完善立法体系，保障对欠发达地区提供持续性的经济与财政支持。

表 1-1 相关国家的区域不协调问题与协调发展策略

典型国家	区域经济不平衡问题	主要区域发展策略	主要立法与规划支撑
德国	“东西”差距显著（自 1990 年以来）	实施财政平衡政策；改善落后地区投资环境；改进区域经济结构；促进增长与创新；完善区域发展法律体系	《团结公约》一期（1995—2004 年）；《德国空间发展理念和行动战略》（2006 年、2016 年）
意大利	“南北”差距显著（20 世纪 50 年代至今）	以经济手段为主，行政手段为辅；改善落后地区的交通、通信等外部环境；重视财政拨款、税收优惠等财政手段；设立专门的区域经济发展机构，协调中央与地方政府的关系，发挥地方政府的积极性；以立法形式保证区域政策的持续实施	第 646 号法令（1950 年）；第 717 号法令（1965 年）；第 853 号法令（1971 年）；第 183 号法令（1976 年）；第 64 号法令（1986 年）

续表

典型国家	区域经济不平衡问题	主要区域发展策略	主要立法与规划支撑
美国	西部、南部地区与东北部、中北部地区的经济差距（20世纪30年代至80年代）	实施差异化税率、差异化的财政支出政策；建设全国公路、信息等基础设施网络；制定环境保护政策，限制东北部和中北部投资规模；强化立法和机构保障	《土地再开发法》（1961年）
英国	老工业区衰退（20世纪20年代至今）	以经济资助方式促进衰退区域内部的劳动力向繁荣地区转移（未取得理想效果）；中央政府与地方政府共同制定区域发展政策；改善衰退地区投资的软硬件环境；强调衰退地区内生发展；全面促进新企业的创建和中小企业持续成长，注重技术创新	地方增长白皮书：开发每一个地方的潜力（2010）
日本	农村地区“过疏”（20世纪50年代至今）	振兴农村和边远地区发展；农村和边远地区“走区域内生发展道路”；实行大规模财政转移支付	“特定地区开发计划”（1950年）；“第一、第二、第三、第四次全国综合开发计划”（1962—1987年）；2050国家空间发展总体规划（2014年）

1.2 区域协调发展的理论逻辑

1.2.1 区域及其特性

1.2.1.1 区域具有系统性和尺度性特征

区域是根据一定的目的和原则，划定地球表面一定的空间范围，具有相对完整的结构，能够独立发挥功能的有机整体（魏后凯，2006）。一方面，区域是地球表层的地域单元，具有明确的边界范围；另一方面，区域作为观念的产物，也可能只有模糊的边界。在经济地理学和区域经济学研究中，区域往往是一个实体概念。

区域具有特定的结构、功能和类型。首先，区域具有显著的系统特征。19世纪末至20世纪初，西方学者认识到，区域是一个有机的整体。希罗多德通过对非洲一带人物、环境、历史和地理的描述，有力地展现了人物、地点和家园的交互作用(希罗多德，2010)。拉采尔和白兰士等基于对德国、法国乡村的研究，认为一个有着稳定的农业耕作、居住和土地使用的模式反映了人与自然之间长期的平衡关系(比希瓦普利亚·桑亚尔等，2019)。赫特纳认为，地域的特性表现为自然和人文现象的紧密结合，且两者不可分割(阿尔夫雷德·赫特纳，2009)。阿努钦提出区域的地理环境由无机要素、有机要素和社会要素三个部分组成，三者构成了统一整体(阿努钦，1994)。同时，区域系统的开放性决定了一个区域一定会与其他区域发生联系(李春芬，1995)；区域与地理体系及其毗邻区域的空间联系能更好地反映区域的个性与独特性(鲁西奇，1996)。其次，区域具有显著的空间尺度性。哈特向在论述划区的基本方式时，倾向于“划分大区和小区”，并高度关注区域的“等级”和“序列”问题(理查德·哈特向，2009)。郑度等将自然区划的路径归纳为“自下而上的空间聚类方法”和“自上而下的区域分割方法”(郑度等，2008)。基于不同的尺度，区域所呈现的独特性可能不同，区域间的社会经济联系亦会发生相应变化，并表现出不同的结构特征。最后，区域具有显著的属性特征。区域拥有温度、水分、地形、植被、人口、经济等多种要素，并且往往存在一种或若干种居于主导地位的要素，并对其他要素的形成与发展产生重要影响。根据各要素的规模、结构等属性，学者可对区域进行类型划分，而所划分出的不同类型子区域有助于迅速把握区域的独特性。根据要素功能的差异，区域往往可以划分为生态区、经济区、行政区等。同时，区域内的各种要素相互影响、相互作用进而发挥相应的功能，一个区域往往同时具备生态、经济、社会等多种功能，而不同区域尤其是空间上相近的区域在功能上往往形成一个复杂并相互作用的有机体(亚历山大·B. 墨菲，2020)。因此，区域间存在经济、社会、生态功能上的复杂联系和相互作用，区域自身或与周边区域一并构成了生态、经济、社会系统，并且保持不同区域间的生态、经济、社会、技术等特征的交叉融合。

1.2.1.2 区域的经济系统性

区域往往有较为明确的边界或过渡地带，尤其是行政区域，其边界十分清晰。但在全球化背景下，区域间的经济活动通过工作网络、资金网络、市场网络密切关联，经济系统往往跨越单一的行政区域。诸多经济活动一方面扎根于所在区域，另一方面深度嵌入高度专业化的跨区域经济网络(包括生产链条、专业化劳动力市场等)。区域内经济活动以“流空间”为支撑，通过不同类型的网络节点(如城市、厂区等)参与生产分工，不断强化各种空间尺度的生产网络。在此背景下，构建开放、广阔、紧密的经济网络对于区域的发展至关重要。对“流”的“捕获”能力决定区域经济发展的成败，区域单元通过基础设施网络的快速扩张在“流空间”中获得“中心流”的区位，同时不断提升城市节点的价值，以节点支配“流”要素，进而支配区域发展(马向明，2020)。

1.2.1.3 区域的生态系统性

在传统的发展理念中，环境保护的重心只聚焦于个别物种或个别地区，而从生态系统视角来看，每片树林、每条河流、每块草地都是复杂生态系统的一部分。因此，区域往往也是一个生态单元，其边界比较模糊，并且具有相互作用、相互联系、相互依存的性质(彼得·卡尔索普、威廉·富尔顿，2018)。生态要素间的天然关系决定了不同区域在地理环境上的相互联系。在现实中，区域间往往需要协同开展空气、水污染治理，以协调区域发展与自然环境之间的矛盾。同时，在区域空间结构中，生态区域和经济区域往往交织在一起，构成区域发展的复杂系统。因而，从生态系统的视角审视区域发展十分必要，生态破坏所产生的影响将波及区域的经济社会发展。

1.2.1.4 区域的社会系统性

个人、群体、社区、街区等要素构成区域的社会系统。区域内的居民具有社会联系，其联系的紧密程度并不相同。居民、社区、街区之间相互依赖，特别是交通、供水等公共设施为其提供了联系的基本纽带。区域内部的民生、就业、贫富差距、犯罪等社会问题往往超出了区域的空间范围，而社会问题如果不能得到及时有效的处理，将会对区域综合功能的发挥产生严重制约，甚至造成大规模的人口流失，引发经济衰退(彼得·卡尔索普、威廉·富尔顿，2018)。由于社会问题超出了区域范围，区域间需要协作来完成公共资源配置和公共事务处理。

1.2.2　区域分化与理性应对

1.2.2.1　区域分化的必然性

在区域发展的过程中，不同区域往往呈现不同的发展趋势和水平，形成显著的区域分化现象。其主要原因如下：一是自然的异质性被转化为社会组织中的质和量的差异，自然地理条件在一定程度上决定着人类社会经济活动的状态和位置（尼尔·史密斯，2021）。各区域的自然资源禀赋不同，造成区域发展的先天基础差异。二是不同区域的经济地理区位不同，对自身的后续发展产生重要影响。三是经济发展模式的不同，各区域基于自身的生态、经济、社会功能，获得不同的发展路径和效应，其受政府战略、本土文化等多方面驱动。四是在外部发展环境（尤其是在技术变革、全球化、气候变化等）的作用下，不同区域所受冲击和影响不同，其自身响应和应对策略也存在较大差异。

1.2.2.2　区域分化的复杂性

自然条件与经济开发起步比较相近的地区，在发展的过程中，受到诸多因素的影响，其发展速度也会产生差异，甚至演进出不同的发展路径、模式，呈现不同的发展格局。在不同区域的发展过程中，发挥关键性作用的各种因素并不相同；同样的因素，在不同地区的发展进程中，所发挥的作用也可能不同。例如，在中国传统社会，并不是每一个地区人口的繁盛都一定能带来区域经济的发展。江南地区人口的增长使商品经济繁荣，使之成为中国社会经济最发达的地区之一，然而在资源相对匮乏的地区，人口的增长则可能进一步加剧生存资源的匮乏、群体的冲突和区域经济的衰退。同样，对大部分地区来说，农耕技术的改进确实意味着生产力的提高与社会经济的发展；但在另外一些地区，其可能意味着人类破坏自然能力的提高，并不一定带来经济的发展与进步（鲁西奇，2014）。

1.2.2.3　区域发展道路的多样性

人类历史发展道路的多样性有三个根源：一是自然的多样性；二是人群的多样性；三是人群对多样性自然的适应、应对与抉择的多样性。景观的多样性影响了区域发展进程的差异性，不同区域社会经济发展的起步有早、晚之别，发展有快、慢之分，道路有顺直与曲折之不同，发展水平有高、低之异。因此，区域的发展，并非一条单一的轨迹，不同的区域都可能具有与其区域特性相对应的发展脉络(鲁西奇，2014)。

综上所述，不同的区域系统，内部各要素的规模与结构不同，其经济、社会、生态等功能的发挥必然不同，加之外部发展条件的差异，导致了不同区域的发展差异。因此，区域分化是在区域发展规律作用下的必然现象，并且表现在不同的空间尺度上。一方面，区域内部各子单元呈现"在共同发展中分化"的趋势；另一方面，区域间的分化程度不断加剧，使发展失去平衡性。过度分化将产生一系列经济、社会影响和空间效应。为了应对过度分化带来的不平衡格局，区域协调发展成为重要的发展理念。区域特性的不同决定了区域协调发展必须尊重经济发展规律，准确把握各区域的资源禀赋和比较优势，集聚适合自身的发展要素，做到宜工则工、宜农则农、宜商则商、宜旅则旅，探索适合的发展目标、路径、模式，走科学合理的发展道路。

1.3 区域协调发展的理论基础

1.3.1 国外理论梳理

长期以来，西方学者对区域经济增长机制、区域经济增长阶段、区域间经济发展关系、区域分工、区域经济差异、空间相互作用等进行了大量研究，直接或间接地为区域协调发展提供了经济学的理论支撑。从整体来看，相关研究可分为区域均衡发展理论、区域非均衡发展理论、区域分工理论(见表1-2)。区域均衡发展理论是以哈罗德—多马新古典经济增长模型为基础发展起来的，其以大推进理论、贫困恶性循环理论、低水平均衡陷阱理论、最小努力理论为代表(郝寿义、倪鹏飞，2020)。区域均衡发展理论的前提是要素替代、完全竞争、规模报酬不变、资本边际收益递减，该理论的缺陷在于忽略了规模效应和技术进步因素，市场力量作用通常导致区域差异增加而不是缩小(王凯，2010)。随着生产要素的区际流动，区域间的经济发展水平将趋于收敛，可通过政府干预来实现产业和部门间的均衡发展，进而实现区域间发展均衡(何雄浪、李国平，2004)。区域非均衡发展理论认为，区域经济发展必然是不均衡的，但随着发展水平的提高，其将逐渐向区域经济一体化过渡。增长极理论、循环累积因果理论、极化—涓滴效应学说、梯度推移理论认为，无论经济增长处于哪一个阶段，进一步增长总会打破原有均衡。倒"U"形假说强调经济增长发展程度较高时期增长对均衡的依赖(肖金成，2021)。在资源和要素不能完全自由流动的情况下，为满足生产、生活方面的需求，提高经济效益，各个区域在经济交往中必然要按照比较利益原则，选择和发展具有优势的产业，进行区域间的分工(李小建等，2018)。西方学者以国家为对象构建较为成熟的区域分工理论，主要包括绝对优势理论、比较优势理论和要素禀赋学说等。区域分工理论论证了各区域在充分发挥资源、要素、区位等方面优势的基础上进行专业化生产，有利于提高各区域的经济效益和国民经济总效益。

表 1-2　区域协调发展相关理论梳理

理论类别	具体理论	主要提出者	研究范畴	核心论点	对区域协调发展的启示
区域均衡发展理论	大推进理论	Rosenstein-Rodan	区域经济增长机制	强调社会基础资本对经济增长的贡献，主张发展中国家在投资上，以一定的速度和规模持续作用于众多产业，使其突破发展瓶颈，克服三大"不可分性"	落后区域在投资上可以按照一定的速度和规模持续作用于各产业，促使各工业部门同时发展起来
	贫困恶性循环理论	Nurkse	区域经济增长机制	不发达国家普遍存在的低收入水平将导致其在投资供给和投资需求方面的不足，从而阻碍经济增长和发展；平衡增长可以摆脱恶性循环	低收入区域可以同时在各产业、各地区进行投资，实现产业和区域经济的协调发展

续表

理论类别	具体理论	主要提出者	研究范畴	核心论点	对区域协调发展的启示
区域均衡发展理论	低水平均衡陷阱理论	Nelson	区域经济增长机制	发展中国家存在低水平人均收入、难以增长的现象；要走出低水平均衡陷阱就必须使人均收入增长率超过人口增长率	应进行合理的大规模投资，大幅度提高区域的资本形成率；重视区域资本的形成
	最小努力理论	Harvey Leeibenstein	区域经济增长机制	发展中国家只有努力达到能够提高人均收入的临界水平，跨越低水平均衡状态，才能实现经济的持续增长	落后区域为了实现长期持续增长，必须在一定时期受到大于临界最小规模的增长刺激
区域非均衡发展理论	增长极理论	Francois Perroux；Rodwin；Boudeville	区域经济增长机制	经济增长首先出现在经济空间的某些点上，区域发展主要依靠增长极（条件较好的产业或地区）的带动；增长极通过支配效应、乘数效应、极化与扩散效应对区域经济活动产生带动作用	高度重视不同层级增长极的培育，通过增长极辐射带动周边地区发展
	循环累积因果理论	Myrdal	区域经济增长机制	市场力量的作用通常倾向于扩大而不是缩小区域差异；条件较好的区域持续保持优势，通过一系列反馈效果产生因果循环；在欠发达地区和区域经济起飞阶段，回流效应将大于扩散效应	要促进区域经济协调发展，政府必须进行有力干预
	极化—涓滴效应学说	Hirschman	区域间经济发展关系	在经济发展的初始阶段，极化效应应占主导地位，区域经济增长差异逐渐扩大；从长远来看，涓滴效应将大于极化效应，区域差异将缩小	应充分发挥发达地区对欠发达地区的极化和涓滴效应，缩小区域经济增长差异

续表

理论类别	具体理论	主要提出者	研究范畴	核心论点	对区域协调发展的启示
区域非均衡发展理论	中心—外围理论	Friedmann	区域间经济发展关系	中心居于统治地位，外围依赖于中心；中心与外围存在不平等发展关系；随着时间的推移，区域空间结构不断演变	应尊重市场规律，做大做强中心地带，并不断增强中心与外围地区的社会经济联系，推动区域走向空间一体化发展
	核心—边缘模型	P. Krugman	区域间经济发展关系	产业集聚由企业的规模报酬递增、运输成本和生产要素移动通过市场传导的相互作用而产生；在一个区域内，工业生产活动的空间格局将演化为集聚	应建立和完善统一、开放、有序的市场，促进要素在区域间自由流动；推动区域间贸易成本的下降，有效带动区际合理分工与合作
	梯度推移理论	Ruttan；Vernon	区域间经济发展关系	一个区域所处的梯度主要取决于其主导产业部门的先进程度；创新主要发生在高梯度区域，然后依次向中、低梯度区域推移	经济布局可考虑重点发展高梯度区域，通过引进先进的技术进行消化、吸收，然后向低梯度地区转移
	倒“U”形假说	Williamson	区域经济差异	经济发展初期区域增长是不平衡的，区际人均收入水平是提高的，但从长期来看，区域增长趋向均衡，区际人均收入水平是趋同的	应加强完善市场制度，推动区域间一体化，逐步实现要素收益均等化，缩小区域差异
区域分工理论	绝对优势理论	Adam Smith	区际经济联系	绝对优势的基础在于自然禀赋或者后天的优势，国家或区域间分工原则是成本的绝对优势	区域产品的成本低于其他区域，可使其在区域分工中处于有利地位
	比较优势理论	David Ricardo	区际经济联系	各国间存在着生产技术上的相对差别，使各国在不同产品上具有比较优势；各国出口相对成本较低的产品、进口相对成本较高的产品就可能实现贸易互利	可为国家内部不同地区间的发展与赶超提供参考；中央与地方政府产业政策的制定往往基于地区的比较优势

续表

理论类别	具体理论	主要提出者	研究范畴	核心论点	对区域协调发展的启示
区域分工理论	要素禀赋学说	E. Heckscher; B. C. Ohiln	区际经济联系	区域间或国家间生产要素的禀赋差异是出现分工和发生贸易的主要原因；如果各个国家都密集地使用丰富的生产要素，生产商品就能获得比较优势	各区域应根据要素禀赋条件，进行分工和贸易，从而提高各区域的经济发展水平

注：笔者在相关文献(李小建等，2018；郝寿义、倪鹏飞，2020；肖金成，2021)的基础上进行总结。

1.3.2 国内相关理论的发展

中国当前的区域协调发展理论仍以国外理论引入为主，且以经济学家提出的经济理论为主。在中国的独特社会经济环境下，经过多年的发展，中国学者主要在区域空间结构、地域功能研究等领域取得了较大理论进展(陆大道，1995；陆玉麒，1998；刘筱、王铮，2013；王铮等，2014；朱艳硕等，2019；樊杰、赵艳楠等，2021)(见表1-3)。这些理论并非针对区域协调发展而提出的，但与区域协调发展有较强的相关性，并较好地应用于中国的实践创新，产生了一定的社会影响。面向未来，中国的区域协调发展相关理论研究主要表现出以下三个方面的演化特征：①随着多学科的交叉融合，除经济学者外，地理学、城乡规划学、生态学、管理学等专业学者在研究中发挥越来越重要的作用，相关学科有望为区域协调发展带来新的理论支撑和创新。②中国的区域发展环境和欧美国家差异较大，引进的区域协调理论在中国的实践中有望出现一定程度的"本土化"和再创新。③理论指导随着社会发展的变化而变化，经济社会的转型和高质量发展的要求将进一步推动中国区域协调的实践创新，从而促进产生新的本土理论。

表 1-3 区域协调发展相关的本土理论

理论类别	具体理论	提出者	实证案例区域	核心论点	现实指导意义
区域空间结构理论	“点—轴系统”理论	陆大道	东部沿海地区；长江沿岸地区；全国	社会生产力地域组织的空间过程模式遵循点—轴形态，有点—轴形成前均衡、点—轴同时形成、主要点—轴空间系统形成、点—轴空间系统形成等四个阶段	应按照“T”字形结构进行国土开发和经济布局；以“点—轴系统”模式进行基础设施和生产布局；以“点—轴系统”模式促进城市之间、区域之间、城乡之间的便捷联系
	双核结构理论	陆玉麒	沿海省份；部分沿长江省份	在区域双核结构中，一方是政治、经济、文化三位一体的区域性中心城市，另一方是重要的港口城市，发挥中心城市的门户作用；两者在区位和功能上具有较强的互补性，能够产生显著的协同发展效应	为沿海、沿江、沿边地区开发、开放确定开发战略提供指导；中心城市、门户城市及两者链接地带应作为区域发展的重点实现协同发展
	枢纽—网络结构理论	王铮	深圳；北京；全国	在区域经济一体化条件下，枢纽—网络结构首先由具有专业化职能的枢纽组成，枢纽之间相互连通，节点选择归属某个或某些枢纽，并与其归属枢纽连接后形成枢纽单元，最终由多个枢纽单元共同组成网络	大力发展信息化产业；通过发展枢纽—网络型的空间组织突破以中心—腹地结构为基础的国家经济布局；以枢纽—网络结构模式管理和协调区域发展
地域功能理论	主体功能区理论	樊杰	全国	根据不同区域的资源环境承载能力、现有的开发密度和发展潜力，统筹谋划未来人口分布、经济布局、国土利用和城镇化格局，将国土空间划分为优化开发、重点开发、限制开发和禁止开发四类	在国土开发层面实现人口经济与资源环境协调，促进人与自然和谐共生；发挥区域比较优势，构建差异化、精准化、现代化的空间治理体系

注：笔者基于相关文献（陆大道，1995；陆玉麒，1998；刘筱、王铮，2013；王铮、孙立羽、顾春香，2014；朱艳硕、王铮、程文露，2019；樊杰、赵艳楠，2021）整理得到。

2 中国区域协调发展的实践逻辑

自改革开放以来，由于各地区发展条件与外部动力的差异，区域经济水平差异大、发展不平衡成为中国基本国情之一。从空间维度来看，这种不平衡长期表现为“东西差距”，即从沿海至内陆形成了典型的经济地理梯度格局。随着经济进入新常态，近年来中国又呈现中西部地区中心城市加速崛起(“强省会”现象)、南北方经济分化加剧(经济增速“南快北慢”，经济份额“南升北降”)、不同地区间转型发展的动力差异明显等新现象(盛垒、权衡，2018；倪鹏飞、沈力，2018)，这种区域间的分化趋势正在持续加剧。尤其是东北地区，人口等经济要素的流失严重，经济发展活力急剧下滑。在此背景下，区域协调发展引起经济学、地理学、管理学、社会学等学者的高度关注。本书尝试对中国区域协调发展的实践逻辑进行系统分析，在关注历史传统的基础上，分析当前我国区域协调发展的政策脉络，并结合中国特色国情，提出新发展阶段区域协调发展的目标体系；从经济发展、自然条件、体制机制等视角深入分析当前我国区域协调发展的现实约束，并从陆海、流域、城市群(都市圈)、边缘区等典型的空间类别入手，构建区域协调发展的空间层次。

2.1 中国区域协调发展的历史传统

2.1.1 人口迁徙

历史上，中央政权出于国土开发、稳定边疆、民族融合等目的，主动组织人口进行大规模迁移，以达到协调发展的目的。移民类型往往包括政治移民、经济移民、军事移民等，通过移民的安置和定居，国家逐步解决人口分布不平衡的现实困境。移民为当地的农业开发提供了充足的劳动力，并往往带来较为先进的农耕技术和文化，促进当地生产结构的转变。同时，人口数量的增加，带动了当地的生产和消费，促进了城镇的发展。移民的身份往往呈现多元化特征，包括士人、农民、商人、俘虏、流民等，不同人群来自不同地区，增加了迁出地与迁入地之间的交流和联系。此外，多元文化的融合有利于移民文化氛围的形成，推动当地生产力的进步。

古代官方组织的大规模人口迁徙次数众多。如唐代前期陈政、陈元光父子及其所率将士由中原入闽，福建《云霄县志》记载，陈政入闽时率府兵3600名，将校132员，陈敷兄弟入闽增援又率固始(今河南省固始县)58姓军校并携家属一同前往。为加强管理和开发当地资源，中央在泉州、潮州之间设立漳州。陈元光一行带来了中原地区先进的农耕技术，当地百姓很快掌握了铁器牛耕，大大提升了农业生产效率；同时，带来的纺织、烧陶、冶铁等技术填补了当地手工业发展的空白；除了通过分配田地、兴修水利大力发展农业生产之外，还大力推广种植荔枝、香蕉、茶叶等经济作物，并利用漳州的沿海优势，大力发展渔业、造船业(汤毓贤，2020)。经过几十年的大力开发，漳州从不毛之地逐步成为“扼闽粤之吭，开千百世衣冠文物”的八闽名邦之一。

另一个典型的大规模人口迁徙案例为“江西填湖广，湖广填四川”(葛剑雄，2020)。元代末期，频繁的战争导致湖北人口锐减。明朝初年，为了开发湖北荒地，缓解江西一带人多地少的矛盾，官方组织江西的汉人大规模迁徙到湖北和湖南。此次迁移时间跨度小、人口规模大。当时湖广人口中“江右籍居多”或“籍皆自江右而来”。明末清初时期，四川人口锐减，清廷在康熙年间颁布了入川移民的优待条件。各省贫民可直接入四川籍，移民开荒的土地可五年起征税，并对新生育的人口，永不加赋。垦荒的驱动，加之逃荒、躲避徭役等因素，大批湖南、湖北等省人口迁入四川，四川人口快速增长，极大地推动了西南地区的农业开发和文化发展。

2.1.2 开荒屯边

黄河中游地区位于农牧交界地带，古代长期是中原政权与草原政权交锋的前沿阵地，也是中原王朝的重要边陲地带。对于中原政权而言，仅在军事上击败游牧民族仍难以改变被动局面，必须有大量的人口稳定地居住在边疆地区，才能更大程度地确保边疆的稳定。因此，历代中原政权极为重视黄河中游地区，进行了以开荒屯边为主线的一系列国土开发策略。汉武帝时期中央设置了朔方、五原、西河等50余郡县，并从内地大规模移民，增加河套地区的农业劳动力。为减轻国家财政负担，朝廷组织戍边将士在阴山、河套以南地区进行大规模的军事屯田，并统一安置归顺的匈奴部族。河套地区干旱少雨，水资源短缺是农业发展的一大制约，所以河套平原农业依赖于黄河水源。秦时期，河套地区开始建设无坝引水工程，大规模兴修灌溉渠道。此后，“用事者争言水利，朔方、河西、西河、酒泉皆引河及川谷以溉田”，黄河流域中上游地区水利开发成效显著。唐代，河套地区咸应、永清、陵阳三渠灌溉田地多达4800顷。清代后期，河套地区的水利得到前所未有的开发（王尚义、张慧芝，2014）。通过开荒屯边和大兴水利，大量的农业人口稳居下来，河套平原地区逐步成为重要的粮食生产基地，被称为“塞上江南”。

2.1.3 大兴水利

古代时期，地方经济主要依赖于农业发展，而农业具有脆弱性，经常遭受洪涝、干旱等自然灾害的影响。尤其是地处北方的黄河流域，部分地区因旱涝频发，区域发展长期陷入困境。在此过程中，民众与地方主政机构在应对旱涝灾害、调控人地关系方面进行了大量实践，极大地促进了区域间的稳定和协调发展。

2.1.3.1 治水方略

上古时代，大禹之父鲧采用筑障漳水的方法，“堤工障水，作三仞之城”，即用堤埂把农田和居住区围护起来以防御洪水。这种“限洪”工程是沿用以往治水方法，没有达到理想效果。大禹在总结经验教训的基础上，以疏通河道为主要措施，打通河水下泄路径，取得较大成效。大禹治水之后，治水方略实现了由“障”到“疏”的转变，系统堤防逐步作为防洪的主要手段（辛德勇，2011）。人们开始认识到，在遵循自然规律的基础上，需要因地制宜、因势利导，对自然环境进行改造，这体现了顺天应人的自然观。

2.1.3.2 堤防工程

战国时期开始修筑黄河堤防系统，黄河流经的赵、魏、齐等国均修筑了河堤。《管子·度地篇》记述，修堤时间以农历三月为最优，充分利用考虑了黄河流域不同季节土料的特点，即冬季土料冻结，夏秋潮湿，而春季土料较干且坚实。黄河下游两岸河道全面修筑了数百里长的堤防，两堤相距50里，洪水来时在堤内游荡，从而结束了改决频繁的局面。黄河下游两岸土地得到了充分的开发，堤内滩地也被开垦，黄河以北平原地带人口骤增。明代嘉靖年间，潘季驯推行“筑堤束水，以水攻沙”，大筑两岸堤防，创造性地构建遥堤、缕堤、格堤、月堤相互配合的堤防体系，并把黄河下游两岸的堤防全部连接起来加以固定。明代，堤防工程的施工、管理和防守技术都达到了相当高的水平，并充分体现了因地制宜的技术理念。清代，修堤技术进一步发展，特别强调“五宜二忌”，即“审势宜时”“取土宜远”“坯头宜薄”“硪工宜密”“验水宜严”，忌在隆冬和盛夏施工(杨明，2016)。

2.1.3.3 灌溉技术

无坝引水指河道的水位和流量能够满足取水要求，无须建坝抬高水位的引水枢纽。其充分利用河流水文、河道地形和区域自然地理条件，直接在河道上引水的水利工程形式。无坝引水在工程功能、工程修筑、生态功能等方面都实现了较低的成本投入与较高的社会生态效益，是对河流水文、河道地形和区域自然地理条件的有效利用，是流域治理方面“天人合一”思想的具体实践(王尚义、张慧芝，2014)。有坝引水在春秋战国时期得到应用。漳水是黄河支流，西门豹治邺时开凿了漳水十二渠。漳水渠创造性地采用“多首制”有坝引水，考虑了以下技术需要和工程效益：一是引水区域地势落差较大，坡陡流急，坝高易冲毁，分段修筑多座堰，可克服工程难题；二是引水渠与溢流堰相配合利用引水；三是通过开水门的数量对水量进行调节；四是以多渠口防止原渠口出现故障；五是多条引水渠防止原水渠淤积。漳水灌溉的有效利用，使邺地逐步富庶起来。

2.1.3.4 土壤改良

低洼易涝地和盐碱地是制约部分地区农业发展的重要因素。在长期的实践中，淤灌成为一种改良土壤的灌溉方式。其利用天然河流中含泥沙的水或山洪水进行淤地改土，既浸润土壤又沉积泥沙，达到放淤增肥、改造土壤的目的。东汉灵帝时期，关中地区樊惠渠灌水和放淤大大提升了农作物产量，史书记载“清流浸润，泥潦浮游，曩之卤田，化为甘壤。粳黍稼穑之所入不可胜算”。北宋年间，王安石大力推行引黄淤灌，灌区面积达700多万亩，耕地亩产量提高数倍。以汴河沿岸为起点，扩展到豫北、冀南、冀中以及晋西南、陕东等广大地区。主要放淤的河流有汴河、黄河、漳河、滹沱河，治碱改土取得了较好成效(王尚义、张慧芝，2014)。淤灌技术的关键是把握农作物生产周期，根据水情选择引洪放淤时间，一般需要利用工程措施控制放淤和防范放淤时容易发生的洪水灾害。主要技术问题是放淤口门、行洪线路、放淤流量，以及预先设计排水出路等。

我国对盐碱地的改良已有较长的历史。盐碱地是土壤里面因盐类集积影响作物正常生长的土地，主要分布在我国东北、西北、华北的干旱、半干旱地区。由于降水量小，蒸发量大，溶解在水中的盐分容易在土壤表层积聚。战国时，魏国引漳灌区由于淤灌而大获丰收；郑国渠灌区都是在多沙河流上，引取高含沙水流通过输水渠系灌溉田地，依托较陡地势，尾水可以自然归入天然河流，并在水循环过程中土地逐步脱碱。战国末期，郑国渠引黄河支流泾水灌溉，使关中一带4万余顷盐碱地亩产250多斤，当地记述“泾水一石，其泥数斗，且溉且粪，长我禾黍”(周魁一等，1990)。北宋年间，政府制定排水法规，大规模建设排水工程，开封府等州县的盐碱地改良取得较大成效。

2.1.4 跨区域物资调配

隋唐时期，国家经济中心和政治中心已发生分离。此时，国家的政治中心地带依然在北方的黄河流域，而经济中心已转入南方地区。北方政治中心的人口需要大量的粮食和物资供应，而通过陆运的方式将江南的物资运抵长安、洛阳，其运费是货物本身价格的几十倍。为解决南北方物资的跨区域调配问题，实现南北方经济协调发展，隋代在既有运河的基础上开凿了隋唐大运河。作为隋唐大运河的西部终点，洛阳成为首都粮食物资的中转站和储藏地。唐高宗和武则天时期，曾出现朝廷携文武百官和眷属前往洛阳“就食”的现象，运河对跨区域运输的重要性可见一斑。唐后期诗人皮日休在《汴河怀古二首》中，写下了“万艘龙舸绿丝间，载到扬州尽不还。

应是天教开汴水，一千余里地无山。尽道隋亡为此河，至今千里赖通波。若无水殿龙舟事，共禹论功不较多。”其诗句生动地展现了隋唐大运河的巨大经济社会价值。

宋代政治中心东移，主要着眼于开封在跨区域物资调配中的枢纽区位。元代开辟的京杭大运河将原运河改弯取直，运河航程缩短900多千米。在南北方物资调配上，元朝实行“海河并行，海运为主”的方略，形成了稳固的海运漕粮制度。明清时期，漕运逐步以河运为主。通过运河进行资源调配，一方面解决了漕粮问题，为沿岸数十万漕民提供了就业岗位；另一方面拉动了运河沿岸经济，形成了淮安、东平、临清、通州等诸多商贸城镇。此外，南方地区的诸多河流，如长江干流、赣江、湘江、汉江、东江、西江等由于流量大且航运能力强，成为沟通流域上中下游联系和物资调配的重要通道。

综上所述，跨区域物资调配，造就了流域上下游城市间商贸网络的形成，部分地区间初步形成了较为成熟的城市网络。同时，全国不同区域间的社会经济联系得到加强，尤其是南北方的经济发展得到一定程度的平衡。但从整体来看，古代区域间的社会经济联系仍较为松散和简单。近代以来，伴随着交通运输方式的革命性提升和商品经济的发展，城市间的经济联系程度急剧增强。

2.2 改革开放以来的中国区域协调发展

2.2.1 发展规划引领

在区域经济发展方面，1953年我国开始编制和实施发展国民经济的第一个五年计划，当前已进行至“十四五”规划。改革开放之后，经过十几年的经济快速发展，我国内陆与东部沿海地区的发展差距不断扩大。在此背景下，区域协调发展的概念在国民经济“九五”计划中被正式提出，即“坚持区域经济协调发展，逐步缩小区域发展差异”。同时，按照市场经济规律，以中心城市和交通要道为依托，我国进一步形成和发展了若干个突破行政区划界限的经济区域，并在继续保持沿海地区快速发展的前提下，重点开发西部地区。从2006年开始，“五年计划”更名为“五年规划”，进一步淡化了计划经济色彩。整体来看，“五年规划制度”对国民经济和社会发展的引领与调控作用日益增强。

“十一五”规划提出，坚持实施推进西部大开发，振兴东北地区等老工业基地，促进中部地区崛起，鼓励东部地区率先发展的区域发展总体战略，健全区域协调互动机制，形成合理的区域发展格局。2007 年，主体功能区规划被纳入发展规划系列，主体功能区制度机制逐步建立健全。“十二五”规划提出，实施区域发展总体战略和主体功能区战略，构筑区域经济优势互补、主体功能定位清晰、国土空间高效利用、人与自然和谐相处的区域发展格局，逐步实现不同区域基本公共服务均等化。“十三五”规划纲要提出，以区域发展总体战略为基础，以“一带一路”建设、京津冀协同发展、长江经济带发展为引领，形成沿海、沿江、沿线经济带为主的纵向横向经济轴带，塑造要素有序自由流动、主体功能约束有效、基本公共服务均等、资源环境可承载的区域协调发展新格局。同时，加大对革命老区、民族地区、边疆地区和困难地区的支持力度，实施边远贫困地区、边疆民族地区和革命老区人才支持计划，推动经济加快发展、人民生活明显改善。“十四五”规划提出，深入实施区域重大战略和区域协调发展战略，在发展中促进相对平衡。推进西部大开发形成新格局，推动东北振兴取得新突破，开创中部地区崛起新局面，鼓励东部地区加快推进现代化，支持特殊类型地区发展，健全区域协调发展体制机制。根据国家规划的整体要求，各级政府在实施过程中，还制定了各种类型的专项规划。中央至地方各种规划的制定和执行，对区域协调发展起到了较强的引领作用。

2.2.2 国家与区域发展战略的实施

政府强有力的战略引导是中国特色区域协调发展体系的关键组成，也是未来长期坚持的重要方向。从时间维度来看，“七五”计划进行了东、中、西部三大经济地带的划分，“七五”“八五”时期可看作国家与区域发展战略的起步阶段(见图 2-1)。“九五”计划提出并逐步实施区域协调发展战略，“九五”“十五”“十一五”“十二五”时期可以看作国家与区域发展战略的成熟阶段。“十三五”“十四五”时期，国家战略进行了新一轮的深化和创新，可看作深化调整阶段。从国家战略的空间布局来看，国土空间的对外开放经历了从经济特区起步，到沿海城市开放，再到全面开发开放的历程。这一历程的特点是，区域开发开放由点及面，整体上遵循梯度开发的理念。在东部地区率先发展的基础上，国家于1999年提出实施西部大开发战略，之后相继实施振兴东北老工业基地和中部崛起等重要区域发展战略，形成了空间战略的全域化格局。

在此基础上，区域发展战略逐步走向精细化。国家采取纵向布局、横向联系的空间发展理念，逐步强调对重点地域的发展，注重对核心增长极的打造。在此过程中，国家逐步形成了板块战略、区域战略、流域战略、重大战略四大体系。其中，板块战略主要包括三大经济地带和四大板块的划分，区域战略包括两型社会试验区、关中—天水经济区、鄱阳湖生态经济区、黄河金三角示范区等，基本上覆盖了多数省份。2012年之后，国家与区域战略布局发生了较大的变化。首先是国家重大发展战略的实施，先后提出京津冀协同发展、长三角一体化、粤港澳大湾区建设、长江经济带、黄河流域生态保护与高质量发展等重大国家战略。值得注意的是，与此同时，国家对流域地区的发展高度重视，先后将珠江—西江、长江、汉江、淮河、黄河等经济带纳入国家战略，加大流域发展的支持力度。

在区域政策层面，国家基于从普遍到特殊、从一般到个性的理念，关注区域的独特性与比较优势，并进行了大量的实践创新。在此过程中，我国逐步形成了特殊经济功能区、特殊类型区和主体功能区三种典型的区域政策体系。其中，经济特区、自贸区/自贸港、保税区/保税港区、综合保税区、出口加工区、跨境工业区等构成特殊经济类型功能区的主体，其通过国家赋予更多的经济贸易功能，以较小的空间片区发挥了巨大的经济效益。特殊类型区涉及的空间范围和空间单元较大，基本上是一些需重点关注的典型区域，包括重点欠发达地区和革命老区、边境地区、生态退化地区、资源型地区、老工业城市等，国家在财政、政策等方面针对性地对其进行支持，反映了国家对特殊地区的关怀。2010年颁布的《全国主体功能区规划》，明确了国家层面四类主体功能区的不同功能定位，包括优化开发、重点开发、限制开发和禁止开发四类主体功能区，每个功能区的发展原则不一。通过主体功能区的实施，国家可实现对国土空间的精细化管理，同时明确了能源、主要矿产资源开发布局，以及水资源开发利用的原则和框架。

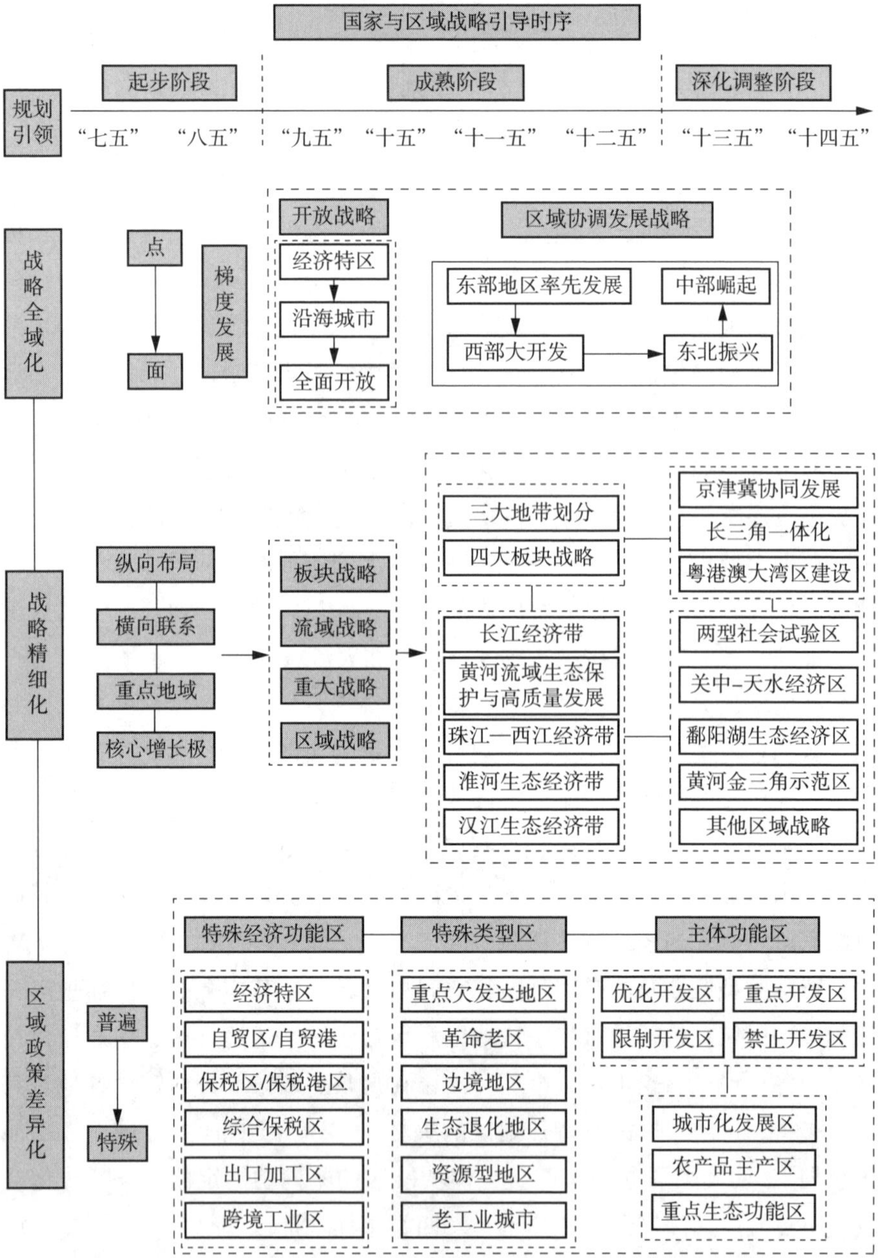

图 2-1 国家与区域战略引导体系

2.2.3 产业政策引导

产业政策是由国家和地方政府制定的，引导国家产业发展方向、推动产业结构升级、协调国家产业结构、使国民经济健康可持续发展的政策。产业政策是政府为了实现一定的经济和社会目标而对产业的形成和发展进行干预的各种政策的总和。在我国经济体制环境下，各级政府对产业政策的制定表现出极大的积极性和主导性，并形成了“政府引领、企业创新”的中国特色典型模式。政府通过产业政策的制定来引导区域经济发展，其主要作用于三个方面：一是调整本地产业结构。根据比较优势，选择和确定一定时期的主导产业部门，以此带动国民经济各产业部门的发展。同时，根据市场的发展趋势来协调和调整产业结构。二是实现产业组织合理化。通过选择高效益的，能使资源有效使用、合理配置的产业组织形式，保证供给的有效增加，使供求总量的矛盾得以协调。三是优化产业空间布局。利用经济要素的集聚效应，缩小由于各区域间经济活动的密度和产业结构的不同所引起的经济发展水平差异。在新的发展阶段，产业政策导向将持续增强，产业政策作为区域协调发展的引导手段将长期存在。

2.2.4 援助机制的构建与完善

2.2.4.1 区域互助机制

为加快西部贫困地区扶贫开发进程，缩小东西部发展差距并促进共同富裕，中央于1996年确定北京、天津、福建等东部9省(市)和深圳、宁波、青岛、大连4个计划单列市与西部10个省份开展扶贫协作，东西部对口协作大幕就此开启。2014年，国务院办公厅印发了《发达省(市)对口支援四川云南甘肃省藏区经济社会发展工作方案》，按照一省(市)对一州的原则，确定由天津市、上海市、浙江省、广东省(含深圳市)对口支援三省藏区4个藏族自治州和2个藏族自治县。2016年，中央印发《关于进一步加强东西部扶贫协作工作的指导意见》，北京、天津、上海、广东等东部9省13市分别与中、西部14省份20个市州建立结对关系并签订协作协议。

在中央政府的主导下，地方省市政府作为主体对口支援不发达省份，特别是对西部地区进行的经济援助和人员技术援助，推动了西部经济社会持续发展。对口支援的机制不断完善，并延伸到农村扶贫、医疗卫生、教育、生态移民、灾后重建等领域，由最初的给资金、物资，人力的“输血式”支援，到以人才培养、技能培训为主的智力支援，再到大项目落地、带动产业发展的“造血式”支援，为受援助地区的经济社会发展带来了巨大变化。在对口支援工作中，支援新疆、西藏和四省涉藏州县的规模最大。以新疆为例，国家采取东、中部19省市一省对口支援一市州的方式，支持新疆和新疆生产建设兵团的发展。如浙江对口支援阿克苏1市8县和阿拉尔市，辽宁对口支援塔城地区，河南对口支援哈密地区和兵团农十三师，江苏对口支援克孜勒苏和伊犁州的部分县市，河北对口支援巴音郭楞蒙古自治州和兵团农二师，湖南对口支援吐鲁番市，黑龙江和吉林对口支援阿勒泰地区，安徽对口支援和田地区，等等。深圳是唯一非省级行政区的支援单位，负责对口支援喀什市和塔什库尔干县。

2.2.4.2 财政转移支付制度

我国根据地区间财力差异，建立中央对地方一般性转移支付办法，并不断调整均衡性转移支付力度，充分考虑地区间支出成本因素，切实增强中、西部地区的发展能力，同时对重点生态功能区进行转移支付，有助于完善主体功能区配套政策（沈迟，2018）。中国社会科学院财经战略研究院的研究显示，“十二五”期间，全国31个省份，有22个省份需要中央财政予以“净补助”，共获得中央补助收入12.09万亿元。而财政收入实现“净上缴”的只有北京、广东、上海、江苏、浙江、天津、山东、福建、辽宁9个省市，共计为国家财政贡献14.76万亿元。以2020年为例，在中央对地方一般公共预算转移支付方面，四川、河南两省均达到5000亿元以上，湖北、湖南、云南超过4000亿元，黑龙江、河北、安徽、新疆、贵州、广西、山东均达到3000亿元以上，最低的天津市为613亿元。中央层面正是通过转移支付，维持了全国的均衡发展。

2.2.4.3 跨区域补偿机制

近年来，我国逐步探索了横向生态补偿机制、资源开发补偿机制、粮食主产区利益补偿机制，流域之间、不同地区之间通过资金补偿、产业转移、共建园区等方式建立横向补偿关系。例如，在流域发展上，2012年全国首个跨省界流域新安江生态补偿机制试点开始实施，目前已有10个跨省界流域建立生态补偿机制，流域上、下游之间逐步开展了资金、产业、人才等多种补偿。党的十九届四中全会明确提出，把“落实生态补偿和生态环境损害赔偿制度”作为坚持和完善生态文明制度体系的任务之一。随着制度的不断成熟，补偿机制将更有效地助推区域协调发展。

2.3 中国区域协调发展的目标体系

自国家推动区域协调发展以来，区域协调发展体系一直处于动态拓展中：在内容上，从以经济协调为主逐步转向经济、社会、生态等方面的全面协调，并且越来越注重生态环境维度的协调；在对策上，从单一提升经济水平与缩小地区间经济差距逐步向因地制宜、合理发挥区域比较优势转变；在实施手段上，从以区域政策、发展战略为主导手段，逐步向更加注重区域间经济联系和空间组织规律的市场机制转变。在新发展阶段，如何认识和构建中国区域协调发展的目标体系？充分考虑我国的社会经济发展阶段、体制机制、政府角色、生态环境等国情背景，本书新发展阶段的区域协调发展目标体系将从以下几个方面着力构建(见图2-2)。

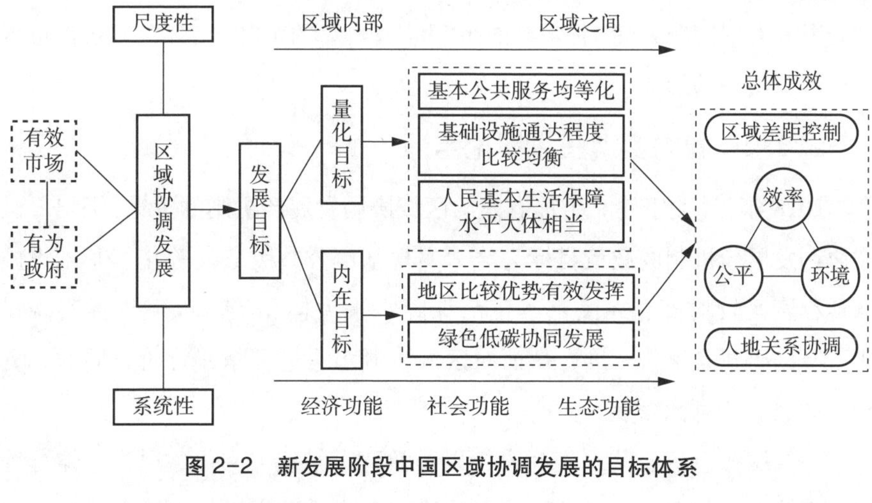

图2-2 新发展阶段中国区域协调发展的目标体系

2.3.1 注重“有效市场”和“有为政府”的高效结合

党的十九届五中全会对市场与政府的关系做了明确阐述，指出“坚持和完善社会主义基本经济制度，充分发挥市场在资源配置中的决定性作用，更好发挥政府作用，推动有效市场和有为政府更好结合”。这一阐述明确了市场和政府所处的基本制度环境，突出了市场和政府的作用，强调了市场与政府的深层关系。实际上，在国家治理体系中，市场和政府相伴相生，“有效市场”离不开“有为政府”，有为政府必须依靠市场发挥基础性作用。我国对市场、政府运行规律及其关系的认识逐步深化，同时经历了从崇尚计划、遏制市场到承认市场、尊重市场、鼓励市场，从无限政府、万能政府、保姆政府到有限政府、服务政府、法治政府的过程。历史经验表明，市场机制是迄今为止人类社会最富有活力和生命力的资源配置手段之一，而有为政府的逻辑起点是围绕市场失灵、失效、失败领域，依据市场不愿管、管不到、管不了、管不好的境况，确立政府职能范围，厘清作用事项，选择管理方式(孙学玉，2021)。

区域经济在发展过程中，要充分发挥市场在资源配置中的决定性作用，为各类经济要素的高质量发展创造条件。同时，要充分借助政府职能，科学有效地引导、调控区域间的过度分化、地区间恶性竞争、区域过度衰退等发展问题，使“看不见的手”和“看得见的手”相结合，有效促进区域协调新格局的形成。

2.3.2 着力实现三大量化目标

2018 年，《关于建立更加有效的区域协调发展新机制的意见》提出，区域协调发展新机制的政策目标为努力实现基本公共服务均等化、基础设施通达程度比较均衡、人民基本生活保障水平大体相当。以上目标实现量化，有助于建立评价标准，从而对区域协调水平进行精确评价，同时，有利于区域间的对标发展。

公共服务包括公共设施建设，以及教育、科技、文化、卫生、体育等公共事业，为公众参与社会经济、政治、文化活动等提供保障，同时强调政府的服务性，突出公民的权利。公共服务均等化是实现区域协调发展和共同富裕的重要支撑。当前，不同区域间的公共服务水平仍然不均衡，尤其是与居民生活水平密切相关的社会保障受到高度关注。一般而言，社会保障水平与经济发展程度呈正相关。经济发达地区，如沿海地区和内陆的省会城市等因社会保险资金收缴情况较好，社会保障补助支出及全口径社会保障支出占财政支出的比重相对较低。相反，在欠发达地区，地方政府财力有限，往往需要依赖财政转移支付来维持开支。在此背景下，中央政府需增加对欠发达地区社会保障的补助比例，以逐步缩小地区间基本社会保障水平的差距。此外，公共服务的不平衡在城乡之间表现明显。如何拉近城乡居民基本养老、医疗保险等方面的待遇差距，是亟待破解的难题。总之，应大力提升乡村公共服务水平，在一定程度上整合城乡各层次社会保障制度，实现社会保障制度城乡一体化。

与基础设施通达程度相对应的专业词汇为“交通可达性”（Traffic Accessibility），该词汇是1996年经全国科学技术名词审定委员会审定发布的公路交通科学技术名词。其代表了交通网络中某节点至其他节点的便捷程度，可以用通达指数和分散指数进行定量测度。通达指数越低，说明通达性越好；分散指数越小，说明通达性越好。在现实中，区域通达程度包括两个方面：一是区域内部的交通可达性状况；二是区域对外的可达性。从全国层面来看，地方基础设施通达程度的提升，主要是为各区域创造良好的对外联通条件。2019年印发的《交通强国建设纲要》提出，到2035年，基本建成交通强国：现代化综合交通体系基本形成，支撑国家现代化建设能力显著增强；拥有发达的快速网、完善的干线网、广泛的基础网，城乡区域交通协调发展达到新高度；基本形成“全国123出行交通圈”（都市区1小时通勤、城市群2小时通达、全国主要城市3小时覆盖）和“全球123快货物流圈”（国内1天送达、周边国家2天送达、全球主要城市3天送达），旅客联程运输便捷顺畅，货物多式联运高效经济。到21世纪中叶，全面建成人民满意、保障有力、世界前列的交通强国。2020年《中共中央、国务院关于新时代推进西部大开发形成新格局的指导意见》指出，到2035年，西部地区基本实现社会主义现代化，基本公共服务、基础设施通达程度、人民生活水平与东部地区大体相当，努力实现不同类型地区互补发展、东西双向开放协同并进等目标。2021 年，国家印发了《国家综合立体交通网规划纲要》，提出到 2035 年，国家综合立体交通网实体线网总规模合计 70 万千米左右(不含国际陆路通道境外段、空中及海上航路、邮路里程)。其中铁路 20 万千米左右，公路 46 万千米左右，高等级航道 2.5 万千米左右，沿海主要港口 27 个，内河主要港口 36 个，民用运输机场 400 个左右，邮政快递枢纽 80 个左右。国家将着力构建完善的国家综合立体交通网，建设多层级、一体化的综合交通枢纽系统，大力推进交通基础设施网与运输服务网、信息网、能源网的融合发展，着力推进区域交通运输协调发展。

在社会群体中，收入水平较低或无基本收入的群体需要基本生活保障，其中大部分人位于相对落后的特殊类型地区和乡村地带。近年来，全国基本民生保障水平呈稳步提升趋势。2021 年 2 月，国务院新闻办发布会的信息显示，2020 年，全国共有 1936 万名建档立卡贫困人口纳入低保或特困供养范围，实现“应兜尽兜”。从政策导向来看，更多低收入人群和更多有需要的老年人、残疾人、未成年人将纳入政策保障体系，志愿互助服务、便民利民服务等社区基本公共服务将得到进一步重视和加强。同时，居民的养老服务水平将不断提高。

2.3.3 注重两大内在目标

在实现三大目标的过程中，还应充分考虑各区域的发展实际和国家发展的战略任务。当前，我国进入实现碳达峰、碳中和“双碳”目标的关键期，各地区的经济发展都应建立在绿色低碳发展的基础上。因此，实现各区域比较优势的有效发挥和区域间的绿色低碳协同发展成为极为关键的内在目标。

比较优势理论以李嘉图的贸易理论为基础，并由赫克歇尔、俄林和萨米尔森等发展完善。比较优势理论可简单概括为基于各国不同的生产要素禀赋，各国分别从事凝聚不同要素强度产品的生产并形成各自的比较优势，从而使国家之间进行产品贸易且均能获益(蔡昉，2019)。比较优势理论不仅被广泛应用于国家间贸易及后发国家赶超研究，也被应用于国家内部不同地区间的发展与赶超研究（林毅夫、付才辉，2017）。尤其在中国，中央与地方政府产业政策的制定往往基于地区的比较优势（赵婷、陈钊，2019）。总体来看，对比较优势理论的全面认识需从三个方面展开：一是不同主体（国家或地区）间的技术水平和生产率水平差异所带来的相对优势往往取决于外生因素，而自然资源存量的有限性和国际自然资源价格的不稳定性，使得资源比较优势难以长时间维持，并且有可能陷入“资源诅咒”陷阱。因此，传统比较优势是具有静态和外生性的，没有考虑比较优势的内生性、可转换性、可创造性和动态性（李娅、吴虹丽，2015）。随着中国发展阶段的转变，资源和低廉劳动力供给变得不可持续，消费需求逐步成为主要拉动力，消费能力、内需市场、需求规模等因素将变成经济发展的重要内生变量，本地市场需求、规模经济、产业聚集也成为产业发展的新比较优势，由规模经济带来的比较优势对产业和区域发展的作用将超过传统的要素禀赋的比较优势（李娅、吴虹丽，2015）。二是不同主体间的经济互动具有不同的性质。在国家之间，生产要素的流动性比较弱，而国家内部的不同地区之间，生产要素的流动性很强，资本和劳动可以无障碍地从一个地区转移到另一个地区。这可能导致一个地区早在与资源禀赋相对稀缺性相适应的产业结构形成之前，最活跃的生产要素已经转移到其他地区。这表明，特定地区要素相对稀缺性这一特点，可以为其经济发展提供预先认识和判断，但比较优势的真正发挥只能依靠一系列条件才能实现（蔡昉，2019）。三是现实中，在进行特定地区的比较优势分析时，比较优势的内涵可在其原有理论界定的基础上进行适当拓展。原有理论中的“比较优势”，指的是生产要素和生产率水平的相对优势，而现实中区域比较优势的覆盖面还可包括该地区的经济地理区位、对外开放、特殊政策优势等，其呈现更加综合的优势特征。从多年来的地方发展实践来看，各区域比较优势的识别和发挥是一个极为重要且有难度的目标任务。一方面，不少地区通过发挥比较优势，打下了坚实的产业基础，取得了良好的经济发展效益；另一方面，不少地区之间对比较优势的把握不到位，卷入恶性区域竞争，未能实现理想发展目标。因此，如何在区域协调中实现比较优势的有效发挥，是值得深入探究的议题。

力争2030年前实现碳达峰、2060年前实现碳中和，是我国向世界的庄严承诺，体现了负责任大国的担当和发展战略的转变。在此目标下，各地区将努力摆脱传统工业文明发展模式，实现经济发展与碳排放总量从相对脱钩走向绝对脱钩，确保经济社会发展的全方位绿色转型。各地区必须加快形成绿色生产生活方式，大力推动节能减排，全面推进清洁生产。同时，加快发展循环经济，加强资源综合利用，扩大绿色低碳产品和服务有效供给，加快发展绿色产业。在此背景下，碳达峰、碳中和为区域协调发展注入可持续发展的新内涵。碳达峰、碳中和与区域性协调发展的目标协同将进一步强化，换言之，区域间的绿色协同发展本身就成为协调发展的内在目标之一。

最终，新发展阶段区域协调发展将达到两个方面的总体成效：区域间经济社会发展水平的较大差距得到有效控制；区域人地关系得到优化调控，达到整体协调状态，实现各区域及区域间的绿色发展。总之在充分注重区域空间尺度特征，以及区域经济、社会、生态等功能综合发挥的基础上，我国有望达到效率、公平和环境友好的有效统一。

2.4 中国区域协调发展的现实约束

从外部环境来看，区域协调发展目标的实现仍需应对巨大的区域经济与资源环境差异，以及区域空间结构重塑等多重挑战，并面临着显著的发展水平约束、体制机制约束和生态约束。

2.4.1 区域经济差异与发展水平约束

近年来，根据国家相关规划和区域的区位特征，本书以东部、中部、西部、东北四大板块，南方地区、北方地区、沿海地区、内陆地区等作为研究单元考察区域经济差异及其动态特征。基于《中国统计年鉴》《中国城市统计年鉴》以及各省统计年鉴，选取2000年、2005年、2010年、2015年、2020年等时间段面对不同地区的经济社会发展指标进行统计和处理。分析表明，不同地区间的经济差距仍然十分明显。从 GDP 比重来看(见图 2-3)，东北地区的 GDP 比重在 2010 年之后不断下降，2020 年已降至 5.47%。东部地区的 GDP 比重在 2005 年之后有所下降，2020 年稳定在 53%以上。中部地区和西部地区 GDP 比重则在 2005 年后呈稳步上升趋势，2020 年分别达到 21.42%和 20.02%。北方地区 GDP 比重在 2010 年之后不断下降，尤其自 2015 年以来下降极为明显，2020 年已降至 35.22%，南北方之比达 1.84。内陆地区的 GDP 比重在 2005 年之后逐步提升，2020 年达到 43.4%，沿海与内陆地区的经济规模之比为 1.3，呈逐步缩小趋势。

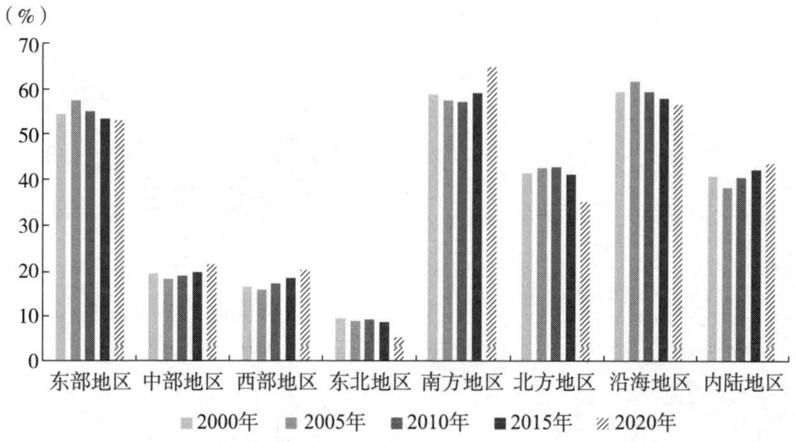

图 2-3　2000—2020 年中国不同地区的 GDP 比重演变

从经济发展指标来看(见图 2-4)，四大板块内部、南北方之间，以及沿海与内陆地区之间在第二、第三产业比重，人均实际利用外资额，人均 R&D 经费支出，城镇与农村居民人均收入等方面长期存在较大差距。2015 年之后，东北地区乃至北方地区的人均固定投资额增长明显滞后，与其他地区的增长趋势形成较大反差。在人均实际利用外资额、人均 R&D 经费支出两个指标上，东部地区与中西部地区、沿海地区与内陆地区、南方地区与北方地区的差距均十分明显，并呈扩大趋势。综上分析，当前我国区域经济呈现显著的“东西差距”“南北差距”“板块差距”等多种现象并存的趋势，地区间在发展水平上差异十分显著，差距较大地区处于不同的发展阶段。地区间发展的不平衡成为长期存在且复杂的矛盾，区域协调发展面临着不同地区的发展水平约束。

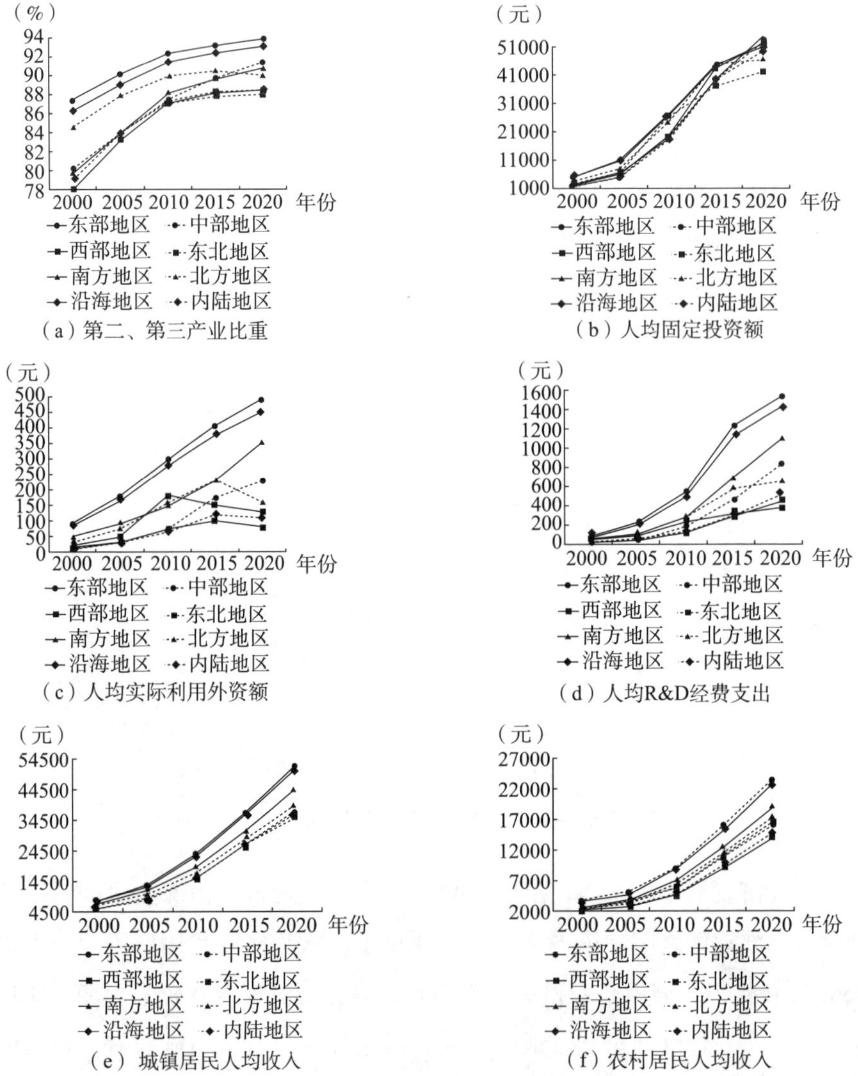

（a）第二、第三产业比重

（b）人均固定投资额

（c）人均实际利用外资额

（d）人均R&D经费支出

（e）城镇居民人均收入

（f）农村居民人均收入

图 2-4　2000—2020 年中国不同地区的经济发展水平演变

2.4.2　区域空间结构重塑与体制机制约束

中国正经历着世界历史上规模最大、速度最快的城镇化进程，国土空间快速变化。随着“乡土中国”向“城乡中国”转变，城市网络的基本结构逐步建立并不断演化。以中心城市为核心的都市圈、城市群正逐步成为区域发展的主要空间载体，区域空间结构发生着深刻重塑。本书基于各省区（直辖市除外）和各中心城市（各省省会城市和副省级城市）的GDP、人口数据，计算中心城市在经济与人口上占全省的比重，并测算其年均变化率（见图2-5）。分析表明，2000—2020年，各省区中心城市的经济和人口比重呈明显上升趋势。其中，GDP平均比重由17.2%上升至27.5%，人口平均比重由12.3%上升至19.8%，二者的提升率都达到60%左右。2000年GDP占比最高的西安市为35.2%，2020年长春市的这一数值高达53.9%；2000年与2020年人口占比最高的地市均为西宁市，其比重则由38.2%上升至45.8%。从经济比重年均增长率来看，合肥增速最快，高达6.6%，郑州、宁波、长沙均在5.0%以上。在人口比重年均增长率上，深圳高达12%以上，海口、厦门均达到6%以上。以上分析反映了各省的经济与人口中心性正在迅速提升，中心城市的引领带动作用不断增强，但同时意味着周边地区与中心城市的差距在不断扩大。由于中国实行分层次调控的社会主义市场经济体制，区域经济受到行政区划的刚性约束，以及地方政府经济职能与经济行为的直接影响，从而表现出明显的"行政区经济"现象（朱舜，2017）。而以中心城市为核心增长极的都市圈和城市群往往跨越行政区，且行政区域的社会经济边界正在趋向模糊，在现有的行政管理框架体系下都市圈和城市群在经济要素流动、社会管理、环境治理等方面将面临重大挑战。从区域治理层面来看，在以行政目标为导向的传统思路下，行政区之间的利益难以共享，不利于区域社会功能的充分发挥和社会问题的高效解决。同时，我国长期发展积累的区域差距、收入差距、地方政府行政分割与恶性竞争、产业结构失衡、微观企业主体活力不足等一系列深层次矛盾均与机制体制因素关系密切（李兰冰，2020）。因此，在都市圈与城市群时代，区域协调发展将面临明显的体制机制约束。

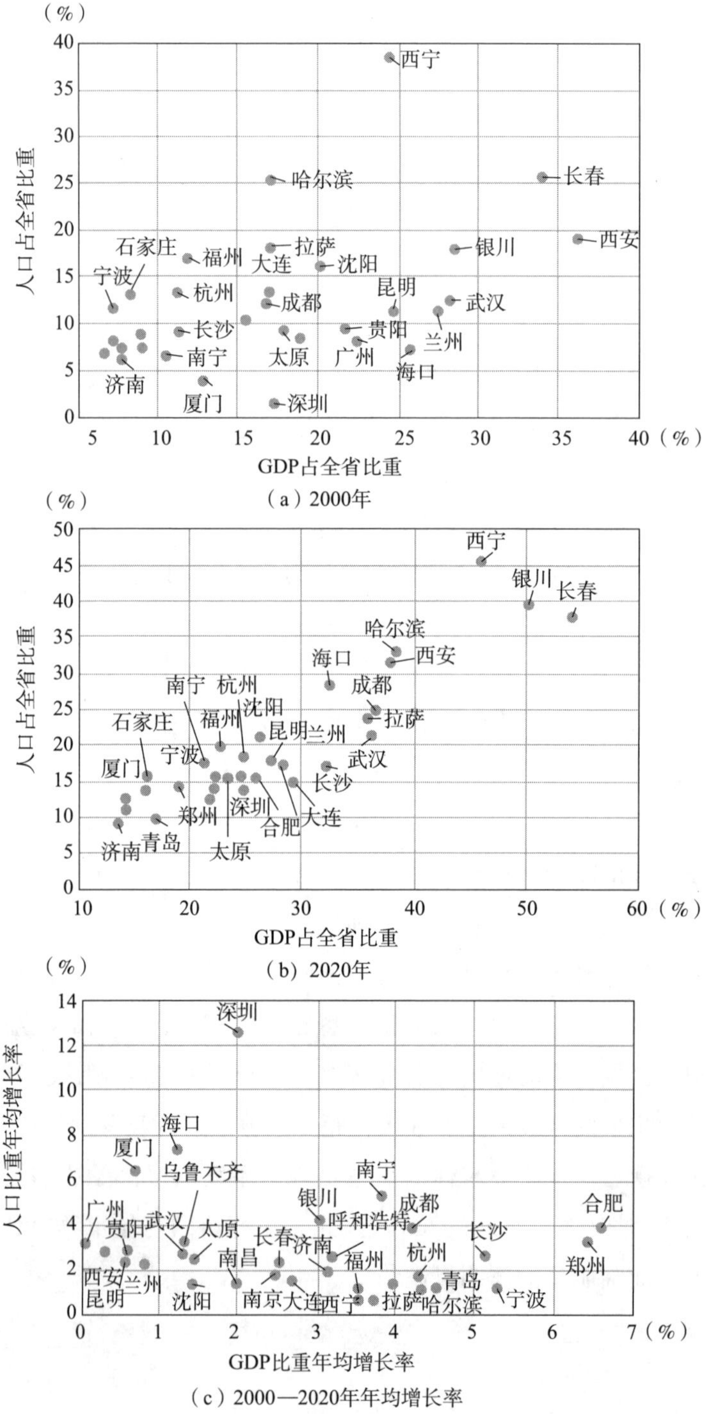

图 2-5　中国各省域中心城市经济与人口比重及其年均增长率

2.4.3 资源环境差异与生态约束

2.4.3.1 大国资源环境的空间差异性

从宏观角度来看，中国的地形地貌和气候表现出极为显著的区域差异。中国地形西高东低，向大洋逐级下降并呈三级阶梯分布；地貌类型丰富，沙漠、戈壁、山地、高原、丘陵、盆地、平原广泛分布；气候类型多样，植被、土壤、水文等区域差异显著。在自然因素的综合作用下，中国形成了东部季风区、西北干旱半干旱区、青藏高寒区三大自然地理区，自然景观的空间差异极为明显。

中国的自然资源总量大、种类齐全，但人均资源占有量较小，资源合理利用的压力较大，且空间差异极为明显。具体来看，我国水资源分布南多北少、东多西少，空间分布与人口、耕地面积的错位现象较为突出。缺水较为严重的华北地区，耕地面积占全国的 40%，但水资源仅占全国的 6%。在土地资源方面，中国山地多、平地少，耕地比重少，各类土地资源分布不均，各地区土地生产力水平差异显著；矿产资源分布广泛，但在空间上相对集中，煤、铁、石油集中在北方地区，有色金属则主要集中在南方地区。森林资源分布不均匀，以东北的大小兴安岭、长白山区、横断山区等为主要分布地。草场资源主要分布在东北地区以及内蒙古、甘肃、宁夏、新疆、青海、西藏等地区。

2.4.3.2 区域协调发展的生态约束

为了进一步剖析我国区域协调发展的生态约束，本书采用生态学分析方法对陆地生态系统敏感性进行综合评价（见表 2-1），并在动态数据监测基础上，测度陆地植被净初级生产力指数（NPP），以反映国土生态系统质量的空间差异。考虑数据的可获得性、精准性和测算科学性，本书的陆地生态敏感性现状分析采用 2014—2018 年地表温度、植被指数、土地覆盖等监测数据反映现状特征。其具体来源为：遥感数据包括从美国宇航局官网获取的 2014 年 1 月至 2018 年 12 月 Aqua 卫星合成地表温度数据及植被指数月值数据，2014—2018 年土地覆盖数据，以及中科院资源环境科学数据中心提供的中国数字高程数据。MCD12Q1 及数字高程数据的空间分辨率分别为500米和250米，其余数据的空间分辨率则为1000米。气象数据来自中国699个台站2014—2018年的风速日值数据及降水月值数据，中国多年湿润指数数据来自中科院资源环境科学数据中心，1∶1200万中国岩性类型数据来自中科院喀斯特科学数据中心，第二次全国土地调查1∶100万土壤数据来自中科院西部环境与生态科学数据中心。为了更准确地分析陆地植被系统的变化状况，本书基于更长时间段(2001—2019年)植被覆盖、气温、降水等数据，测算植被净初级生产力(NPP)及其年际变化率。

表2-1 中国陆地生态系统生态敏感性评价指标与方法

生态敏感性类型	评价指标	评价方法	备注
冻融侵蚀	地表温度年较差、年最低气温、年降水量、年均植被覆盖度、坡度、水土保持措施	基于极差法对各指标进行归一化，利用加权法计算敏感性得分，按自然断裂法确定敏感性等级	不包含水域、永久性湿地、永久性冰雪、城市建成区，以及无法识别的土地类别
土地沙化	湿润指数、起沙风天数、年均植被覆盖度、土壤质地类型	按既定标准对各指标进行分级赋值，利用加权法计算敏感性得分，按既定标准确定敏感性等级	
水土流失	降水侵蚀力、土壤可侵蚀因子、地形起伏度和夏季植被覆盖度	按既定标准对各指标进行分级赋值，利用加权法计算敏感性得分，按既定标准确定敏感性等级	
石漠化	岩性、年均植被覆盖度和坡度	按既定标准对植被和地形因子进行分级赋值，利用加权法计算敏感性得分，按既定标准及喀斯特岩性分布确定敏感性等级	
土地盐渍化	土壤电导率	按自然断裂法确定敏感性等级	
综合生态敏感性	上述五种生态问题的敏感性等级	最大等级合成法	

基于对冻融侵蚀、土地沙化、水土流失、石漠化、土地盐渍化等不同的生态敏感性分析，本书对陆地系统的综合生态敏感性进行了宏观评价，将其分为极敏感、较敏感、一般敏感三个大类(见表2-2)。分析表明，较敏感和极敏感地区多，一般敏感地区少。极敏感地区面积约为233.09万平方千米，占总研究区域的26.00%；较敏感地区面积约为611.15万平方千米，占比高达68.17%，上述两者合计占比高达94.17%。我国当前土地沙化和水土流失问题仍较严重。其中，土地沙化极敏感地区面积占全国总土地面积的比重为23.48%，水土流失较敏感地区占比高达59.36%。综合敏

感性来看，较敏感和极敏感地区面积合计占比高达94.17%，一般敏感地区仅占5.83%。从空间分布来看，绝大部分极敏感地区分布在胡焕庸线以西，其集中连片区分布在新疆、西藏与青海西北部，甘肃西北部，宁夏北部，内蒙古西部等地，同时在西藏与青海的东南部、四川西部、内蒙古东部、陕北的榆林、山西北部等地有较大面积的斑块状分布，在全国其他地区则多为小面积的散点状分布。一般敏感地区土地面积占比较小，主要分布在胡焕庸线以东农业发展条件较好的地区，集中分布于太湖平原、杭嘉湖平原、洞庭湖平原、江汉平原、淮河流域、汉江流域、辽河流域、松花江流域、四川盆地，在赣江流域、湘江流域、华北平原、关中盆地亦有较大面积的斑块状分布，胡焕庸线以西的一般敏感区土地则集中分布在长江、黄河上游的部分地区。总的来看，中国的生态本底整体上较为脆弱，当前仍面临着较大的生态约束压力，区域协调发展必须更加注重人地关系的协调性。

表 2-2 中国陆地各类生态敏感地区的面积及其占比

生态问题	极敏感		较敏感		一般敏感	
	面积（万平方千米）	百分比（%）	面积（万平方千米）	百分比（%）	面积（万平方千米）	百分比（%）
冻融侵蚀	33.80	3.78	85.62	9.56	775.84	86.66
土地沙化	210.49	23.48	459.45	51.26	226.36	25.25
水土流失	0.03	0	530.05	59.36	362.79	40.63
石漠化	0.50	0.06	22.23	2.48	873.55	97.46
土地盐渍化	10.81	1.21	25.22	2.83	856.23	95.96
综合	233.09	26.00	611.15	68.17	52.27	5.83

我国NPP指数“南高北低”的格局十分明显，同时胡焕庸线两侧呈现一定的东南—西北差异，西侧大部分地区(西藏南部、滇西北除外)NPP指数明显低于东侧地区的NPP指数。NPP的演变显示，全国大部分地区的NPP为正增长趋势。NPP变化速率最大地区出现在胡焕庸线附近地带，主要包括黄土高原区、大兴安岭东部、燕山山脉及南侧地区、四川盆地、云贵高原中部等地区。其中，黄土高原区的NPP增长尤为显著。相关学者的研究显示，以上大多数地区的NPP增长与气温、降水等因素呈正相关性

（陈福军等，2011；赵苗苗等，2019；冯婉、谢世友，2022）。

陆地生态系统敏感性的巨大差异决定了各地区不同的国土开发条件。尤其是西北地区，其土地资源合理利用的压力较大，产业发展的选择性较小，经济发展受到资源环境条件的极大限制。事实上，近年来，部分地区的自然生态环境条件发生了一定程度的改变。《中国气候变化蓝皮书（2021）》指出，气候系统变暖仍在持续，极端天气气候事件风险进一步加剧。气象观测资料显示，自20世纪80年代以来，西北地区气温逐步上升，以黄河为界的西部区域，降水呈现逐渐波动增加趋势（刘毅，2019）。未来，西北地区气温仍将持续升高，降水、径流和土壤湿度也将会增加，整体向暖湿化转变（李明、孙洪泉、苏志诚，2021）。根据施雅风院士的预测，2050年，西北各省区平均气温将上升1.9℃，降水增加4%~34%（施雅风，2003）。经过中央和地方的长期努力，局部地区的生态环境得到了显著改善。如"三北"工程建设40年，累计营造防风固沙林788.2万公顷，治理沙化土地33.62万平方千米，保护和恢复沙化草原1000多万公顷，工程区年均沙尘暴日数从6.8天下降为2.4天，营造水土保持林1194万公顷，累计治理水土流失面积44.7万平方千米，年入黄河泥沙减少4亿吨左右（王琪，2018）。2020年，榆林市沙化土地治理率已达到93.24%，年均荒漠化逆转速率高达1.62%，而存在千年的毛乌素沙漠（中国四大沙地之一），即将从陕西版图上消失（王罡、赵波、李羽佳，2020）。综上所述，在气候变化和生态建设的双重影响下，西北地区等部分区域的生态本底条件得到一定程度的改善，但总体来看，中国的生态本底整体上较为脆弱，资源环境的巨大空间差异仍将长期存在，区域协调发展仍面临着较大的生态约束，人地关系亟待优化调控。

2.5 中国区域协调发展的空间层次

2.5.1 陆域与海域：区域协调发展宏观格局的奠定

2.5.1.1 中国沿海地区的率先崛起

人海关系根植于千百年来人类社会发展历程中人与海洋的相处，从人进入海、海接纳人，到人类社会的生产活动、集聚方式影响和改变海洋，人海关系道路曲折而漫长。地理大发现使全球化第一次成为现实，海洋与陆地从此连接，航运贸易成为全球经济和国际关系的动脉，全球经济活动进入典型的“海权”主导时代。在以世界贸易组织（WTO）为代表的全球贸易框架和互联网浪潮的双重影响下，各国、各城市的产业分工、政治角色和地缘关系，形成了以创新为先导的“新航海时代”。港口城市率先创新制度，迈入自由贸易时代。一方面，丰富多样的海洋产业开发与持续的海上运输，支撑了一大批具有区域影响力的港口城市的发展；另一方面，一些更具地理、产业、制度、文化优势的港口城市整合资源成为世界级的航运中心、贸易中心（匡晓明、佟鑫，2014）。

在此背景下，中国以海洋方向为主导的对外开放深刻改变了生产要素的流动模式，并在很大程度上奠定了当前国家经济地理的基本格局（文玉钊等，2019）。同国际市场的距离，以及运输成本的差异导致了我国内陆与沿海地区拥有截然不同的经济区位，中国最终形成了典型的从沿海到内陆经济地理梯度格局。由沿海逐步向内陆铺开的对外开放政策与沿海地区靠近国际市场的区位优势，使国家区域经济格局整体上呈现较明显的“核心—边缘”结构。其中，东部沿海发达地区是核心区，而与核心区距离的远近往往影响着区域的经济发展状况。因此，东部发达地区成为众多中、西部地区空间对接的目标，形成“一江春水向东流”的现象。

2.5.1.2 内陆地区发展的新机遇

近年来，随着经济发展外部条件的变化，我国内陆地区逐步呈现加速发展的趋势。一是以“一带一路”建设为引领，内陆地区加速打造开放高地，在一定程度上扭转了经济地理区位劣势。内陆地区利用其在“一带一路”建设中的区位优势，发挥国际陆港群、空港群的运输优势，释放自贸区、综保区、跨境电商示范区、边境合作区等开放平台优势，加速培育面向国际市场的现代开放型产业体系和外向企业主体，打造对外开放经济高地。尤其是近年来，中欧班列发展极为迅速，并借助人员流动性小、运输效率高的优势，成为新冠肺炎疫情时期支撑国际经贸合作与维持全球产业链上、下游连接的重要载体。二是“一带一路”建设为平衡国内区域发展提供了新思路，主要影响表现在四个方面：①覆盖面广，强调区域间协同发展；②为产业的发展奠定更坚实的市场基础；③为中西部地区承接产业转移提供通道基础；④为东部地区产业转型升级创造空间（张媛，2015）。三是内陆地区城镇化进程与城市群建设加快。“十三五”时期，中西部内陆地区城镇化发展速度已明显快于东部沿海地区。在推动形成以国内大循环为主体的新发展阶段，内陆地区城镇化进程会进一步加快，并成为推动我国城镇化的主要力量（王一鸣，2020）。

在“强省会”战略的导向下，以成都、重庆、武汉、西安、郑州为代表的中心城市正快速崛起，成为辐射带动大区域发展的中心城市，长沙、合肥、南昌、昆明等城市也迅猛发展。同时，内陆地区形成多个有较强竞争力的城市群，国家对成渝、长江中游、中原、关中等城市群培育力度不断加强。随着交通强国的深入推进，以高铁为代表的快速交通网络极大地提升了内陆地区的对外通达能力和市场链接程度，内陆地区的市场空间不断拓展，发展潜力被充分释放。需要强调的是，虽然内陆地区的崛起已成既定事实，但对于中国而言，“陆权”仅仅是一定程度上的复兴，并不会对“海权”产生替代作用。

2.5.1.3 双循环新发展格局与陆海联动发展

当前，全球经济活动仍处于典型的“海权”主导时代，一大批具有影响力的港口城市成为世界级的航运中心、贸易中心。越邻近港口，经济越发达，成为近代以来中国区域发展的重要规律之一。但在国内国际双循环的背景下，“陆权”和“海权”将交相辉映。2020 年，中央提出“深化供给侧结构性改革，充分发挥我国超大规模市场优势和内需潜力，构建国内国际双循环相互促进的新发展格局”。“内循环”的产业升级将推动国内区域经济一体化，沿海地区“外引内联”的纽带作用将得到增强，中西部地区将布局和培育更多战略性增长极，地区之间的基本公共服务均等化水平将趋向平衡。随着“一带一路”倡议的深入实施，交通强国建设将加速推进，双循环新发展格局的构建将进一步完善。一是内陆地区加速打造开放高地，中欧班列与“空中丝路”的兴起创新了贸易模式，在一定程度上扭转了经济地理区位劣势。二是在推动形成以国内大循环为主体的新发展阶段，内陆地区城镇化进程将进一步加快，成为推动我国城镇化的主要力量。三是从国家层面到地方层面，都将进一步强调区域间的协同发展，中国将加速形成陆海联动发展、东西双向互济的开放格局。

2.5.2 大江大河流域：跨地域自然—经济单元的协调发展

2.5.2.1 流域的自然与经济社会双重特性

流域作为一种特殊的地理空间单元，具有以下三个特点：一是河流是区域经济发展的主要纽带。流域是以水为核心，由水、土地、生物等自然要素与社会、经济等人文要素组成的“自然—经济—社会”复合系统（冯慧娟、罗宏、吕连宏，2010）。由于水的自然流动，引起了流域内地理上的关联性及流域环境资源的联动性，各种自然要素与社会经济要素之间、上下游之间、左右岸之间、干支流之间相互影响、相互制约（吕连宏、罗宏、罗柳红，2009）。二是流域内主干河流与其沿途接纳的各级支流共同形成复杂的干、支流水网系统，并形成不同的流域尺度及相应的经济梯度。三是由于天然联系的存在，流域内部在发展上往往形成利益诉求的一致性。因此，实现流域内生产要素的自由流动，推动流域一体化发展往往成为流域发展的内在要求。

流域在自然功能的基础上，往往形成富有地域特色的流域经济。流域经济是一种以江河为通道、以物流为纽带或轴心的特殊区域经济，是自然区域范围内的经济和跨区域范围内经济的结合体，其可通过整合和优化流域内各种资源，而形成具有一定分工协作的经济带（张侃侃、郭文炯，2013）。作为极为重要的大河流域，当前黄河流域整体发展水平仍然不高，在全国乃至全球的综合竞争力优势不够凸显，流域内部经济联系相对薄弱，经济发展不平衡。因此，黄河流域经济实现高质量发展还面临较大压力。在区域经济高质量发展的基础上，国家明确提出要发挥各地区比较优势，促进各类要素合理流动和高效集聚，增强创新发展动力，增强中心城市和城市群等经济发展优势区域的经济和人口承载能力，形成优势互补、高质量发展的区域经济布局（习近平，2019）。在新的发展环境下，如何发挥黄河流域经济的比较优势，探索富有地域特色的高质量发展新路径，成为当前亟待探讨的问题。

2.5.2.2 中国大江大河流域广布的地理特征

我国河流广布，跨省流域众多，部分大河流域甚至涉及四大板块、南北方、沿海与内陆的不同地区。最具代表性的是流域面积大、流域内人口密集、工农业相对发达的长江、黄河、珠江、淮河、辽河、海河、松花江七大江河。七大江河流域涉及面积占全国土地面积的45.6%，水资源总量占全国的57.5%，水资源可利用量占全国的58.2%，水能蕴藏量占全国的58.8%，人口占全国的75.7%，耕地占全国的86.0%左右(刘世庆等，2019)。七大江河流域覆盖了中国主要的人口和经济密集地区，在全国经济发展中占据主导地位。当前，国家已经批复珠江—西江、长江、淮河、汉江、黄河等流域的发展规划，海河、松花江—黑龙江、辽河、钱塘江、澜沧江、怒江、鸭绿江等跨省流域尚未被列入国家战略规划(见表2-3)。

表2-3 主要的跨省流域与发展战略

	批复年份	主要流域	流域涉及省份
国家已批复的流域发展战略	2014	珠江—西江流域	广东、广西、贵州、云南(含规划延伸区)
	2014 2016	长江流域	上海、江苏、浙江、安徽、江西、湖北、湖南、重庆、四川、云南、贵州
	2018	淮河流域	江苏、山东、安徽、河南、湖北
	2018	汉江流域	湖北、河南、陕西
	2021	黄河流域	青海、四川、甘肃、宁夏、内蒙古、山西、陕西、河南、山东
国家未批复的相关跨省流域	—	海河流域、松花江—黑龙江流域、辽河流域、钱塘江流域、澜沧江流域、怒江流域、鸭绿江流域	北京、天津、河北、山西、山东、河南、内蒙古、辽宁；黑龙江、内蒙古、吉林、辽宁；辽宁、内蒙古、河北、吉林；浙江、安徽、福建、江西；青海、西藏、云南；西藏、云南；辽宁、吉林

资料来源：笔者整理所得。

2.5.2.3 流域战略转向与协调发展的凸显

1984年公布的“七五”计划，第一次把全国划分为东、中、西部三大经济地带，之后国家进一步采取了东部、中部、西部、东北四大板块的划分。三大地带与四大板块的划分反映了当时中国区域经济的发展水平、发展速度与对外开放水平的空间差异，各板块之间表现出显著的异质性特征（文玉钊、车冰清，2017）。依托经济板块划分，国家相继实施了东部沿海地区率先发展、西部大开发、东北振兴与中部崛起等国家战略，实现了国家战略在地域上的全覆盖。然而，经过长期发展，这种空间战略表现出显著的局限性，既切割了流域经济的横向联系，不利于区域经济的整合，致使东、西部发展差距进一步拉大，又造成了大区域环境治理难度加大与生态补偿的缺位（杨柏，2007）。近年来，国家空间战略发生了重大转向，国家逐步重视"以流域为纽带、东中西相统一、横向互补发展"模式，依托流域的天然联系，流域内部形成不同尺度的经济社会系统，流域的协调发展对于破解我国区域经济差异和发展水平约束意义重大。其突出表现为，国家先后对珠江—西江、长江、淮河、汉江、黄河等大江大河流域进行针对性发展规划（见表2-4），空间战略走向注重流域协同发展的新阶段。以流域为对象的空间战略更加顺应自然地理规律，注重流域经济的横向联系，更有利于实现经济、文化、生态等各类要素的关联与融合，便于流域整体功能的发挥（文玉钊、车冰清，2017）。

流域是实施区域协调战略的重要空间，也是进行区域协调发展研究的理想单元。大江大河流域由于范围广、跨度大，流域内部生产力布局与经济发展差异较大，面临着诸多发展不协调问题，如上、中、下游经济社会发展水平差距过大，流域水质污染严重，水资源不足与分配不均衡，上、中游地区生态破坏较为严重，煤与石油化工产业过度布局，矿产资源过度开采，河流上、下游与左、右岸地区环境协同治理能力不足等。流域战略的深入推进，对于破解流域发展不协调困境意义重大。

表2-4　2014—2019年流域空间战略的规划文件与主要着力点

年份	空间战略	规划文件	流域	流域发展主要着力点
2014	加快珠江—西江经济带发展	《珠江—西江经济带发展规划》	珠江—西江流域	生态廊道、互联互通大通道、港口群、产业协同、城镇体系、开放合作平台
	长江经济带发展	《关于依托黄金水道推动长江经济带发展的指导意见》	长江流域	生态文明、黄金水道、融合发展、海陆统筹、双向开放

续表

年份	空间战略	规划文件	流域	流域发展主要着力点
2016	长江经济带发展	《长江经济带发展规划纲要》	长江流域	生态环境、综合立体交通走廊、产业转型升级、新型城镇化、全方位开放新格局、协调发展、城市群
2018	淮河生态经济带发展	《淮河生态经济带发展规划》	淮河流域	绿色生态廊道、高效淮河水道、立体交通网络、协同发展优势产业、产业转移与承接、城市协调发展、对外开放、区域合作
2018	汉江生态经济带发展	《汉江生态经济带发展规划》	汉江流域	“美丽汉江”“畅通汉江”“开放汉江”“创新汉江”
2019	黄河流域生态保护和高质量发展	《黄河流域生态保护和高质量发展规划纲要》	黄河流域	生态保护、环境治理、流域安全、水资源集约利用、产业协同发展、区域协调发展、黄河文化

资料来源：笔者整理所得。

2.5.3 城市群与都市圈：核心区的协调发展

2.5.3.1 城市群与都市圈时代的到来

自改革开放以来，我国经历了世界历史上规模最大、速度最快的城镇化进程，城镇化率从不足20%快速提高到60%以上，年均有2000万左右人口进入城镇，堪称世界城镇化发展史上的一个奇迹。中国城镇化完成了由“乡村中国”到“城镇中国”的蜕变，并逐步进入中后期阶段。一方面，诞生了北京、上海、广州、深圳、重庆、苏州、成都、杭州、武汉、天津、郑州、西安、青岛和长沙等常住人口超过千万、GDP超过万亿元的“双万”地市；另一方面，大量人口涌入城市群和都市圈地区，形成了京津冀、长三角、珠三角等拥有大规模人口与经济体量的城市群和都市圈地带。

“城市群”是指在特定地域范围内，以1个以上特大城市为核心，由至少3个大城市为构成单元，依托发达的交通、通信等基础设施网络，所形成的空间组织紧凑，经济联系紧密，并最终实现高度同城化和高度一体化的城市群体（姚士谋、陈振光、朱英明，2008）。“十三五”规划提出，国家正在建设19个城市群。其中，京津冀、长三角、珠三角将被打造为世界级城市群，进一步提升山东半岛、海峡西岸城市群的开放竞争水平，培育中、西部地区城市群，发展壮大东北地区、中原地区、长江中游、成渝地区、关中平原城市群，规划引导北部湾、晋中、呼包鄂榆、黔中、滇中、兰州—西宁、宁夏沿黄、天山北坡城市群的发展。根据媒体的报道，中国的19个城市群包括422个大中小城市，占中国城市总数的63.4%，其中，直辖市有4个，地级市有191个，占中国地级市总数的66.3%；县级城市有231个，占中国县级城市总数的62.8%；小城镇有11787个，占中国小城镇总数的60.1%。19个城市群承载了我国75%以上的城镇人口，贡献了80%以上的GDP。可见，城市群成为中国解决区域发展不平衡、不充分问题的重要载体和着力点，是新型城镇化的主体形态，也是支撑全国经济增长、促进区域协调发展、参与国际竞争合作的重要平台。

2019年，《国家发展改革委关于培育发展现代化都市圈的指导意见》指出，都市圈是城市群内部以超大特大城市或辐射带动功能强的大城市为中心、以1小时通勤圈为基本范围的城镇化空间形态。从功能联系的视角来看，都市圈实际上是与核心城市有着紧密社会经济联系，且具有一体化或同城化发展倾向的高密度、大流量的通勤区域。有学者认为，形成都市圈要包含以下三个方面：至少有一个辐射带动能力较强的核心城市，该核心城市应具有一定规模，一般为建成区常住人口在300万人以上的城市；核心城市会形成一定的辐射范围，与周边城市之间有密切的经济社会联系，且核心城市的辐射带动能力越大，都市圈的辐射范围也随之越大；具有明显的圈层结构（安树伟、李瑞鹏，2019）。实际上，当前中国正在建设的都市圈中，有不少城市的建成区人口并未达到300万人，但这些城市往往具有极为突出的综合性职能，即省会功能，因此其仍具有都市圈的经济社会联系、腹地、交通通勤等特征。在新型城镇化的推动下，都市圈有望进一步扩大，从而带动基础设施、公共服务、产业发展的同城化水平持续提高。2019年，戴德梁行通过构建"都市圈综合发展质量评价体系"，对全国26个都市圈进行了研究，并将其划分为成熟型、赶超型、成长型、培育型四种类型（戴德梁行，2020）。清华大学中国新型城镇化研究院组编的《中国都市圈发展报告2021》认为，中国当前共存在34个都市圈，其分为成熟型、发展型、培育型三类都市圈，各有6个、17个、11个（尹稚等，2021）。

当前，我国经济发展的空间结构正在发生深刻变化，中心城市和城市群正在成为承载发展要素的主要空间形式(习近平，2019)。城市群与都市圈时代的到来，对大型城市的功能迭代、可持续发展能力，以及区域协调发展均提出了新的挑战，城市群与都市圈建设成为区域协调发展的重要战略手段(张学良、林永然，2019)。

2.5.3.2 城市群与都市圈正在成为区域发展的核心区

增长极在地理空间上表现为一定规模的城市，依托主导工业部门和工业综合体产生极化与扩散效应。极化效应促使经济要素向增长极聚集，扩散效应促使经济要素从增长极向周围不发达地区的扩散，增长极及其空间效应体现了中心城市与周边地区的经济发展关系，并表现为“核心—边缘”结构。

在中国进入新发展阶段的背景下，增长极的形式及与周边地区的作用形式均发生一定的演进。一是中心城市和城市群正在成为引领区域发展的活跃增长极与承载各种发展要素的主要空间形式。二是绝大多数大型中心城市的规模处于快速扩张阶段，随着城市和周边经济要素与空间联系的不断强化，大型中心城市的核心增长极边界逐步由城区扩展至都市圈地区，都市圈将成为具有实质意义的大区域核心增长极地域单元。三是增长极内部的功能与结构将实现升级和重塑。在新型全球化条件下，应着力增强中心城市的创新策源功能，推动都市圈和城市群形成高质量发展的动力源。四是要依托都市圈和城市群，辐射带动更多中小城市发展，建立以都市圈和城市群为枢纽的“城市内循环+全球外循环”系统，促进生产要素流动、集聚和扩散，提高空间配置效率，使其成为双循环新格局的战略支点。

2.5.3.3 核心区协调发展重在消解行政区壁垒

当前，我国城市群与都市圈发展存在一个不容忽略的事实，即其往往跨越了不同的行政区(地市级行政区以上)。因此，城市群与都市圈如何打破“行政区经济”桎梏，就成为其高效发挥区域协调作用的关键所在。各行政区往往以行政目标为导向，行政区之间的利益难以共享，阻碍了城市群和都市圈内部要素的自由流动，不利于区域一体化的实现和统一市场的形成。并且，行政壁垒的存在，导致了诸多重大建设项目、重要生态修复工程缺乏衔接。在跨行政区问题的协调上，地方政府作为上级政府的执行机构，其协调能力往往有限。尤其是跨省域问题处理的时间较长且程序较为烦琐，导致城市群与都市圈内各城市，尤其是跨省城市间的边界问题难以处理，而日常的议事协调机构可能较为松散，制度性、权威性和协调效果有待提高。目前，区域法律和规范协调有待完善，部分立法协调机制还处于空白。因此，应以中心城市为核心，城市群、都市圈内大中小城镇一体联动、抱团共赢协同发展，逐步摆脱“行政区经济”的束缚，以达到核心区的协调发展的目的。同时，国家层面应建立跨行政区城市群规划编制衔接实施评估机制，以规划调整、重塑不同行政区之间的关系，并建立健全规划法律体系，以保持规划实施的权威性和连续性(申现杰、袁朱，2021)。

2.5.4 省际交界地带：边缘区的协调发展

相对于区域经济中心地带，远离经济中心的省级行政区交界地带往往成为“经济洼地”，成为典型的欠发达地区或经济边缘区(少数地区除外，如皖东南地区)。从区域发展的历史与现实来看，省际交界地带更像是“被遗忘的角落”，往往面临着比较复杂的发展困境。省际边界区域既是计划经济时期政府投资的边缘区和市场经济时期外商投资的边缘区，又是省际经济政策的交会区和区域摩擦的集中地，空间协调难度较大，统筹发展难点较多(朱传耿等，2012)。其具体表现为：经济发展水平通常相对较低；不同行政区之间生产要素流动不畅，存在较明显的市场分割现象；往往表现出“以邻为壑”的发展模式，毗邻地区之间恶性竞争较为严重；基础设施较差，且在边界地带对接不完善；市场发育与对外开放程度相对较低；公共服务水平相对较低；行政管理力度通常相对较弱等。省际交界地带的发展现象背后折射出显著的边界效应，行政区划壁垒的存在和区域竞合的复杂性使得其难以和行政区中心地区(往往是经济核心区)进行竞争，从而难以把握更多的发展机遇。从区域协调发展视角来看，全国存在大量的省际交界地带，如何实现较好的发展并与周边地区进行良好的协调，实际上代表了边缘区的协调发展路径探索，具有重要的现实意义。

3 宏观格局的奠定：陆海协调发展

3.1 陆海经济地理区位变动与协调发展

中国是一个典型的陆海复合型国家。在古代，中原政权的主要外部威胁来自北方的游牧民族，而海洋一直被视为天然的安全屏障，因此古代中国发展的焦点为“农牧之争”（盛思鑫，2020），在空间上整体表现为南北方的冲突和协调。依托较好的农业发展条件，中国创造了辉煌的农业文明，并在此基础上与周边国家建立了以陆权为核心的朝贡体系。因此，古代中国更多体现大陆国家特征，在海洋方向上缺乏探索和开拓的动力。中国大陆国家的属性直到清朝末年才被西方列强的入侵打破，从此中国开始考虑陆权和海权的平衡问题（郭文韬，2017）。自近代以来，代表海洋文明的西方国家的经济与科技实力显著超越中国，在与中国的冲突中占据压倒性优势，中国在陆海方向上陷入威胁。中国在发展焦点上逐步呈现“陆海分流”，即表现为东西方向上的冲突和协调。随后，中国逐步重视和顺应海洋时代的经济要素布局与生产力发展规律，并走向对外开放的发展道路，在融入全球化的过程中实现自身发展。可以说，近代以海洋方向为主导的对外开放深刻改变了我国生产要素的流动模式，并在很大程度上奠定了当前国家经济地理的基本格局。而近代以来的发展历程表明，只有陆海联动与协调发展，才能发挥陆海复合型大国的优势，集聚巨大的经济动能。

2008 年国际金融危机之后，全球化遭遇阻力并呈现波动趋势。2013 年，“一带一路”倡议实施，西向开放上升为国家战略。2015 年，国家发布《推动共建丝绸之路经济带和 21 世纪海上丝绸之路的愿景与行动》，确立了“一带一路”的顶层设计方案，明确了各省份在“一带一路”建设中的定位，各地也充分结合自身发展特点，积极融入“一带一路”建设。东部沿海地区依托良好的开放条件，通过对接“一带一路”实现转型升级。东北地区打造向北开放窗口，推进中蒙俄经济走廊建设。内陆地区着力打造内陆开放高地，放大区位优势，深度融入全球产业链、创新链、价值链。同时，国务院先后印发《物流业发展中长期规划(2014—2020年)》《“十三五”现代综合交通运输体系发展规划》，明确提出建设联通国际、国内的物流大通道与外向型物流枢纽基地，强化铁路的战略地位，增强物流对“一带一路”建设实施的支撑作用。西向开放后，以中欧班列为载体的陆上贸易蓬勃发展，之前几乎单一面向海洋方向的流通格局在一定程度上被打破，国家尺度上的流通网络体系发生一定程度的重塑。在此背景下，陆海经济地理区位发生变动，内陆地区迎来新的发展机会，陆海联动与协调发展有望进一步推进。

经济地理区位的不同是沿海与内陆地区发展条件差异的重要原因。在“一带一路”倡议框架下，欧洲地区的贸易体量最大，是西向开放的重要方向。因此，本章基于欧洲的外贸运费和外贸时间成本的测算指标，对西向开放前后不同城市的区位差异进行测度，以便通过定量研究剖析“一带一路”倡议下的城市区位格局，反映陆海联动与协调发展的基础条件变化。

3.2 基于外贸运费的陆海城市区位差异

目前，依托新亚欧大陆桥和西伯利亚大陆桥，我国形成了由阿拉山口(霍尔果斯)、二连浩特、满洲里(绥芬河)口岸出境的西、中、东三大通道。本书选择西通道作为研究对象，主要基于以下三个方面的考虑：一是西通道在国家“一带一路”倡议中占据核心地位，新疆被确定为丝绸之路经济带核心区，阿拉山口与霍尔果斯口岸也不断扩容与完善。二是西通道对国内地区影响最大，并覆盖了主体货源。西通道以新亚欧大陆桥为主干通道，交通距离最短且沿途省份最多，对拉动内陆地区对外开放意义重大。三大通道的主要货源都分布在我国沿海地带(包括集结的海外货物)，而西通道货源已覆盖西北、西南、华南、华中、华东、华北地区，甚至东北地区也受到辐射。三是西通道的对外贸易效应最大。西通道途经国家最多，已开通至中亚、西亚、欧洲等地班列，更多方向线路处于测试中。西向开放所依托的“一带一路”倡议于2013年提出，国家规划中欧班列的培育期至2020年，其运营进入基本成熟阶段。国家与地方政府一直致力于推动国内外铁路运价率下降，以及增加班列回程载货率，并向着理想目标靠近。鉴于以上分析，本书选取2013年、2020年为研究时间断面。

3.2.1 研究方法

3.2.1.1 多式联运成本测算与竞争的分析模型

本书所关注城市的区位突出表现在其在运费成本与时间成本上的相对优势程度上。莫辉辉等在参考既有文献(United Nations，2012)经验模型的基础上，构建多式联运竞争的分析模型(莫辉辉、王姣娥、宋周莺，2015)。该模型考虑了丝绸之路经济带可竞争运输链的非重合性，即选择某条线路(或主导的运输方式)，除起点和终点重合外，路径上不应存在重合的节点。由于起讫点可以位于港口或者内陆(非临水区)，因此内陆节点之间的运输可以由铁路一种方式来完成，经海运则需要多种方式的联运。

该模型主要用于对某个城市通过不同路径到达目的地的运费成本的计算。既有研究就重庆、西安通过铁路及海铁联运两种方式到达欧洲城市的经济成本进行了估算，并分析了两种运输方式的竞争优势范围。借鉴上述模型，分别测算在铁路及海铁联运两种方式下，各地级市经过阿拉山口口岸至欧洲市场的时间成本与经济成本，并进一步计算两种情况下，各节点城市的相对区位值。由于本书最终目标为测算各节点城市的相对区位，因此为了便于研究，本书不考虑起讫点的装卸成本及对应的作业时间，以可达性作为不同运输路径的时间成本。

如图3-1所示，某节点城市通过陆路至欧洲市场的时间成本与经济成本由两个部分构成，即该节点城市至西北主门户的可达性与经济成本，以及西北主门户至欧洲市场的可达性与经济成本。同样，该节点城市通过海铁联运的时间成本也由两个部分组成，即该节点城市至距离其最近海港的可达性与经济成本，以及该海港至欧洲市场的可达性与经济成本。

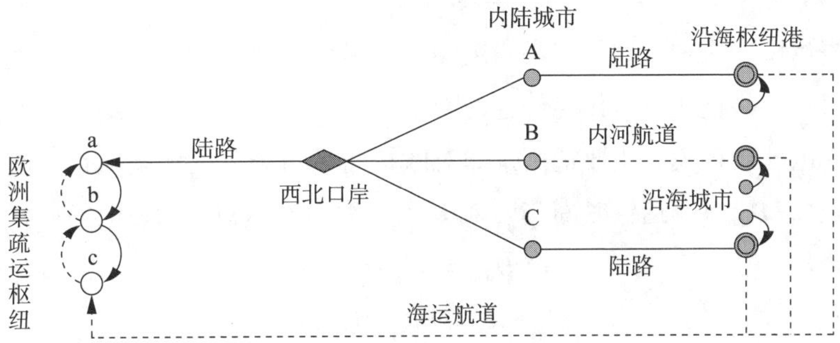

图 3-1 不同运输方式下的国内城市对欧洲贸易路径特征

(1)海洋运输主导下的运费测算。海洋运输主导下的运输方式主要分为四种：江海联运模式、铁海联运模式、海运中转模式和直达模式。对于前三种运输模式，国内城市至欧洲的运输费用主要包含两个部分，即国内段成本(N)与国外段成本(W)，第四种仅有国外段成本(W)。

江海联运模式，即内陆城市通过内河航道将货物运出至对欧枢纽港，再经过海运至欧洲，主要适用于长江与珠江的沿江通航城市，国内某个城市至欧洲可采用方式的最短运输距离(D_{total})、运输时间(T_{total})及运输费用(C_{total})计算公式分别为：

$$D_{total}=Dn_j+Dw \tag{3-1}$$

$$T_{total}=\frac{Dn_j}{S_j}+\frac{Dw}{S_k} \tag{3-2}$$

$$C_{total}=Cn_j\times P_j+Dw\times P_k \tag{3-3}$$

$$Dw=\sum_{i=1}^{n}d_i\times W_k(n=1,2,\cdots,8) \tag{3-4}$$

铁海联运模式，即内陆城市通过铁路将货物向对欧枢纽港集聚，进而运至欧洲。本书以地级行政单元驻地城市为研究对象，其基本都有铁路经过，因此所有研究对象都可以选择铁海联运模式。其最短运输距离(D_{total})、运输时间(T_{total})及运输费用(C_{total})计算公式分别为：

$$D_{total}=Dn_t+Dw \tag{3-5}$$

$$T_{total}=\frac{Dn_t}{S_t}+\frac{Dw}{S_k} \tag{3-6}$$

$$C_{total}=Cn_t\times P_t+Dw\times P_k \tag{3-7}$$

海运中转模式，即除本书确定的东部沿海九大对欧枢纽港外，其他沿海港口需要将枢纽港口作为母港，将本地货物运输至母港集结，进而运至欧洲，因此这种模式主要适用于非对欧枢纽港口以外的海港城市。其最短运输距离（D_{total}）、运输时间（T_{total}）及运输费用（C_{total}）计算公式分别为：

$$D_{total}=Dn_h+Dw \tag{3-8}$$

$$T_{total}=\frac{Dn_h}{S_k}+\frac{Dw}{S_k} \tag{3-9}$$

$$C_{total}=Cn_h\times P_k+Dw\times P_k \tag{3-10}$$

直达模式，即城市所集结的货物可直接海运至欧洲，主要适用于针对九大沿海枢纽港所在城市，其最短运输距离（D_{total}）、运输时间（T_{total}）及运输费用（C_{total}）计算公式分别为：

$$D_{total}=Dw \tag{3-11}$$

$$T_{total}=\frac{Dw}{S_k} \tag{3-12}$$

$$C_{total}=Dw\times P_k \tag{3-13}$$

其中，Dn_j为内河航道运输距离，Dn_t 为铁路运输距离。D_w 为东部沿海九大对欧枢纽港到欧洲的加权平均海洋运输距离；P_j、P_t、P_k 分别为内河运价率、铁路运价率和海运运价率；S_j、S_t、S_k 分别为内河运行速度、铁路运行速度和海运速度；d_i 为中国某沿海枢纽港到第 i 个欧洲枢纽港的运输距离，W_k 为权重值。

对于国内沿江城市而言，其货物由城市运往沿海枢纽港口存在多式竞运的情况，因此需要比较不同运输路径的时间成本和运费成本，以选择最优的运输路径。本书考察路径 A 的 T_{Total}(A)和路径 B 的 T_{Total}(B)之间的关系，如果 T_{Total}(A)>T_{Total}(B)，则表示路径 A 的经济性优于 B，反之亦然；考察路径 A 的 C_{Total}(A)和路径 B 的 C_{Total}(B)之间的关系，如果 C_{Total}(A)>C_{Total}(B)，则表示路径 A 的经济性优于 B，反之亦然。

（2）陆路运输主导下的运费测算。陆路运输主要是中国国内城市通过铁路运输将货物运至阿拉山口，然后运至欧洲各物流枢纽。中国国内城市至欧洲的陆路运输成本主要包含两个部分，即国内段成本（N）与国外段成本(W)。国内某个城市通过陆路至欧洲的货运的运输距离(D_{total})、运输时间(T_{total})及运输费用(C_{total})计算公式分别为：

$$D_{total}=Dn+Dw \tag{3-14}$$

$$T_{total}=Tn+Tw \tag{3-15}$$

$$C_{total}=Cn\times P_j+Dw\times P_k \tag{3-16}$$

$$Dw=\sum_{i=1}^{n}d_i\times W_k(n=1,\ 2,\ \cdots,\ 7) \tag{3-17}$$

其中，Dn 为国内某城市至阿拉山口的运输距离，Dw 为阿拉山口至欧洲各物流枢纽的加权平均距离，P_j、P_k 分别为国内铁路运价率与国外铁路运价率，Tn、Tw 分别为中国某城市到阿拉山口的运输时间和阿拉山口至欧洲的运输时间，d_i 为第 i 个欧洲物流枢纽的运输距离，W_k 为权重值，Dn、Dw、d_i、Tn、Tw 均通过可达性算法求得。

3.2.1.2 加权因子法

根据式(3-18)，本书将加权因子法运用于各评价单元的综合值的测算。

$$S_i=\sum_{i=1}^{5}B_{ki}W_k \tag{3-18}$$

其中，i 为空间评价单元序号，B_{ki}为第 i 个评价单元的第 k 个评价指标得分值，W_k 为第 k 个评价指标对第 i 个评价单元的权重值，S_i为第 i 个评价单元。在本书中，该方法主要用于我国沿海各枢纽港至欧洲枢纽港综合运费与综合时间成本的测算，以及阿拉山口口岸至欧洲内陆各集疏运枢纽综合运费与综合实践成本的测算。

3.2.1.3 研究条件设定

为简化问题，本书做出以下几点设定：除货源吸引外，不考虑路网上其他车站、线路对快捷货运班列运输组织的影响；主要物流节点的作业能力能满足快捷货运班列开行的需要；不考虑空车的回送；不考虑作业费和列车换轨、报关所消耗的时间成本。

3.2.2 陆海城市对外贸易运费成本测度

在海洋运输路径主导下，国内城市对欧洲贸易路径分为四种：一是江海联运模式，即内陆城市尤其是长江与珠江沿线城市通过内河航道将货物运至出海港口，再经过海运至欧洲；二是铁海联运模式，即内陆城市通过铁路将货物向出海港口集聚，进而运至欧洲；三是海运中转模式，即除本书确定的东部沿海九大对欧枢纽港口外，其他沿海港口需要将枢纽港口作为母港，将本地货物运输至母港集结，进而运至欧洲；四是直达模式，主要针对九大沿海枢纽港口城市，这些城市集结的货物可直接海运至欧洲。自欧洲运输回国的货物，同样先运至沿海枢纽港口，再通过原来路线向腹地分拨，设定的国内出口货物路线和自欧洲进口的货物路线一致。对前三种运输模式而言，国内城市至欧洲的运输费用主要包含两个部分，即国内段费用与国外段费用；九大沿海枢纽港口城市则仅有国外段费用。

3.2.2.1 节点城市海运运费的测算

（1）国外段海运运费测算。国外段的运费，即各沿海枢纽港口城市至欧洲目的地的费用。本书选择九大港口作为欧洲市场的集疏运枢纽。在中国的主要欧洲贸易国家中，除俄罗斯外，其他枢纽港口均靠近各个国家的经济核心区。因此本书设定的欧洲枢纽港口即为海上运输条件下中欧贸易的目的地。由于俄罗斯在中欧贸易中的份额较大，同时，圣彼得堡距离首都莫斯科距离较远，因此我国沿海港口至俄罗斯的费用为，航运至圣彼得堡的费用，加上圣彼得堡铁路货运至莫斯科的费用。

不同运输路段权重的确定。由于存在 9 个目的地枢纽港口，因而我国沿海各港口至欧洲市场的综合成本需要考虑不同运输路段的权重。欧洲 9 个目的地枢纽港口所代表的路段权重，由其所服务的市场规模决定，市场规模可由其所服务的国家和地区与我国的进出口总额来确定。由于德国、俄罗斯、荷兰、英国、瑞士、法国、意大利、比利时、西班牙九国的贸易总份额占到了中国的欧洲主要贸易伙伴总规模的 84%，因此首先需要考虑各目的地枢纽港口与九国市场的服务对应关系。结合以上对欧洲港口对外联系条件的分析可知，在五大欧洲基本港中，南安普顿可视为英国和爱尔兰区域的门户港；安特卫普是比利时的门户港；勒阿弗尔距离巴黎大都市区较近，是法国的门户港；鹿特丹是莱茵河流域的门户港，其腹地主要包括荷兰、瑞士，以及德国的莱茵河流域工业区；汉堡是德国北部与东部地区、斯堪的纳维亚半岛国家、波兰，以及内陆国家捷克、斯洛伐克、奥地利、匈牙利的门户港。从其他几个枢纽港来看，圣彼得堡可视为波罗的海国家如俄罗斯、芬兰、立陶宛、爱沙尼亚、拉脱维亚的门户港；热那亚为意大利最重要的经济区——北部经济区的门户港；巴塞罗那距离马德里较近，可视为伊比利亚半岛国家的门户港。以巴尔干半岛国家为主体的欧盟其他国家与中国的外贸额较少，对中欧贸易状况影响甚小，但考虑其空间位置特征，本书将希腊最大港口比雷埃夫斯港作为以上国家的门户港。值得注意的是，德国与中国的贸易规模远高于其他国家与中国的贸易规模，由于德国西南部的莱茵河流域凭借便利的内河运输以鹿特丹为门户，因此本书参考莱茵河的流域范围对德国内部各州的门户港口归属进行识别。

在不同运输路段权重的选取上，本书以各港口对应的国家与中国的贸易额占中国与欧洲主要贸易伙伴的比例作为权重值。2012 年德国各州的 GDP 数据显示，莱茵河流域 6 个州占全国经济总量的 69%，而德国在中国与欧洲主要贸易伙伴中的份额占比为 22. 82%，因此莱茵河流域 6 个州对中国至鹿特丹路段的权重贡献为 15. 67%，其他州对中国至汉堡路段的权重贡献为 7. 14%。由于中国沿海港口至鹿特丹与安特维普的航运里程极为接近，并且两者的核心腹地都为荷兰、比利时、卢森堡、瑞士，以及德国莱茵河流域经济区，因此本书根据腹地赋予两者共同的权重，即将两者看作一个港口，航运里程采用中国沿海至两地的平均值。中国至各港口路段的权重见表 3-1。

表 3-1　海运条件下中国至欧洲各枢纽港口路段的权重

港口路段	鹿特丹—安特卫普	汉堡	圣彼得堡	南安普顿	勒阿弗尔	热那亚	巴塞罗那	比雷埃夫斯
权重	0. 3789	0. 1691	0. 1464	0. 1084	0. 0704	0. 0612	0. 0407	0. 0249

在我国港口至欧洲综合运费的测算方面，本书通过对航运网站港口间数据的查询、收集、整理，得到的中国港口至欧洲港口的航运距离数据见表 3-2。

表 3-2 中国沿海枢纽港口至欧洲枢纽港口的航运里程 单位：海里

港口名称	大连	天津	青岛	连云港	上海	宁波	厦门	深圳	广州
圣彼得堡	11940	12082	11787	11770	11496	11415	10974	10788	10826
汉堡	11162	11304	11009	10992	10718	10637	10196	10010	10048
鹿特丹	10914	11056	10761	10774	10470	10389	9948	9762	9800
安特卫普	10917	11059	10764	10747	10473	10392	9951	9765	9803
勒阿弗尔	10706	10848	10553	10536	10262	10181	9740	9554	9592
南安普顿	10692	10834	10539	10522	10248	10167	9726	9540	9578
巴塞罗那	9221	9363	9068	9051	8777	8696	8255	8069	8107
热那亚	9050	9192	8897	8880	8606	8525	8084	7898	7936
比雷埃夫斯	8314	8456	8161	8144	7870	7789	7348	7162	7200

根据联合国相关部门的研究，以及莫辉辉等(2015)的实地调研，海运运价率为 0.14~0.15 美元/(标准箱 · 千米)，本书采用 0.145 美元/(标准箱 · 千米)的海运运价率。根据我国港口至欧洲枢纽港的海运里程及海运、铁路运价率，以及之前确定的不同运输路段权重，本书测算我国港口至欧洲市场的综合运价见表 3-3。由于 2008 年以来全球经济疲软对全球航运业务的强烈冲击，2015 年的海运运价率已经保持在比较低的价位，因此本书设定 2020 年的国外段运费仍然保持在 2015 年价位。由于圣彼得堡至莫斯科需要铁路运输，俄罗斯境内西部地区的铁路运价率为 0.66~0.74 美元/(标准箱 · 千米)，所以本书采用 0.70 美元/(标准箱 · 千米)的铁路运价率。在国内节点城市至欧洲市场总运费的计算中，本书将圣彼得堡至莫斯科段作为铁海联运的一部分计入总运费。

表 3-3 中国沿海枢纽港口至欧洲枢纽港口的航运综合距离与综合运价

中国沿海枢纽港口	大连	天津	青岛	连云港	上海	宁波	厦门	深圳	广州
至欧洲枢纽港口综合距离(千米)	20027	20290	19744	19723	19205	19055	18238	17894	17964
至欧洲枢纽港口综合运价(美元/标准箱)	2904	2942	2863	2860	2785	2763	2645	2595	2605

(2)国内段海运运费测算。在国内段的运费方面存在三种情况：一是可

进行江海联运城市的内河航运段运费；二是进行铁海联运城市的铁路段运费；三是进行海海中转运输的沿海城市中转至枢纽港口城市的海路运费。

第一，江海联运城市及其运价。交通运输部颁布《全国内河航道与港口布局规划》(规划期限为2006—2020年)，该规划对全国内河航运进行了清晰的布局，并明确表示将可通航千吨级船舶的三级及以上航道与其他交通方式共同组成国家综合运输大通道。规划内河主要港口包括泸州港、重庆港、宜昌港、荆州港、武汉港、黄石港、长沙港、岳阳港、南昌港、九江港、芜湖港、安庆港、马鞍山港、合肥港、湖州港、嘉兴内河港、济宁港、徐州港、无锡港、杭州港、蚌埠港、南宁港、贵港港、梧州港、肇庆港、佛山港、哈尔滨港、佳木斯港。由于嘉兴已有临海港口，因此本书不再将嘉兴作为内河港纳入研究。京杭运河济宁以南段虽在内河航运中发挥重要作用，但其以散货运输为主，多为煤炭、矿产资源等大宗货物，集装箱运输较少且多为国内运输，因此本书不把京杭运河段的济宁、徐州港纳入研究范围。由于松花江的出海口不在国内，因此其沿线港口亦不考虑。

南京以下至长江口段为一级航道，可通航万吨巨轮，南京、扬州、泰州、常州、无锡、苏州、南通均有重要港口分布。由于南通不仅有内河港，同时具有规模较大的海港洋口港，因此本书将南通设定为沿海港口城市，不列入内河沿线城市。苏州港分为太仓、常熟、张家港三个港区，由于太仓港区的集装箱吞吐量远高于其他两区，因此本书设定太仓港为苏州港所在位置。无锡的港口位于江阴港，常州港处于常州江北区，两者都是一类对外开放口岸。南昌与长沙分别位于赣江与湘江下游，毗邻长江入口，同时拥有较大的集装箱与货物吞吐量，因此本书将两者作为长江航道沿线城市。结合以上情况，并参考《全国内河高等级航道布局方案表》《长江三角洲高等级航道网布局方案表》《珠江三角洲高等级航道网布局方案表》，本书确定了参与江海联运的内河沿线港口城市。

考虑航道布局特征与港口分布情况，本书主要选择长江、珠江、钱塘江的相关港口作为沿江城市江海联运的集结点。长江航道沿线城市有南通、镇江、泰州、扬州、南京、马鞍山、芜湖、铜陵、池州、安庆、九江、黄石、黄冈、鄂州、武汉、岳阳、荆州、宜昌、重庆、泸州、宜宾；珠江航道沿线分布的城市有佛山、肇庆、梧州、贵港、南宁；钱塘江航道主要有杭州港。

通过对航运网站港口间数据的查询、收集、整理，本书得出的长江、珠江、钱塘江内河港口城市至最近出海枢纽港的里程如表 3-4 所示。根据莫辉辉等(2015)的实地调研，我国内河运价率采用 0.3 美元/(标准箱·千米)。根据内河港口至最近出海枢纽港的里程以及内河运价率，本书计算的 2013 年内河沿线城市至欧洲运输的国内段运费见表 3-4，同时与国际海运运费率相呼应，设定 2020 年以内我国内河运价率保持稳定。

表 3-4　长江、珠江、钱塘江内河港口至最近出海枢纽港航运里程

单位：海里

长江内河港口至上海港					
出发港	时间成本(小时)	经济成本(美元/标准箱)	出发港	时间成本(小时)	经济成本(美元/标准箱)
宜宾	221.36	830.1	铜陵	47.68	178.8
泸州	211.76	794.1	芜湖	39.04	146.4
重庆	191.92	719.7	马鞍山	35.20	132.0
宜昌	140.08	525.3	南京	31.36	117.6
荆州	128.24	480.9	扬州	26.80	100.5
岳阳	108.48	406.8	镇江	24.4	91.5
武汉	90.00	337.5	泰州	22.24	83.4
黄冈	81.28	304.8	常州	17.04	63.9
鄂州	80.96	303.6	无锡	15.04	56.4
黄石	78.56	294.6	苏州	5.84	21.9
九江	68.48	256.8	南昌	81.28	304.8
安庆	55.36	207.6	长沙	121.52	455.7
池州	50.56	189.6			
珠江内河港口至广州港			钱塘江内河港口至宁波港		
出发港	时间成本(小时)	经济成本(美元/标准箱)	出发港	时间成本(小时)	经济成本(美元/标准箱)
佛山	5.44	20.4	杭州	16.48	61.8
肇庆	13.60	51.0			
梧州	26.16	98.1			
贵港	47.60	178.5			
南宁	69.44	260.4			

第二，铁海联运城市及其运价。货运铁路网沿线的城市原则上都可以实施铁海联运。对于少部分尚无货运铁路的城市而言，其可以通过高速主干公路连接至最近的铁路货运站点，再通过铁路向出海港口集结。就运费而言，铁路运费与其里程成正比，因此在运费最低的条件选项下，各内陆城市应该选择距离最短的路径至最近的沿海枢纽港。依托 2013 年与 2020 年国内货运铁路网络，本书基于 ArcGIS 中网络分析模块，使用 Floyd 算法分别识别两个年份各内陆城市至沿海港口的最短距离路径；通过 Arcgis 测算出各路径的距离，计算出各内陆城市至最近沿海枢纽港的里程。

根据铁道部的定价，我国 2015 年的国内铁路运输费用为 0.7 美元/(标准箱·千米)。当前，除“渝新欧”国际铁路联运大通道(以下简称“渝新欧”)依托与铁路部门合作而享受 0.6 美元/(标准箱·千米)的优惠价格外，其他货运班列大多执行该定价。而按照市场需求，国内铁路运价率只有下降到 0.55~0.60 美元/(标准箱·千米)，我国的陆上运输价位才更有竞争力(媒体所访谈的行业人士观点)，因此，本书设定 2020 年国内段可以降低到 0.55 美元/(标准箱·千米)的较低价位，并根据里程数据与铁路运价率，计算 2013 年与 2020 年内陆城市至沿海枢纽港的运费。

第三，海海中转路径城市及其运价。对沿海港口城市而言，九大枢纽港口相当于其他港口的母港，因此其他沿海港口城市需中转至港口城市，继而海运至欧洲。由于沿海地市基本上有自己的出海港口，为研究方便，本书将沿海地市均视为沿海城市。在各子港口的母港在枢纽港的归属识别上，原则上子港口选择距离其最近的枢纽港；至周边两个枢纽港距离相差不大的子港口，则比较子港口与枢纽港、枢纽港至欧洲枢纽港口综合距离之和，取满足总距离最小的枢纽港作为该子港口的母港。同时，本书参考王成金等对我国集装箱港口体系的相关研究(王成金、金凤君，2006；王成金，2007)，对归属结果进行修正和完善，最终得到的结果见表 3-5。

表 3-5 沿海各港口城市归属分类

枢纽港城市	对应沿海子港口城市
大连	丹东、营口、锦州、葫芦岛
天津	秦皇岛、唐山、沧州、滨州、东营

续表

枢纽港城市	对应沿海子港口城市
青岛	潍坊、烟台、威海、日照
上海	盐城、南通、嘉兴
宁波—舟山	杭州、绍兴、台州、温州
厦门	宁德、福州、莆田、泉州、漳州
深圳	潮州、揭阳、汕头、汕尾、惠州、中山、珠海、江门、阳江、茂名、湛江、海口、三亚、北海、防城港、钦州
广州	东莞

通过中国海事服务网(http：//app. cnss. com. cn/mileage_ inquery. php)提供的查询功能，以及中国港口里程表的港口间航运里程数据，本书根据海运运价率，进行港口间的运费计算(见表 3-6)。

表 3-6　国内子母港间的交通成本

港口	时间成本(小时)					经济成本(美元/标准箱)				
大连	丹东	营口	锦州	葫芦岛		丹东	营口	锦州	葫芦岛	
	9.09	15.02	10.36	10.15		37.5	61.95	42.75	41.85	
天津	秦皇岛	唐山	沧州	滨州	东营	秦皇岛	唐山	沧州	滨州	东营
	9.02	2.36	5.52	3.45	5.09	37.23	9.72	22.78	14.25	21.00
青岛	潍坊	烟台	威海	日照		潍坊	烟台	威海	日照	
	24.00	21.21	19.02	3.82		99.00	87.51	78.45	15.75	
上海	盐城	南通	嘉兴			盐城	南通	嘉兴		
	12.36	7.05	3.42			51.00	29.10	14.10		
宁波	绍兴	台州	温州			绍兴	台州	温州		
	4.84	7.24	13.33			19.95	29.85	55.00		
厦门	宁德	福州	莆田	泉州		宁德	福州	莆田	泉州	
	15.1	13.67	5.31	5.05		62.00	56.39	21.90	20.83	
深圳	潮州	揭阳	汕头	汕尾	漳州	潮州	揭阳	汕头	汕尾	漳州
	10.84	10.98	11.99	4.73	6.06	44.70	45.30	49.45	19.50	25.00
	惠州	中山	珠海	湛江	海口	惠州	中山	珠海	湛江	海口
	2.55	0.88	4.58	16.98	21.35	10.50	3.60	18.90	70.05	88.06
	三亚	北海	防城港	钦州	江门	三亚	北海	防城港	钦州	江门
	26.18	26.87	28.42	28.15	6.25	108.00	110.84	117.23	116.12	25.80

续表

港口	时间成本(小时)					经济成本(美元/标准箱)				
	阳江	茂名				阳江	茂名			
	10.07	13.38				41.55	55.20			
广州	东莞					东莞				
	0.25					1.05				

注：城市名称下方数据为其对应的时间成本/经济成本。

3.2.2.2 节点城市陆运运费的测算

(1)国外段陆运运费测算。参照我国港口至欧洲不同运输路段的权重确定方法，欧洲7个物流枢纽城市所代表的路段权重，由其所服务的市场规模决定，市场规模可由其所服务的国家和地区与中国的进出口总额来确定。莫斯科可作为俄罗斯及波罗的海国家芬兰、立陶宛、爱沙尼亚、拉脱维亚的集疏运枢纽，罗兹凭借其与东欧、南欧地区优越的交通条件，可作为波兰、捷克、斯洛伐克、奥地利、匈牙利，以及巴尔干半岛国家的集疏运枢纽。汉堡是德国北部与东部地区、北海地区国家，以及英国、爱尔兰的集疏运枢纽。杜伊斯堡是莱茵河流域的集疏运枢纽。杜伊斯堡的服务范围包括德国莱茵河流域6个州、荷兰、瑞士，以及相邻的比利时与卢森堡。由于意大利北部经济区是意大利最重要的工业区域，也是意大利的经济重心地带，而该区域与里昂相邻，因此可将里昂作为法国与意大利的集疏运枢纽。马德里可作为伊比利亚半岛国家的集疏运枢纽。根据国家和地区与中国的贸易规模，本书计算得到陆路运输条件下欧洲各物流枢纽路段的权重值(见表3-7)。

表3-7 陆路运输条件下中国至欧洲各物流枢纽路段权重

物流枢纽	莫斯科	罗兹	汉堡	杜伊斯堡	里昂	马德里
路段权重	0.1464	0.0903	0.2121	0.3789	0.1316	0.0407

根据阿拉山口至欧洲各物流枢纽的距离，以及各物流枢纽路段的权重值，本书计算2013年阿拉山口口岸至欧洲物流枢纽的综合运费。本书设定2020年欧洲主要国家与中国的贸易总额中的占比稳定，即至欧洲各物流枢纽路段的权重不变。同时，随着中欧班列开行数量的不断倍增，我国政府

一直致力于与国外路段运营商的谈判，运输成本将会进一步下降，本书设定2020年国外路段的平均铁路运价率也下降至0.55美元/(标准箱·千米)，阿拉山口口岸至欧洲物流枢纽的综合运费将下降为3424美元/标准箱(见表3-8)。

表3-8　2013年、2020年阿拉山口口岸至欧洲物流枢纽的经济成本与综合成本

单位：美元/标准箱

经济成本	莫斯科	罗兹	汉堡	杜伊斯堡	里昂	马德里	综合成本
2013年	2772	4002	4685	4957	5699	6655	4660
2020年	2178	3054	3442	3594	4103	4854	3424

(2)国内段陆运运费测算。依托2013年、2020年国内各节点城市至阿拉山口口岸的铁路路网数据，本书使用Floyd算法分别识别两个年份各节点城市至阿拉山口口岸的最短距离路径；根据国内的铁路运价率，计算各节点城市至阿拉山口的运费。

3.2.3　运价成本下的陆海城市区位差异

3.2.3.1　海洋运费主导下的城市区位

在海洋单向开放条件下，本书计算各城市通过铁海联运、江海联运、海海中转三种模式至沿海枢纽港口的运费，根据各枢纽港口至欧洲市场的综合运费，计算出各节点城市至欧洲市场的总运费；以2013年运费作为海洋运输主导下各城市相对欧洲市场的区位表征指标，进行插值分析，根据相等间隔法将运费数据划分为九个等级。整体上看，在海洋单向开放条件下，各城市的区位值呈现显著的距离衰减特征，即越靠近沿海的地方，其区位优势越明显。第一层级区域代表了在海洋单向开放条件下对欧洲市场的最优经济区位的群体，其主要分布在沿海地区。具体来看，受南方港口至欧洲市场运费成本更低的影响，华南的第一层级区域从广东、福建沿海向内地延伸到江西赣州、湖南郴州；得益于西江高等级、航道较低的运输成本，梧州、贵港、南宁也成为第一层级城市。同样，受长江航道较低运输成本的影响，第一层级区域沿长江向内地延伸至安庆。第二层级区域分布在吉林南部、辽宁北部、内蒙古东南部、河北、山西东北部、山东西部、河南东部、安徽、江苏西部、浙江西部、江西北部、湖北东部，以及

湖南的中、东部。该层级城市数量较多、分布范围较广，是沿海优势区向内陆运费较高地区的过渡地带，该区域的重要节点城市有长春、沈阳、北京、太原、济南、郑州、徐州、武汉、怀化。第三层级区域分布在吉林北部、黑龙江南部、内蒙古大部分地区、宁夏、甘肃东北部、陕西大部分地区、山西西南部、河南西部、湖北西部、重庆大部分地区、湖南西北部、贵州，以及广西西部等地区，第三层级区域在空间上已经深入西部地区，重要的节点城市有重庆、贵阳、西安、银川、呼和浩特、哈尔滨。第四层级区域主要分布在黑龙江北部、甘肃大部、四川大部分地区、云南东部等地区，重要的节点城市有昆明、成都、兰州等。第五层级至第九层级区域基本分布在新疆、西藏、青海、云南西部等边疆地区，是海上单向开放条件下我国至欧洲经济区位相对较差的区域，成为基于运费成本的节点城市区位格局中的边缘区。需要注意的是，长江黄金水道的独特优势，使得第一层级区域沿长江延伸至安庆，这表明，在国家层面上，长江下游沿江地带具有突出的运输成本优势。此外，由于广西玉林市并非沿海城市，且不在珠江主航道上，因此其运输成本值高于周边城市，成为第一层级区域中的“孤岛”。

同样，本书以2020年运费作为海洋运输主导下各城市相对欧洲市场的经济区位表征指标，进行插值分析。相对于2013年，第一层级城市群体发生了较大变化，主要表现为北方收缩、南方扩张。渤海西岸及胶东半岛北部地区下降至第二层级区域，而广西、湖南的第一层级区域却向北部扩展，其主要原因为，铁路运费率的下降致使铁海联运成本下降；而在国外段的运费上，广州、深圳港比北方港口更具明显优势，这使得广州、深圳港腹地区域节点城市的运费成本下降更为明显。在长江沿线方向上，第一层级区域收缩至芜湖，同样受周边地区铁海联运成本下降的影响，长江江海联运的相对优势有所降低。铁海联运运费成本的下降，还导致2020年第二、第三层级区域向贵州、云南、重庆、四川方向的扩张；在天津港腹地方向上，则呈现收缩趋势，宁夏、内蒙古南部、陕西东北部的经济区位优势均有所降低。第四层级区域的面积有所收缩，而第五层级至第九层级区域的面积保持稳定。从节点城市变动的典型性来看，天津下降至第二层级，贵阳、成都上升至第二层级城市。

本书计算各节点城市运费区位值的平均值，提取与该平均值相接近的群体，绘制两个年份的节点城市运费均值线，均值线一侧为运费区位占优的区域，另一侧为劣势区域。通过均值线的变动，可以看出两个年份节点城市运费区位格局的整体演进状况。2020 年，均值线呈现明显的“北缩南扩”趋势。北方大致由吉林—哈尔滨—白城—锡林郭勒—包头—榆林—临汾—三门峡一线，向南、向东大致内缩至白山—长春—松原—乌兰察布—吕梁—晋城—三门峡一线，两线段之间区域的运费区位趋于下降。三门峡以南至宜昌地区的均值线段，是“北缩”与“南扩”的中间过渡地带。其中，三门峡—南阳—襄阳—随州为两个年份均值线重合段，这表明 2013—2020 年，该线段地区运费区位在全国格局中的地位相对稳定。而随州至宜昌段由 2013 年的随州—荆门—宜昌北部演变为随州—孝感—荆州—宜昌，这表明两线段之间节点城市的运费区位出现了小幅度下降。其主要原因是，2020 年江海联运相对铁海联运价格优势有所下降。宜昌以南进入“南扩”地带，均值线由宜昌—张家界—吉首—铜仁—河池—崇左一线西移至宜昌—遵义—兴义—文山东部一线，两线段之间节点城市的运费区位相对上升。由此可见，对海上运输主导下的节点城市运费区位而言，三门峡至东北延边的狭长地带为下降区，三门峡至随州一线为稳定区，随州至宜昌一带为递变区，宜昌以南为上升区。

3.2.3.2 陆路运费主导下的城市区位

西向开放之后，我国各节点城市至欧洲市场增加了新路径，即陆上运输。在西向开放条件下，基于西北门户开放的视角，本书计算西向开放主导下，各城市经西北门户至欧洲市场的运输成本，并以此作为西向运输主导下，各城市相对欧洲市场的经济区位表征指标。首先，计算各节点城市至阿拉山口口岸的运输费用，同时，计算阿拉山口口岸至欧洲几大重要物流枢纽的综合运输费用，进而计算出各节点城市至欧洲市场的总运费。以 2013 年总运费进行插值分析，根据相等间隔法将运费划分为九个等级。整体上看，西向开放主导条件下，各城市的区位优势呈现显著的距离衰减特征，即越靠近西北门户的地区，区位优势越明显，区位优势向西藏、广东、海南方向逐步递减。具体来看，乌鲁木齐、石河子，以及北疆沿边城市构成第一层级城市群体，第一、第二层级城市均分布在新疆地区。第三、第四层级区域大致沿兰新线向东南方向延伸，主要节点城市有兰州、西宁、银川。第五层级区域覆盖了黄河中游地区、华北西部地区、四川北部地区，以及新疆南部与青藏北部地区，该区域主要节点城市有西安、包头、呼和浩特、太原、石家庄。第六层级区域向东推进到北部沿海地区，北京、天津、山东、河南、湖北、重庆、四川的全部或大部分地区均包含在内，该区域的范围较广，城市分布较密集，主要节点城市有北京、天津、济南、郑州、徐州、武汉、宜昌、重庆、成都。第七层级区域由两部分构成：一是东北地区的南部，包括辽宁、吉林西南部、内蒙古地区；二是江苏、安徽中部与南部、浙江北部、江西北部、湖北东部与南部、湖南与云南北部、贵州、四川西部，以及西藏的部分地区，主要节点城市有南京、杭州、合肥、南昌、长沙、怀化、贵阳、拉萨。第八层级区域主要分布在华南、西藏南部、东北北部等地区，主要包括黑龙江大部分地区、内蒙古呼伦贝尔与大兴安岭地区、吉林东部、上海、浙江南部、福建省、江西与湖南南部、广东北部、广西大部分地区、云南西部与南部，以及西藏南部的林芝、乃东、日喀则等地。该区域分布的主要节点城市有广州、深圳、福州、厦门、赣州、郴州、南宁、柳州、昆明、日喀则等。第九层级区域是西向陆路运输主导下我国至欧洲经济区位相对较差的区域，主要位于黑龙江三江平原、西藏南部地区、海南、广西北部湾东部，以及广东的汕尾、茂名、湛江。

同样地，本书以 2020 年运费作为西向陆路运输主导下各城市相对欧洲市场的经济区位表征指标，进行插值分析。相比 2013 年，其整体格局发生了一定程度的变化，突出表现在，西南地区、西藏、内蒙古西部地区的区位值显著提升，而东南与华北大部分地区的区位值出现了相对下降。其原因是，兰渝、兰成快速铁路的修建使西北门户区至大西南地区的运输里程显著缩短，格尔木至敦煌铁路的修建也显著压缩了西藏至西北门户的运输里程，哈密至额济纳旗铁路的修建使得新疆沿内蒙古至京津方向的铁路大通道全部贯通，京津、内蒙古地区至新疆的铁路里程显著缩短。从获益的主要节点城市来看，重庆、成都、拉萨、包头区位值提升明显。东南与华北大部分地区的区位值下降，主要因为其至西北门户铁路运输里程压缩有限。环渤海地区、山西大部分地区、关中地区、山东、河南、江苏、安徽、浙江北部、江西北部、湖南北部等节点城市相对2013年均下降了一个层级，主要节点城市有威海、青岛、济南、徐州、武汉、南京、杭州、南昌。第九层级区域的面积扩大明显，台州—龙岩—肇庆—韶关一线的东南地区均成为西向陆路运输主导下经济区位相对较差的区域，东北地区由三江平原扩大到整个黑龙江北部及呼伦贝尔北部。新进入第九层级区域的主要节点城市有广州、深圳、汕头、福州、厦门、温州、台州。

从节点城市运费均值线的变动可以看出2013年、2020年两个年份的整体演进状况。两个年份均值线的东北部分比较稳定，2020年仅出现了较小的向东收缩。均值线的主体部分，以宜昌地区为轴心，东侧呈现向西北门户方向收缩，西侧表现出向西南与西藏南部方向外扩的特征。东侧均值线由日照—连云港—宿迁—宿州—武汉—荆州—宜昌一线向西北方向移至东营—滨州—淄博—莱芜—济宁—商丘—亳州—周口—驻马店—随州—荆门—宜昌一线，两条线段之间节点城市的运费区位趋向下降。西侧均值线大致由噶尔北部—玉树—马尔康—康定—宜宾—泸州—重庆—恩施—宜昌一线向南移至林芝—昌都—攀枝花—六盘水—贵阳—安顺—铜仁—吉首—宜昌一线，两条线段之间节点城市的运费区位趋向上升。由此可见，对陆路运输主导下的节点城市运费区位而言，山东半岛、江苏西北部、安徽北部、河南东南部、武汉—宜昌地区构成的狭长地带为下降区，宜昌、荆州、荆门一带为递变区，宜昌以西经贵阳、攀枝花至拉萨的东西延伸地带为上升区。

3.2.4 时间成本下的陆海城市区位变动

3.2.4.1 海洋运输主导下的时间成本测算

根据莫辉辉等(2015)的实地调研，同时参考航运时刻表，本书的海运速度选择为660千米/天(27.5千米/时)，并结合我国枢纽港口至欧洲各枢纽港口的航运里程，可计算出不同目的地港口路段所花费的时间成本值。根据海运条件下中国至欧洲各枢纽港口路段权重，本书得出中国枢纽港口至欧洲枢纽港口的综合时间成本值(见表3-9)。由于圣彼得堡至莫斯科需要铁路运输，俄罗斯境内铁路货运平均速度为49千米/时，在接下来的国内节点城市至欧洲市场总时间成本的计算中，本书将圣彼得堡至俄罗斯段作为铁海联运的一部分计入总时间成本。

表 3-9 中国枢纽港口至欧洲枢纽港口的航运时间成本 单位：天

枢纽港口	大连	天津	青岛	连云港	上海	宁波	厦门	深圳	广州
圣彼得堡	33.50	33.90	33.07	33.03	32.26	32.03	30.79	30.27	30.38
汉堡	31.32	31.72	30.89	30.84	30.08	29.85	28.61	28.09	28.20
鹿特丹—安特卫普	30.63	31.03	30.20	30.19	29.38	29.16	27.92	27.40	27.50
勒阿弗尔	30.04	30.44	29.61	29.56	28.80	28.57	27.33	26.81	26.92
南安普顿	30.00	30.40	29.57	29.53	28.76	28.53	27.29	26.77	26.88
巴塞罗那	25.44	25.84	25.01	24.97	24.20	23.97	22.73	22.21	22.32
热那亚	25.39	25.79	24.97	24.92	24.15	23.92	22.68	22.16	22.27
比雷埃夫斯	23.33	23.73	22.90	22.85	22.08	21.86	20.62	20.10	20.20
综合时间成本	30.34	30.74	29.91	29.88	29.10	28.87	27.63	27.11	27.22

在国内段的时间成本上，本书依托 2013 年与 2020 年的交通地理数据库，一是对于可进行江海联运的城市，计算其通过内河航运至最近沿海枢纽港的可达性。二是对于可进行江海联运的城市，计算时间成本最低条件下其至沿海枢纽港口的可达性；由于可进行江海联运的城市亦可进行铁海联运，因此本书取时间成本较小的运输路径作为选择路径。三是对于进行海海中转的沿海城市，计算时间成本最低条件下其至枢纽港口的可达性。

3.2.4.2 西向陆路运输主导下的时间成本测算

国外段时间成本测算。根据交通地理数据库的道路网和城市数据，本书设定铁路与公路网络的速度，进行可达性评价（见表 3-10）。本书依托 2013 年与 2020 年的交通地理数据库，分别计算最低时间成本条件下，两个年份各城市至阿拉山口口岸的可达性值。

表 3-10 2013 年、2020 年阿拉山口口岸至欧洲物流枢纽的时间成本与综合成本

单位：小时

时间成本	莫斯科	罗兹	汉堡	杜伊斯堡	里昂	马德里	综合成本
2013 年	81.67	114.47	127.49	132.10	147.51	170.57	125.73
2020 年	66.010	92.531	101.370	104.827	116.380	133.450	99.985

3.2.4.3 海洋运输时间成本下的节点城市区位

在海洋单向开放条件下，本书计算各节点城市通过铁海联运、江海联运、海海中转三种模式至沿海枢纽港口的时间成本，计算不同节点城市不同模式下路径的时间成本，识别各节点城市所对应的最小时间成本路径，提取该模式下节点城市至沿海枢纽港的时间成本；同时，根据中国各枢纽港至欧洲市场的时间成本值，计算各节点城市至欧洲市场的国内段与国外段总时间成本。以 2013 年时间成本作为海洋运输主导下各城市相对欧洲市场的区位表征指标，进行插值分析，根据相等间隔法将运费数据划分为九个等级。整体来看，在海洋单向开放条件下，各城市的时间成本值呈现从华南地区向西北地区递减的特征，但各层级区域在空间上的递变趋势并不一致。第一层级区域呈现“冲积扇”状，即其空间分布表现出中间凸起、两边收缩的特征；第二、第三、第四层级区域部分地区毗邻分布，即各层级区域面积较小，呈现狭长的条带状邻近分布。第一层级区域高度集中在华南地区的广东、海南、湖南、广西、福建、江西等省份，主要节点城市有广州、深圳、海口、三亚、南宁、长沙、汕头、厦门、福州、赣州。第二层级区域主要分布在两片区域，即西南的云南、贵州、广西三省区，以及东部的江西北部、福建北部及湖北东南部，两片区域通过湖南北部的狭长地带连接，主要节点城市有昆明、贵阳、南昌。第三层级区域在形态上呈现“蝌蚪”状分布，其主体区位于浙江、上海、江苏南部、安徽南部、湖北东部，以及江西东北部，主要节点城市有上海、杭州、南京、合肥、武汉、南昌。第四层级区域的主体区包括山东与河南大部分地区、江苏与安徽北部、湖北西部等地区，主要节点城市有青岛、济南、徐州、郑州、宜昌。第五层级区域在空间上分布较广，从黑龙江向西南延伸至四川、云南、西藏三省区的交界地带，主要节点城市有哈尔滨、长春、沈阳、大连、北京、天津、石家庄、西安、重庆、成都。第六层级区域主要分布在黑龙江北部、内蒙古、山西与陕西北部、宁夏、甘肃东部、四川西部，主要节点城市有佳木斯、太原、呼和浩特、银川、兰州、西宁。第七层级区域主要分布在青海与新疆东部，主要节点城市为乌鲁木齐。第八与第九层级区域分布在新疆西部与西藏地区。

相比2013年，2020年节点城市区位的整体格局发生了较大的变化。第一层级区域发生了明显扩张，新增加的面积主要位于贵州，贵阳等城市晋升至第一层级。重庆的区位提升尤为显著，由2013年的第五层级城市晋升至第一层级。第二层级区域在西南地区北扩也极为明显，包含成都在内的四川盆地的12座城市由2013年的第五、第六层级晋升至第二层级。与之不同的是，第二、第三层级区域在华东地区呈现局部收缩的态势，赣北城市由原来的第二、第三层级下降至第三、第四层级。皖南大部分城市则由第三层级下降至第四层级。第四层级区域在华北方向上趋向收缩，2013年，山东、河南北部，以及苏北部分地区均下降至第五层级。连云港与青岛依托枢纽港口的优势，仍然保持了第四层级城市的地位。京津冀地区下降至第六层级，原东北第五层级的区域则大幅度收缩至辽宁与吉林中部地区，由此也导致了第六层级区域的显著扩张。第七层级区域在青海境内呈现收缩态势，但在甘肃与内蒙古方向上表现为东扩，第八与第九层级区域均表现出向西收缩的态势。

从节点城市时间均值线的变动，可以看出两个年份的整体演进状况。两个年份的均值线在十堰交叉，并以十堰为轴线，东侧呈现明显的向东南沿海收缩态势，西侧则向西北方向扩张。具体来看，东侧由连云港—徐州—宿州—淮北—阜阳—信阳—南阳—十堰一线，向东南移至盐城—滁州—合肥—铜陵—池州—安庆—九江—黄石—鄂州—武汉—孝感—随州—襄阳—十堰一线，两线段的中间节点城市的时间区位趋向下降。西侧则由十堰—宜昌—恩施—西昌—香格里拉一线，北移至十堰—达州—德阳—马尔康—藏东南一线，两线段中间节点城市的时间区位趋向提升。由此可见，对海路运输主导下的节点城市时间成本区位而言，由苏北、皖北、皖西、豫南、鄂东北构成的地带为下降区，十堰为递变节点，而十堰以西至四川盆地的延伸地带则显著上升。

3.2.4.4 海洋运输时间成本下的节点城市区位

在西向开放条件下，本书基于西北门户开放的视角，计算各城市经西北门户至欧洲市场的最低时间成本，并以此作为运输效率导向下的区位表征指标；以2013年最小时间成本为对象进行插值分析，根据相等间隔法划分为九个等级。同样，本书以2020年时间成本作为陆路运输主导下各城市相对欧洲市场的区位表征指标，进行插值分析。整体上看，在西向开放主导条件下，各城市至西北门户的最低时间成本由西北向西南地区递增，即越靠近西北门户的地方越具可达性优势，且优势向西藏、云南、广东、海南方向逐步递减。第一、第二层级城市分布在新疆，主要有乌鲁木齐，以及阿拉山口口岸周边的沿边城市。第三、第四层级城市主要分布在南疆、甘肃、宁夏、青海北部、内蒙古西部，主要节点城市有兰州、西宁、银川。第五层级区域向东推进到陕西、内蒙古中部、山西、河南西部、河北西部，向南则推进到四川北部，以及西藏北部，范围内覆盖了西安、郑州、石家庄、太原、呼和浩特等主要节点城市。第六层级城市数量最多，且主要集中在华北平原、长江中游地区，以及四川盆地三大区域，覆盖了北京、天津、济南、青岛、徐州、合肥、南京、武汉、长沙、南昌、重庆、成都等主要节点城市。第六与第七层级的分界线，东段与长江下游段相吻合，分布着上海、南通、铜陵等城市；中间段则基本上和沪昆铁路相吻合，分布着杭州、鹰潭、株洲、怀化、贵阳、曲靖等城市。此外，第七层级区域内分布了福州、厦门、赣州、郴州、柳州等节点城市。第八层级区域从广东、广西近海地区、海南岛，向云南、西藏南部地区延伸，形成了一个条带状区域，覆盖了广州、深圳、汕头、海口、南宁、昆明、林芝等主要节点城市。第九层级城市集中在云南西部与西藏南部的沿边地区。

相比2013年，2020年时间成本压缩最为明显的为西南地区与西藏。该结果也与2020年陆路运费成本的变动结果相一致。由于兰渝、兰成、渝贵、重庆—怀化、重庆—张家界等一批快速铁路的修建，以及南昆等铁路电气化扩能改造工程的进行，使得其至西北门户的可达性显著提升。西藏至西北门户可达性大幅度提升的原因，一是格尔木至敦煌铁路的修建缩短了运输里程；二是拉萨—日喀则铁路、拉萨—林芝快速铁路的修建提升了路网的速度。与2020年陆路运费成本的变动结果不同的是，2020年陆路时间成本在东南地区并未出现过大的变动。其主要原因为，西北至东南地区虽无新增货运线路，但原骨干铁路的速度获得较明显提升，如宁西铁路、宁启铁路进行了复线建设与电气化改造，陇海铁路、襄渝铁路等骨干线路的运输速度进一步提升。第八层级区域原来从广东至西藏南部条带状的形态被打破，分为两个主要片区，一是西藏南部至云南西部的沿边地区；二是从海南岛、雷州半岛沿东南沿海至台州的条带状区域。福建与浙江的沿海地区纳入第八层级区域，这表明2020年该区域在陆路运输时间成本上的改善程度相对较小，在全国格局中处于不利地位。由于西南地区运输时间的大幅度压缩，导致第五、第六、第七、第八层级区域间的分界线趋向明显的东北—西南走向，整体递变格局由2013年的西北—西南走向演变为西北—东南走向。此外，黑龙江大兴安岭地区，以及内蒙古呼伦贝尔地区下降至第九层级，东北的部分地区也下降至第七、第八层级，东北地区仍然是时间成本最高的片区之一。基于西北门户导向的陆路运输条件下，东北地区城市运费与时间成本改善程度相对较小，其对欧洲大陆的运输优势并未得以有效发挥。该现象表明，在西向运输中，西北门户对东北地区的牵引作用实际上极为有限，东北地区货流通过其他口岸(满洲里)过境更为合理。

本书的节点城市时间均值线的变动如下：在东北地区，2020年均值线向西北门户方向内缩，由葫芦岛—锦州—赤峰—锡林郭勒盟北一线，西移至秦皇岛—承德—锡林郭勒盟南一线。两个年份均值线的主体部分出现了四次交叉，交叉点分别位于常德、四川阿坝藏族自治州与青海果洛自治州交界地带、青海玉树自治州与拉萨那曲地区交界地带，以及那曲地区西部。常德以东均值线由连云港—宿迁—宿州—淮北—六安—黄石—咸宁—岳阳—常德一线，向西北方向移至东营—青岛—枣庄—徐州—宿州—武汉—荆州—宜昌—常德一线，两线之间的节点城市时间区位趋向下降。常德以西至阿坝与果洛自治州交界地带，则由常德—恩施—重庆—内江—成都一线，南移至益阳—吉首—铜仁—凯里—都匀—贵阳—安顺—六盘水—西昌—康定—马尔康—玛沁一线，两线之间的节点城市时间区位趋向提升。均值线位于青海南部的部分出现了北移，两线之间区域的时间区位趋向下降。均值线位于那曲东部的部分南移至拉萨，两线之间区域的时间区位趋向提升。那曲以西的均值线北移，并逼近和田，导致西藏西北部与新疆南部地区的时间区位趋向下降。

3.2.5 陆海双向开放下的城市区位整体变动特征

由于均值线可将国家从空间上划分为区位的相对优势区与相对劣势

区，因此可以从宏观上识别西向开放带来的典型影响区域。海洋运输主导下运费均值线以东至沿海的区域为区位优势区，以西为劣势区，分别代表了 2013 年与 2020 年的情况。陆路运输主导下的运费均值线至西北主门户区域为优势区，均值线另一侧区域则为劣势区。因此，由葫芦岛—锦州—朝阳—赤峰—锡林郭勒盟南部一线以南，包头—榆林—临汾—三门峡—南阳—襄阳—随州—荆门—宜昌以东，宜昌—荆州—武汉—淮南—蚌埠—宿迁—日照以北的区域，是 2013 年两种运输方式作用下共同的优势区。西藏南部、云南、贵州、四川与重庆南部、广西西部，以及内蒙古东北部、吉林东部、黑龙江等东北地区成为两种运输方式作用下的共同劣势区。

2020 年的状况发生了明显的改变，首先，原共同优势区的范围在一定程度上缩小，其西侧边界向东收缩至三门峡—晋城—吕梁—乌兰察布一线，河套地区与陕北地区变为海上运输运费区位的劣势区。同时，出现新的共同优势区，即从宜昌至安顺的狭长地带，包含了宜昌、张家界、吉首、铜仁、贵阳、安顺、遵义等节点城市。陆上运输的区位优势区扩张到拉萨周边地区，拉萨、那曲、日喀则、乃东、林芝等节点城市被纳入。共同劣势区在东北地区整体保持稳定，西南地区呈现收缩，主体部分位于云南。除此之外，由随州—荆门—荆州—孝感构成的较小区域变为共同劣势区。究其原因，一方面，该区域为连云港与上海港腹地的交界区域，出海港口的不同导致海外部分运费的差异；同时，该区域毗邻长江沿岸，长江沿岸节点城市受江海联运成本优势下降的影响，对该区域的区位造成负面影响。另一方面，该区域正处于陆路运输条件下运费区位相对下降地带。

2013 年时间成本均值线的分布显示，徐州—淮北—宿州—阜阳—信阳—南阳—十堰—宜昌一线与连云港—蚌埠—淮南—六安—黄石—咸宁—岳阳—常德一线之间的地区为海、陆运输方式主导下的共同区位优势区，十堰与连云港为两条均值线的交会点，也是不同优劣势区域的递变节点。西北与华北地区、内蒙古西部、青藏高原北部、四川盆地北部、山东半岛等都是陆路运输主导下的区位优势区，而连云港—黄石—恩施—香格里拉一线以南地区为海路运输下的区位优势区。东北地区，以及重庆以西玉树—那曲—噶尔一线以南地区为共同劣势区。2020 年状况变动十分明显，最突出的现象是共同优势区的西移与扩张。共同优势区转变为武汉—孝感—随州—襄阳—十堰—达州—德阳一线与武汉—荆州—宜昌—益阳—吉首—铜仁—凯里—都匀—贵阳—安顺—六盘水—西昌—康定—马尔康一线之间的地带，该区域覆盖了四川盆地南部、贵州北部、湖北西部与湖南西北部，包含了重庆、成都、贵阳等30多个节点城市。共同劣势区除东北地区、西藏南部、西藏西北部地区外，还增加了山东半岛，以及青岛—徐州—武汉一线与武汉—九江—铜陵—合肥—盐城一线之间区域。武汉成为共同优势区与共同劣势区之间的递变节点。

3.3 双向开放背景下的陆海流通网络特征

3.3.1 分析框架

鉴于当前西向流通以货运为绝对主导，因此本书中的城市流通网络为货流网络。海、陆方向流通组织特征的最大区别在于：对于前者而言，港口是腹地所有货流的集结中枢，而内陆边境口岸更多地作为提供放行的出入门户存在，其在整个外向型物流网络中的节点功能远不能和港口相提并论；相反，始发地往往是有较强货物组织与货流引导能力的集结中枢。而在现实中，始发城市数量较多且货源空间分布不平衡，节点城市间存在激烈的货源竞争。同时，始发城市除了与境外目的地进行点对点的直达发车外，还可以选择多站挂靠组织分散货源的模式。基于内陆方向流通网络的特点，本书试图构建“流通成本—通达能力与生产外向型程度—市场竞争与政策保护—流通结构与组织模式”分析框架，剖析我国西向流通网络特征与内在规律(见图3-2)。

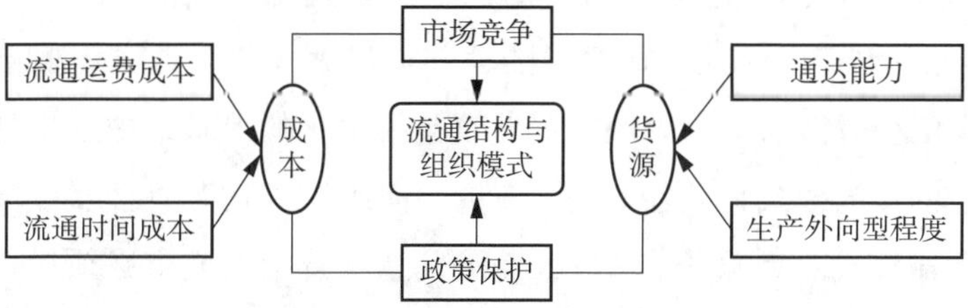

图3-2 西向流通网络分析框架

3.3.1.1 流通成本

贸易流动具有追求效率最高与效益最大的内在需求，因此成本仍然是西向贸易能否可持续的关键。西向陆运相对于传统海运而言，其优势在于高效率，即时间较短，限制在于运费较高，因而时间和运费成为西向流通成本的核心表征。而基于流通成本，本书中每个高等级的节点在理论上都将趋向选择最低成本的西向路径，并由此构成最优流通网络。

3.3.1.2 通达能力与生产外向型程度

在流通网络中，节点依托交通线路进行货流运输，节点能否拥有较强的流通能力取决于两个方面，一是其通达能力；二是节点所在地的生产外向型程度。通达能力代表了节点的对外可达性与交通辐射能力，一方面，位于和拥有较多骨干通道的节点城市，其通达能力较强，有利于组织外地货源，其在西向物流网络中的地位也较为凸显。另一方面，通达能力较强的节点城市，其物流辐射范围较大，核心货源规模也随之扩大。生产外向型程度代表了节点所在地自身的对外贸易水平和出口型货源生产能力，一般外向型程度越强的节点，其西向货流生产规模也越大。节点的通达能力与生产外向型程度均对其货源组织能力产生重要影响，并与其在西向流通网络中的功能与地位密切相关。

3.3.1.3 市场竞争与政策保护

在市场竞争状况下，通达能力与贸易外向型程度决定着节点在流通网络中的地位与控制能力。然而在现实中，当地政府的经济实力与扶持力度是关键因素。与海运相比，铁路运输的显著优势是运输时间短，约为海运时间的1/3，但劣势是运输成本高，约高出海运2倍甚至更多（马斌，2017）。尤其对于沿海地区而言，陆运并无显著优势，地方需要给客户大量补贴以吸引货源。出于对西向贸易效益最大化的追求，中欧班列大多采取点对点的运输模式，即各节点城市更倾向组织好货源直接发往境外目的地。该运输模式对货源产生了巨大需求，意味着始发城市必须尽一切可能组织货源。而我国货源空间分布不均衡，珠三角与长三角成为主要货源争夺区域。为吸引货源，班列间的价格战实质为“补贴战”，有的以2000~

3000 美元/车(2 个标箱)为补贴标准，有的政府给予省内货源补贴达 7500 美元/车、省外货源补贴达 4000 美元/车，有的地方给予运行补贴 60×104 元/列等(古龙高，2015)，大多数处于亏损状态。由于开行城市越来越多，各城市基于其保护性政策对货源展开竞争，并形成当前的运营格局。

3.3.1.4 流通结构与组织模式

由于每个高等级节点在理论上都将趋向选择最低成本路径，因此存在最优西行线路。在市场竞争状况下，各节点拥有合理成本支撑下的腹地范围，并具有各自的货流支配规模。但在补贴政策下，众多节点在货源上出现交叉腹地，补贴政策的不同致使节点的货流支配范围不一，货流支配规模也不再等同于“理论值”。基于流通成本、通达能力与贸易外向型程度，以及市场竞争与政策保护视角，本书可从全局上识别国家西向流通的网络线路、节点、流量特征，进而提炼其内在规律，并据此对节点城市货流组织模式进行选择和优化。

3.3.2 数据来源与研究方法

3.3.2.1 数据来源

本书的西向货运主要采用铁路运输，始发城市对周边货源的集结则可采用公路、铁路方式。在空间数据上，本书依托《中国交通全图》(2014 年 1 月第 2 版)、《国家铁路中长期规划》《“十三五”现代综合交通运输体系发展规划》，获取 2013 年与 2020 年的货运铁路、高速公路、国道路网数据，并对相关图件进行矢量化处理。考虑研究的全面性，本书将全国 342 个地级中心城市均纳入节点。西向货运数据上，参考国家铁路货运 95306 平台，以及“渝新欧”、郑州陆港、成都蓉欧国际铁路班列有限公司、武汉汉欧国际物流有限公司等官方网站的“五定班列”信息数据。按照我国铁路货运现状，除电商货运专列外，铁路快运最高速度为 120 千米/时，普通货运最高速度为 80 千米/时，一些条件较差的线路，如渝黔铁路运行时速仅有 45 千米/时，福建省内普通铁路货运时速为 40~60 千米/时。基于上述情况，本书的货运铁路速度设置见表 3-11，2020 年的新增路网速度根据其线路条件进行对应设定。至 2013 年，大多数地级中心城市已实现高速连接，少数未通高速的则拥有国道网络。本书参考《中华人民共和国公路工程技术标准》(JTGB01—2014)设定大货车的高速公路平均时速为 80 千米/时，国道平均时速为 40 千米/时。在社会经济数据方面，本书根据《中国城市统计年鉴》(2014)并参考地方 2013 年国民经济和社会发展统计公报，获取相关指标。

表 3-11 货运铁路速度值设置

货运速度设定	对应的线路条件	典型线路
120 千米/时	国铁Ⅰ级或地铁Ⅰ级双线电气化客货共线设计时速为 200~250 千米/时的快速铁路	向莆、昌九、遂渝、遂成等新建的客货共线快速铁路
80 千米/时	设计时速为 160 千米/时的国铁Ⅰ级，或地铁Ⅰ级双线或单线电气化铁路； 设计时速为 120 千米/时国铁Ⅰ级双线电气化货运重载铁路	京广、京九、陇海、沪昆等国家电气化骨干铁路干线
50 千米/时	国铁Ⅱ级或地铁Ⅱ级及其以下级别的非电气化铁路； 客运设计时速为 120 千米/时以下的单线铁路； 修建历史较长的双线电气化铁路； 地质地形条件较为复杂的双线电气化铁路	宿淮、皖赣等非电气化铁路；正太、焦柳等修建历史较长铁路；鹰厦、峰福、宝成、成昆等沿线地形条件复杂铁路

3.3.2.2 研究方法

(1)最优路径测算。路径分析的核心是对最佳路径的求解，即在指定网络的两个节点之间寻找一条阻碍强度最小的路径。Floyd 算法是解决任意两点间最佳路径的经典算法，可以正确处理有向图或负权的最快捷路径问题。本书采用该算法识别不同节点至西北口岸(阿拉山口口岸)的最小时间与距离成本路径。

(2)可达性分析。可达性是指利用一定的交通系统从某一给定区位到达活动地点的便利程度，是反映交通成本的基本指标。依托 ArcGIS 平台，本书采用网络分析方法进行节点城市的可达性测算。其基本原理为：通过线状要素形成一个数学模型，从而进行空间分析。交通网络可以抽象成为空间几何如点、线、面等，网络模型最基本的元素是线性实体(链)及其相交形成的交点(节点)，而一个完善的网络包括链、节点、中心、阻力等构成要素。本书对矢量化的交通路网进行处理，由于高速公路和货运铁路具有封闭性，因此通过设定拓扑规则，以保证铁路与公路网互不连通，同时设定铁路线路在车站处才可实现连通。本书将西向流通网络各节点作为中心对象，在阻力设置上，设定不同交通方式与不同路段下的货运速度；通过网络分析，获取各节点城市至周边节点的时间距离，为进一步测算节点城市间的物流联系强度奠定基础。

(3)多层级物流网络构建方法。物流网络理论认为，城市间的物流活动具有空间联系，特别是当两个城市地理位置相近或者经济特征相似时，这种联系尤为突出(O'Kelly M. E.，1987)。本书根据货运量、城市规模等反映物流强度的数据，依托城市空间引力模型，计算城市间物流联系强度，并根据最大方向，判断该城市的隶属状况；通过识别较高等级城市的主导网络，进而基于行政单元划分其物流辐射范围；采取“自下而上”的节点城市辐射范围划分方法(钟业喜、陆玉麒，2012)，即先基于三级节点，确定以二级节点为主体的节点腹地范围，再进一步基于二级节点测算一级节点。本书城市间物流联系强度模型如下：

$$T_{ij}=k\frac{\sqrt{P_i \cdot V_i}\times\sqrt{P_j \cdot V_j}}{D_{ij}^{b}} \tag{3-19}$$

其中，T_{ij}为 i 城市与 j 城市之间的物流相互作用强度；P_i 和 P_j 分别为 i 城市和 j 城市的货运量；V_i 和 V_j 分别是 i 城市和 j 城市的经济指标，采用 GDP 表示；D_{ij}是两城市间的时间距离；b 为距离摩擦系数，这里取 2。k 为常数，这里取 1。

再通过式(3-20)，可识别出各节点城市的最大物流联系强度。

$$T_i^{max}=\max(T_{ij})(j=1,\ 2,\ \cdots,\ n) \tag{3-20}$$

其中，T_i^{max} 表示 i 城市的最大物流联系强度；T_{ij}表示城市 i 与其他城市的联系强度。

(4)不同补贴区间流通节点辐射半径计算方法。由于货源空间分布不均衡，流通节点依托补贴政策进行货源竞争，主要货源区实际上变为众多节点的公共腹地。对于倾向于点对点出境模式的节点而言，其对异地货源的组织费用补贴主要包括两个方面：一是货源地至班列始发地的运输补贴；二是货源组织过程中“门对门”服务进行短驳费补贴。根据货源组织补贴额度、运费率、运输补贴系数、短驳费补贴额度，可计算不同补贴区间流通节点的可辐射半径，并以此判断其交叉腹地范围与竞争格局。计算公式如下：

$$M_{(1,\cdots,n)}=\lambda(D\times P)+C_i \tag{3-21}$$

$$D=\frac{M_{(1,\cdots,n)}-C_i}{\lambda}-P \tag{3-22}$$

其中，$M_{(1,\cdots,n)}$ 为所设定的 i 节点单个标箱货物的不同补贴额度；λ 为运输补贴系数，即组织货源运费中给予补贴的比例；D 为流通节点 i 的可辐射范围半径，本书中指路网距离；P 为国内运价率；C_i 为 i 节点每标箱货物的平均短驳费补贴额度。

3.3.3 西向开放下的流通网络特征

流通枢纽及其西向最优路径构成的节点—通道—网络系统，是西向流通网络的架构所在。西向贸易的组织往往位于交通或货源生产能力较强的城市，因此依托物流与社会经济数据，对全国物流节点进行能级划分，并采用最优路径算法识别高等级节点的最优西向路径。

3.3.3.1 流通节点等级判别

本书参考国内外研究，认为影响物流城市等级的主要因素有经济发展现状、物流需求现状、物流支撑与服务能力三个方面。本书建立节点城市等级判别指标体系（见表 3-12），并咨询领域专家进行权重值设置。2020 年的数据无法获取，但考虑国家层面流通枢纽等级特征的相对稳定性，本书仍以 2013 年数据反映节点等级。

表 3-12 节点城市等级判别指标体系与权重设置

一级指标	权重	二级指标	权重	三级指标	权重
经济发展状况	0.22	经济发展综合规模	1	GDP	0.35
				规模工业总产值	0.33
				固定资产投资总额	0.32
物流需求现状	0.39	货物对外运输规模	1	对外出口额	1

续表

一级指标	权重	二级指标	权重	三级指标	权重
物流支撑能力	0.39	基础设施支撑能力	0.45	火车站等级	0.45
				公路枢纽等级	0.33
				港口等级	0.22
		物流服务能力	0.55	铁路货运发送量	0.45
				公路货运发送量	0.33
				水运货物发送量	0.22

本书采用加权因子法对各节点进行综合得分计算，并通过聚类分析进行分类，选取得分较高的城市划为一级和二级节点，剩余群体为三级节点。一级节点城市共有 17 个，按得分顺序分别为上海、深圳、苏州、重庆、天津、宁波、广州、青岛、北京、杭州、南京、无锡、武汉、成都、大连、郑州、厦门。二级节点城市有 38 个，新疆无入选城市。考虑新疆作为西通道货物汇流区，以及丝绸之路经济带核心区地位，本书将其得分最高的乌鲁木齐补入。从地域分布来看，长三角地区为常州、合肥、金华、南通、绍兴、嘉兴；珠三角地区有东莞、佛山；海西地区有福州、温州、泉州；山东半岛为烟台、潍坊、济南；京津冀地区为石家庄、唐山和秦皇岛；东北地区为沈阳、佳木斯、哈尔滨、秦皇岛、牡丹江、营口；长江中游地区有长沙和南昌；西南地区有昆明和贵阳；西北地区有西安、兰州、乌鲁木齐；山西为大同和太原；内蒙古为包头和鄂尔多斯；广西为南宁和柳州；此外，还有徐州、襄阳、湛江三个城市。

3.3.3.2 最小时间成本路径

2013 年一级节点城市最小时间成本路径的结果表明，宝成、襄渝铁路是成都、重庆等西南地区货流西向集结的必经之路，广东、福建等南方省份则依赖京广、向莆等骨干铁路，陇海通道是长三角西向货运最快通道，太中银、胶济、京广、京沈等干线则是山东、京津、东北等地区的快速通道。由于货运铁路的不断完善，2020 年发生的变化有：一是成都、重庆不再绕道宝鸡、西安，而是直达兰州；二是广州、深圳的路径可不路过武汉，直接沿湘渝之间的快速通道经重庆北上；三是宁西铁路经过复线与电气化建设，成为长三角南翼地区的最快货运通道。

2013年二级节点城市最小时间成本路径的结果表明，我国大致以陇海铁路为主轴，形成长三角节点群体、东南节点群体、西南节点群体、东北—华北—胶东节点群体、其他节点群体五大路径类型。2020年，由于西南地区铁路状况的改善，北部湾地区通过重庆进入西向主干道。其他地区的变化与一级节点相一致，主要为西南与华南节点可直达兰州，宁西通道货运的重要性增强。

3.3.3.3 最小距离成本路径

鉴于本书关注点为流通网络结构，因此本书暂不考率节点的物流管理与服务费差异。国内执行较为一致的运价率，运输距离越近，运费越低。2013年一级节点城市最小距离成本路径显示，北京—包头—额济纳旗—嘉峪关一线，是北京、天津、大连等一级节点西向最短距离通道，宁西铁路则是长三角、福建、湖北等地一级节点的最短距离通道。2020年，由于额济纳旗至哈密铁路已通车，京津、东北至新疆的东西大通道打通，湘渝之间铁路的完善使华南地区经兰州至西北门户的距离更短。二级节点路径与一级节点特征相近，2020年两者所反映的演变格局也较为类似。华南、西南地区的改变尤为明显，广州、湖南、贵州、重庆等地节点均不再绕道西安西行，而是经兰渝铁路直达新疆。

3.3.3.4. 流通节点货流生产能力差异

由于我国经济发展与对外开放水平的不平衡，不同地区的生产外向型程度呈现显著差异。本书选择出口总额来代表各节点城市的外向型货流整体生产能力，但中欧班列以欧洲国家为贸易对象，因而选择对欧洲出口额进一步体现各节点城市的西向货流生产能力。本书对2013年数据进行统计，采用聚类分析方法将各节点的外向型货流与西向货流生产能力进行划分，可分为超强、强、较强、较弱、弱五种类型(见表3-13)。通过研究，本书发现以下两点：一方面，不同节点的货流生产能力存在巨大差异。出口总额最高的深圳竟是最低节点的152.85万倍，西向货流生产量最大的上海高达339.09亿美元，而最低节点仅有3万美元。另一方面，货流生产能力呈现巨大的区域差异。上海、深圳、苏州三大超强城市的货源生产量远超其他节点，具有绝对优势。西向货流生产的第二梯队集中在宁波、重庆、杭州、东莞、金华、厦门、绍兴、广州、青岛、无锡、天津、成都、嘉兴、北京、南京、郑州、烟台、佛山、大连、台州、温州等城市，该群体拥有较大的西向贸易潜力。无论是整体出口能力还是西向货流规模，最重要的节点群体基本位于东部沿海省份，仅有重庆、成都、郑州位于中西部地区。长三角西向货流规模占全国的比例高达44%，珠三角达到20%，福建超过5%，环渤海地区为12%，四者合计已超过80%。同时，南北方货源规模差异明显，货源的重心区明显位于东南沿海地区。此外，通过对比整体外向货流与西向货流，本书发现，不同节点不同地区其西向贸易在整体外贸中的比例存在差异。具体来看，黑龙江节点群体高达51%左右，山西群体达到30%左右，浙江达到27%左右，河北达到26%左右，河南和四川达到24%左右，宁夏和内蒙古为21%左右，福建、湖北、安徽都达到20%左右，最低的广西仅为5%左右。可见，西向货流规模大且西向贸易占比重较高的节点城市或地区，是组织货源的关键，也是进行货源争夺的重点。

表 3-13 流通节点货流生产能力差异 单位：亿美元

城市	出口总额	外向型货流生产能力类别	城市	对欧洲出口额	西向货流生产能力类别
深圳、上海、苏州	1757~3057	超强	上海、深圳、苏州	339.09~428.43	超强
东莞、宁波、北京、广州、天津等(18个)	294.7~908.6	强	宁波、重庆、杭州、东莞、金华等(21个)	50.77~200.08	强
珠海、中山、郑州、嘉兴、南通等(26个)	61.7~265.8	较强	惠州、南通、福州、常州、珠海等(31个)	9.46~42.57	较强
东营、唐山、贵阳、济南、太原等(110个)	10.5~58.0	较弱	贵阳、临沂、昆明、汕头、哈尔滨等(115个)	1.22~8.94	较弱
广安、湘潭、枣庄、鹰潭、韶关等(185个)	0.002~9.800	弱	韶关、盘锦、湘潭、安阳、宝鸡等(172个)	0.0003~1.1700	弱

3.3.3.5 市场竞争下的货流组织网络

在市场竞争条件下，不考虑地方的补贴行为，本书设定各高等级流通节点都拥有较为平等的西向货运组织权力，则货流理论上向距离最近的高等级节点集结，从而不产生恶性竞争。在此情况下，高等级节点的货流组织能力主要与其所支配的物流网络及各次级节点的货源生产能力相关。通过构建西向物流网络，本书可判别在无地方补贴情况下，西向货流的组织特征及结构演变。

本书首先通过网络可达性，分析获取一、二级节点至周边节点的时间、距离，然后测算各节点间的物流联系值，并以低等级节点为对象识别其最大联系方向（见表 3-14），由此形成不同等级的各级节点子网络（见表 3-15）。兰州与乌鲁木齐都深居西北内陆且远离一级节点，因而本书将其作为一级轴心城市对待。高等级节点密集区域仅保留得分最高节点，对仅覆盖 1~2 个三级节点的二级节点降级处理。经过筛选，一、二级物流轴心城市分别有 12 个、27 个。基于最优路径分析，本书确定各等级物流辐线。选择一级轴心节点西向最优路径为主干辐线，二级轴心节点至其西向最近一级节点路段为次级辐线，一、二级轴心节点至周边三级节点的最优路径为三级辐线。由此本书可实现不同等级辐线对所有节点的通达与辐射，构建 2013 年与 2020 年西向多层级轴—辐物流网络，一、二级轴心节点所辐射的三级节点区域即为其支配的货流范围。

表 3-14　三级节点城市货流最大联系方向

三级节点城市	最大联系方向	三级节点城市	最大联系方向	三级节点城市	最大联系方向
呼伦贝尔、黑河、齐齐哈尔、大庆、加格达奇、绥化	哈尔滨	抚州、九江、新余、吉安、赣州、鹰潭、景德镇、新余	南昌	亳州、淮北、阜阳、宿州、宿迁、淮安、连云港、临沂、枣庄	徐州
咸阳、渭南、铜川、商洛、安康、汉中、宝鸡、平凉、庆阳、延安、运城	西安	通辽、铁岭、阜新、抚顺、本溪、丹东、通化、白山	沈阳	滁州、镇江、马鞍山、芜湖、宣城、扬州、泰州	南京
德阳、资阳、乐山、绵阳、雅安、马尔康、康定、西昌、宜宾、自贡、内江、遂宁、巴中、广元	成都	株洲、湘潭、娄底、衡阳、益阳、常德、张家界、吉首、怀化、邵阳、永州、郴州、萍乡、宜春、岳阳	长沙	开封、洛阳、新乡、鹤壁、安阳、濮阳、长治、晋城、焦作、菏泽、许昌、漯河、周口、平顶山、驻马店、三门峡、商丘	郑州

续表

三级节点城市	最大联系方向	三级节点城市	最大联系方向	三级节点城市	最大联系方向
朝阳、锦州、盘锦、鞍山	营口	梧州、肇庆、云浮、阳江、江门	佛山	龙岩、漳州、梅州、揭阳、汕头、潮州	厦门
玉林、茂名、海口、三亚	湛江	来宾、贵港、河池、桂林、贺州	柳州	乌兰浩特、白城、吉林、四平、辽源	长春
锡林浩特、朔州、乌兰察布、张家口	大同	钦州、防城港、崇左、北海、百色	南宁	黄冈、鄂州、黄石、咸宁、孝感、信阳、荆州	武汉
蚌埠、淮南、六安、安庆、池州、铜陵	合肥	安顺、都匀、凯里、遵义、毕节、六盘水、铜仁	贵阳	伊春、双鸭山、鹤岗、七台河	佳木斯
白银、定西、临夏、合作、铜仁、海东、西宁、海晏、共和、德令哈、玉树、昌都、那曲、拉萨、日喀则、乃东、林芝、武威、金昌、张掖、酒泉、嘉峪关、中卫、吴中、银川、石嘴山、乌海、阿拉善、巴彦淖尔	兰州	玉溪、楚雄、曲靖、攀枝花、昭通、兴义、文山、蒙自、景洪、普洱、临沧、芒市、保山、大理、泸水、丽江、香格里拉	昆明	吐鲁番、昌吉、库尔勒、阿克苏、哈密、和田、噶尔、阿图什、喀什、伊宁、博乐、克拉玛依、塔城、阿勒泰	乌鲁木齐
韶关、清远、珠海、中山	广州	忻州、临汾、晋中、吕梁	太原	河源、惠州、汕尾	深圳
东营、淄博	潍坊	泸州、南充、达州、恩施	重庆	沧州	天津
威海	烟台	赤峰、承德	唐山	巴彦淖尔、呼和浩特	包头
德州、滨州、聊城、济宁、泰安、莱芜	济南	榆林	鄂尔多斯	南阳、荆门、随州、宜昌、十堰	襄阳
鸡西、延吉	牡丹江	台州	温州	盐城	南通
葫芦岛	秦皇岛	舟山	宁波	黄山、湖州	杭州
衢州、上饶	金华	莆田市	泉州	日照	青岛
阳泉、邢台、衡水、邯郸	石家庄	宁德、南平、三明	福州	保定、廊坊	北京

表 3-15　一级节点及其腹地对应的二级节点

一级节点	二级节点	一级节点	二级节点	一级节点	二级节点
大连	哈尔滨、长春、沈阳、营口、牡丹江	武汉	长沙、南昌、襄阳	成都	昆明
天津	石家庄、太原、包头、鄂尔多斯、秦皇岛、唐山	郑州	西安、徐州	厦门	福州
上海	南京、合肥、杭州、金华	青岛	济南	兰州	—
深圳	广州、湛江、柳州、南宁	重庆	贵阳	乌鲁木齐	—

轴—辐物流网络特征主要表现在四个方面：一是在辐线上，重庆—西安辐线被重庆—兰州辐线取代，广州—长沙—重庆—兰州成为珠三角节点直达西北口岸的最重要物流通道。同时，天津—兰州辐线被天津—乌鲁木齐辐线取代，京津、内蒙古等地节点获取了新的物流通道，其便捷度进一步提升。从二级辐线来看，杭州、合肥至西安的物流便捷度增强，广西、贵州物流受兰州方向的吸引增强。二是由辐线变化引发的节点城市网络归属发生变化。具体来看，以深圳、湛江、南宁、柳州为轴心的子网络均转向重庆—兰州辐线，华南地区的货物流向将发生转变。天津、大同、包头，以及东北轴心节点的子网络的货流转向天津—乌鲁木齐辐线。杭州、合肥等轴心城市网络从上海—郑州辐线中剥离，长三角地区的部分货流将发生分流。三是辐线所承担的物流比重发生变化。如表 3-16 所示，重庆的西向通道由西安转向兰州后，其沿线途经货流量占全国比重由 3.43%快速上升至 23.77%，通道地位上升十分明显。而武汉至西安段、上海至西安段、石家庄至兰州段途经货流量均出现下降，下降幅度分别为 64.00%、31.00%、49.00%，三个通道的流通地位均呈现不同程度的下降。与此同时，2020 年新增的天津—乌鲁木齐通道途经货流量占全国比重达到 8.10%，而杭州—西安通道则达到 13.22%，两者逐步成为较为重要的西向通道和网络辐线。四是在没有地方补贴的条件下，沿海地区尤其是长三角、珠三角节点拥有压倒性的货流规模优势，且这一局面将保持稳定。

表 3-16 2013 年、2020 年主通道路段途经货流量变化状况 单位：%

通道路段	途经货流量占全国比重		变化性质
	2013 年	2020 年	
重庆—西安/兰州	3.43	23.77	地位上升
武汉—西安	31.80	11.46	地位下降
上海—西安	42.00	28.78	地位下降
石家庄—兰州	16.66	8.55	地位下降
天津—乌鲁木齐	—	8.10	地位上升
杭州—西安	—	13.22	地位上升

3.3.3.6 政策保护下的货流组织条件

由于节点西向货流生产能力存在巨大差异，沿海地区节点具备显著的货源优势，内陆城市则必须借助政策补贴以扩展货流集结半径，进而辐射货流生产规模较大地区。因此，内陆节点对政策性补贴需求更大，且货流组织特征的关键体现在节点辐射范围及其相互间的竞争格局上。从西向贸易状况来看，开行班列较多且有较强财力补贴的内陆城市往往为省会城市，考虑兰州以西节点距离货源区较远，且已处于西向咽喉地带，因而本书不再进行测算。经过筛选，本书发现九大内陆省会城市是大力度补贴，并与沿海地区竞争货源的核心节点群体。而随着西向贸易的深入，中欧班列的运费逐渐下降，国内段铁路的整体运价率已由班列开行初期的 0.7 美元/(标准箱·千米)下降至 2017 年的 0.6 美元/(标准箱·千米)，而按照市场需求，全线运价率下降到 0.5 美元/(标准箱·千米)时铁路走廊通道的优势将逼近海运(赵青松，2015；王琳，2015)。政府部门的调研(宁波市政府发展研究中心课题组，2017)显示，内陆班列始发城市在货源集结铁路运输中给予的补贴占比大致为 20%，而短驳费用平均 1000 元/标准箱左右，对异地货源的组织费用补贴大致在 4000 元/标准箱以内，基于此，本书按照补贴在 2000 元/标准箱、3000 元/标准箱两种情况下计算节点的物流辐射半径。考虑 2020 年为中欧班列培育末期，设定此时国内段所有线路都已降至 0.5 美元/(标准箱·千米)的理想价位。

其货流组织特征体现在以下六个方面：①当对异地货源补贴为 2000

元/标准箱时，2013 年内陆节点的货源组织半径可沿路网拓展 1137 千米，而随着运价率的下降，2020 年则可达到 1582 千米，相同货源区域的补贴额度可比 2013 年下降 30%以上。当达到 3000 元/标准箱时，2013 年的货源半径可拓展 2275 千米。在 2013 年的 3000 元/标准箱补贴下，九大内陆节点的辐射范围均可覆盖秦皇岛—乌兰察布一线以南，至云南的货源主体区。②从 2000 元/标准箱补贴下辐射范围的演变来看，2020 年各节点均扩大明显。具体来看，成都由延安—南阳—怀化—昆明一线，拓展至鄂尔多斯—徐州—南昌—北海一线，重庆由临汾—郑州—南昌—柳州—昆明一线，拓展至榆林—上海—梅州—珠海一线附近，西安由乌兰察布—淮安—长沙—宜宾一线，拓展至二连浩特—秦皇岛，以及台州—赣州—河池—曲靖沿线，石家庄由大连—通辽—锡林浩特及安康—岳阳—九江—泰州沿线，拓展至延吉—哈尔滨—乌兰浩特以及宁波—衡阳—重庆沿线，郑州由秦皇岛—张家口—包头及绍兴—吉安—衡阳—万州沿线，拓展至丹东—通辽及福州—龙岩—广州—桂林沿线，武汉由天津—北京—忻州及莆田—深圳—柳州—遵义沿线，拓展至锦州—赤峰—乌兰察布及文山—昆明—攀枝花沿线，长沙由连云港—济宁—长治及莆田—梅州—湛江—六盘水沿线，拓展至唐山—北京—朔州及蒙自—楚雄—攀枝花沿线，南昌由日照—济南—长治及台山—梅州—凯里沿线，拓展至唐山—北京—忻州及湛江—崇左—六盘水沿线，合肥由秦皇岛—北京—太原及福州—郴州—张家界沿线拓展至大连—沈阳—赤峰—呼和浩特及台山—柳州—贵阳沿线。③参见表 3-17，本书对各节点 2013—2020 年情况进行对比。在对沿海货源区的辐射上，2013 年武汉、长沙、南昌在 2000 元/标准箱补贴下已基本完成对长三角、珠三角、福建沿海货源区的覆盖。郑州、合肥则主要覆盖了长三角、京津及山东半岛地区。石家庄主要覆盖了环渤海地区，而成都、重庆、西安未能实现对沿海货源的有效辐射。2020 年，郑州、合肥已覆盖沿海地区，重庆整体达到长三角、珠三角、福建沿海地区，西安覆盖了长三角与环渤海地区，而成都仍未达到沿海地区。同等补贴下辐射范围的差异除了和地理位置相关外，还和各节点的对外通达能力密切相关。对外交通发达的武汉、长沙、郑州等节点其辐射范围整体处于前列。④从流通节点自身的等级来看，南昌虽在货源辐射上具有优势，但其节点等级较低。从节点所处的物流通道来看，合肥虽然对长三角货源区有较显著的优势，但是其节点并未在一级辐线上。西安对珠三角方向的辐射偏弱，但其位于两条以上一级辐线的交会处，物流区位较为优越。石家庄的主要辐射区域偏于北方，对东南沿海辐射偏弱。⑤各内陆节点在不同补贴下的货源辐射格局可以识别其整体优势货源方向，该方向上的货流则是该节点竞争的主要目标。本书分析发现，九大节点的目标货流规模相差不大，其占沿海货源比重在62%~85%，表明内陆节点在地方财政补贴支撑下均具有较多的潜力货源。⑥各节点所处的一级物流辐线的连接方向是其组织货源的优势区域，本书通过计算沿海方向上节点群体的货源规模及其占沿海总货源的比重，则可显示各内陆节点具有相对优势的沿海货源规模的大小。结果显示，西安的优势货源最高，达到61%~85%，郑州次之，为47%~54%，武汉、长沙、重庆处于中等水平。综上分析，在政策保护条件下，内陆节点组织沿海货源综合条件最好的节点为武汉和西安，其次为郑州、重庆、长沙，其他节点条件相对不突出。

表 3-17　政策保护条件下内陆节点对沿海货源组织条件评价

内陆节点	整体优势货源方向	整体优势方向货流占沿海比重(%)	节点等级	所处辐线等级	一级辐线沿海方向数量(个)	辐线连接方向货流占沿海比重(%)	组织货流综合条件
成都	长三角、珠三角、福建	85	1	1	0	—	一般
重庆	长三角、珠三角、福建	85	1	1	0~1	25	较好
西安	长三角、山东	62	2	1	2~3	61~85	好
石家庄	长三角、环渤海	69	2	1	1~2	8~15	一般
郑州	长三角、环渤海	69	1	1	1	47~54	较好
武汉	长三角、珠三角、山东	86	1	1	1~2	14~38	好
长沙	长三角、珠三角、福建	85	2	1	1	25	较好
南昌	长三角、珠三角、福建	85	2	1	1	7~14	一般
合肥	长三角、山东	62	2	2	0	—	一般

3.4 双向开放下的陆海流通网络组织模式

3.4.1 基于西通道的流通网络结构提炼

3.4.1.1 经济地理学意义上的三角洲结构理论

河流进入三角洲平原后，往往由单一河道分化为众多的分流河道，然后通过不止一个的出水口，进入水域。三角洲均有一个顶点，系指三角洲网中各河段的端点或连接点的总合，可称为“顶水点”(尹国康，1991)。陆玉麒和李平华将顶点的概念引入经济地理意义的三角洲中，并对其进行了实证研究(陆玉麒、李平华，2006；陆玉麒，2011；李平华，2008)。经济地理学中的三角洲经济区也拥有一个“经济顶点区域”，在这一区域内产生的高级区域中心城市就是“三角洲顶点城市”。依据城市地理学理论，河流交汇处及河流入海处是产生城镇的优势区位，而三角洲顶水点处拥有产生城镇并最终升格为高级别城镇的优越条件。在流域内，历史时期对水运的依赖使航道沿线客货流量较大。因此，铁路、公路建设多类似于水系特征，从上游至下游线路逐渐增多，顶点城市正是下游三角洲网络交通运输线路的汇聚点，成为流域内重要交通枢纽，流域越大，其地位越重要。因此，顶点城市在三角洲及流域空间结构中具有独特的区位特征，它与位于三角洲底端出水口的港口城市往往构成该区域强有力的经济发展轴线(李平华，2005)。

3.4.1.2 国家西向流通网络的“三角洲结构”

根据构建的国家西向流通轴—辐网络，本书可通过计算轴心节点所辐射区域所有节点城市对欧洲出口额来代表其可支配货流规模。2020年的货流数据虽无法获取，但依托交通条件与流通路径的变化，本书仍能识别流通网络结构的变化。由于片区货流总量稳定，通过“自下而上”将节点支配的流量计入通道的不同路段，本书得到基于西通道的西向网络流量格局，其表现出与三角洲水系分布相似的空间形态，并以此提炼国家西向流通的“三角洲”结构，参考三角洲结构的经济地理意义分析框架，对流通节点在全局网络中的功能与地位进行判别，进而对货流组织模式进行选择。

本书对西向流通网络特征进行提炼。一是整体上，新疆至甘肃武威段相当于干流段，是西通道国家西向流通的必经路段。北京—哈密通道的完成使干流段在哈密出现小规模汇流。二是武威以东，实际上就进入我国路网纵横交织的高度发达区，但由于各城市的经济实力、对外贸易能力与运输成本的差异，西向流通网络表现出若干条主通道形态，包括以珠三角、长三角、福建沿海、山东半岛等为端点的主通道。这些门户端点，与三角洲空间结构中的出水口城市，即港口门户相对应。三是突破了经济地理意义上三角洲一个顶点城市的常规，逐步演化出两组顶点城市。2013 年与 2020 年武威与哈密分别位于三角洲的顶点。武威毗邻兰州，乌鲁木齐位于哈密下游，而兰州与乌鲁木齐均是省级中心城市，因此乌鲁木齐—哈密、武威—兰州实际上均位于顶点城市区域，具有突出的控制能力。由于巴彦淖尔—哈密铁路段运输能力远不如兰新通道，且货流贡献较弱，因此 2020 年将武威—兰州同样作为顶点城市区域看待。乌鲁木齐—哈密，以及武威—兰州均有能力承担国家维度上西向货物集散，发挥重要的集结、拼装、中转功能。四是西安与重庆是最为重要的分流点城市之一。分流点对相关分叉河道起着控制作用，在西向贸易中，分流点城市可发挥集疏运枢纽功能。西安当前处于华东、华中、华南、福建、重庆等地西向运输交会点上，具有“截流”优势。而从发展趋势来看，兰渝、成兰通道的打通将使华南及湘黔桂等地的货流不再经西安西行，而是转向重庆。由于华南地区货流量较大，重庆受益明显，其在国家流通格局中的地位将得到提升。五是主通道相当于从顶点城市至重要出水口城市的主要河道。兰州—西安—郑州—徐州—上海、兰州—重庆—长沙—广州—深圳、兰州—西安—合肥—宁波、兰州—西安—武汉—南昌—厦门、兰州—成都—昆明、武威—中卫—太原—石家庄—济南—青岛等线路均是西向货流的支撑通道。六是以往将陇海—兰新经济带作为我国“π”形国土开发战略中的一级轴线(另外为沿海和沿江轴线)，连云港作为欧亚大陆桥桥头堡的地位也由此而来。但以上研究表明，事实上，从徐州节点开始，主通道的线路就发生了变化，即不再向东延伸至连云港，而是向东南方向经南京直至上海，即上海对连云港的桥头堡的地位产生了“袭夺”作用。整体来看，无论是在流通节点等级方面还是通道路径方面，连云港在国家西向流通网络中的地位并没有得到凸显，其当前作为欧亚桥头堡的实质作用仍然有限。2013 年、2020 年国家西向流通的“三角洲”结构示意见图 3-3、图 3-4。

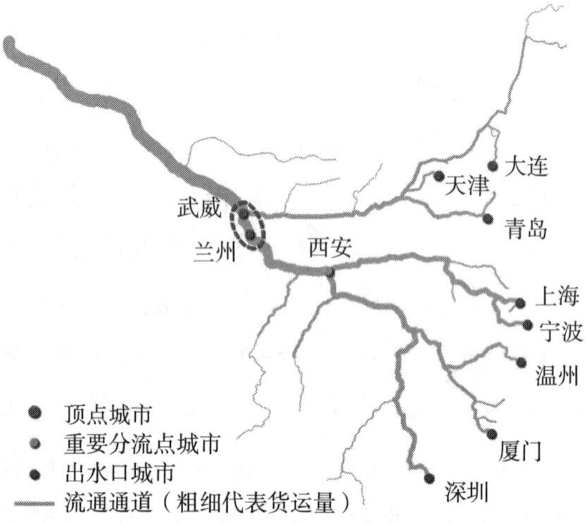

图 3-3　2013 年国家西向流通的“三角洲”结构示意

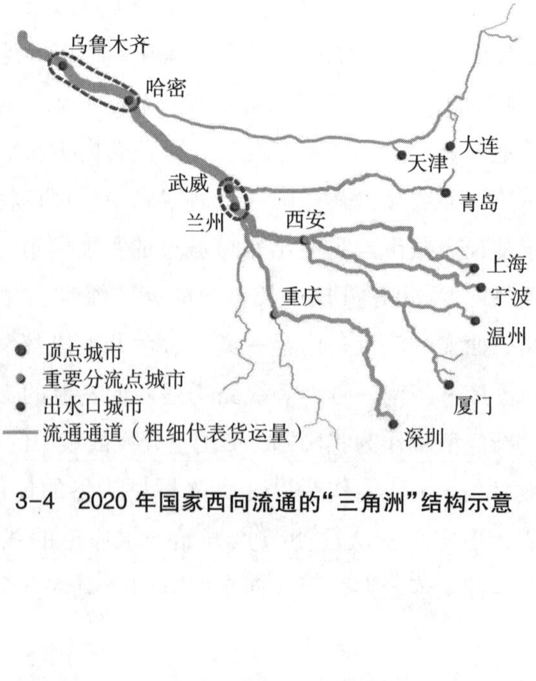

3-4　2020 年国家西向流通的“三角洲”结构示意

3.4.2 西向流通组织模式与阶段演进

3.4.2.1 流通节点货流组织模式

通过研究，本书已对不同流通通道的地位进行了识别，对节点西向货流生产能力和货源分布进行了测度，对不同内陆节点的货流组织条件进行了评价，对不同节点在全局网络中的功能与地位进行了判别。基于以上，西向流通的核心节点群体实际上得以筛选，包括对货流控制能力突出的顶点城市，对沿海货源组织条件突出的内陆节点城市，西向货流生产规模可观的外贸型城市，以及物流等级较高的沿海港口城市。而根据其在西向流通网络中的功能特点，本书可将其对应划分为编组集结型、货源集结型、货源生产型、港口集散型四种类型(见图 3-5)。综上，本书可提出以下货流组织模式：一是以顶点城市为主导的统一编组集结模式。乌鲁木齐—哈密、武威—兰州作为顶点城市，在西向流通上，具有全国性的集结、拼装、中转功能与优势，可在两者中设置国家级中欧班列编组中心，集结和协调各地分散货流，整车出境以避免物流资源的浪费。事实上，2017 年 12 月开行的成都—乌鲁木齐—荷兰蒂尔堡班列已开启了异地线路与新疆班列间集拼集运新模式，新疆由原来物流通道变为国际物流集散地的中心效应正在增强。甘肃于 2016 年提出将兰州作为中欧货运班列编组枢纽和物流集散中心，致力于打造“陆上马六甲”。二是以内陆省会城市为主导的货源集结模式。在补贴政策下，组织沿海货流综合条件较好的内陆节点为武汉、西安、郑州、重庆、长沙。其中，西安与重庆作为最重要的分流点城市之一，是更大区域货流的途经之地，具有较好的外部机会，而武汉、郑州、长沙则依托突出的交通条件，实现对外界货源的大规模集结。以上内陆省会城市作为班列的始发中心，具有突出的地理居中性、对外通达优势，以及较高的内陆开放驱动力。三是以发达外贸型城市为主导的货源产区发车模式。苏州、金华(义乌)、广州、东莞等城市生产外向型程度高，对欧贸易往来密切，自身生产大量货源，可避免始发班列货源不足的难题，同时有利于货源的就近高效组织。四是以重要港口城市为主导的货源集散型模式。上海、深圳、厦门、温州、宁波、青岛、天津、大连位于货源主产区，本身具有较强的货流生产能力。同时，作为重要的出水口城市，其可依托港口利用海运的低成本优势，对远距离甚至海外产品进行集散，拥有更加广阔的货源市场。而在激烈的竞争下，不同类型的流通节点极有可能通过合作走向延伸性的协同运输模式。如对沿海货源组织条件并不突出的成都，近年来通过打造"X+蓉欧"合作框架，将线路延伸至厦门等地，极大地提高了其辐射能力，成为极具竞争力的班列始发城市。

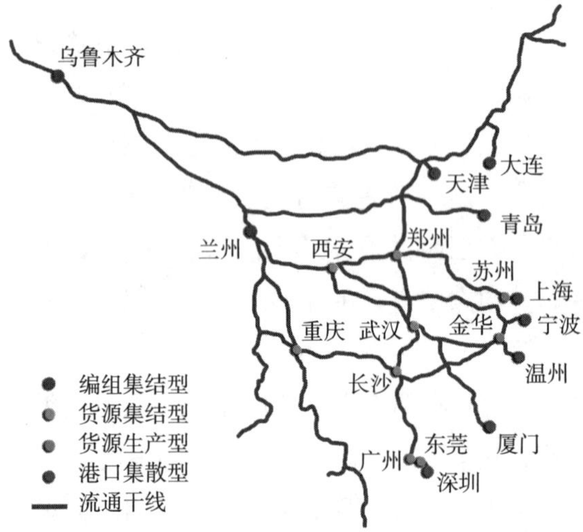

图 3-5　2020 年中国西向开放核心流通节点类型示意

在运输路径上，青岛的始发班列可经胶济、石太、太中银铁路至武威西行，天津及大连班列则可经京包、包哈铁路至哈密西行。西安、郑州、苏州、上海的班列均可以陇海铁路为西向通道，武汉的班列经西安西行，宁波班列则可选择经安徽至宁西铁路西行。金华、温州班列可选择经九景衢及武九铁路西行，厦门班列可沿向莆、昌九、武九铁路西行，两者均经武汉至西安。兰渝、湘渝快速铁路开通后，深圳、东莞、广州的班列可经京广、湘渝、兰渝等铁路直达兰州。整体来看，随着铁路建设及客货分流的不断推进，各节点城市之间将形成纵横交织的快速货运网络，这为各节点之间进行班列协作提供了良好的基础设施条件。

3.4.2.2　西向流通发展阶段演进

随着西向贸易的不断推进，以及越来越多的节点城市加入对货流的组织与竞争，西向流通实际上一直处于演进阶段，并表现出对应的阶段特征

（见图3-6）。2011 年，“渝新欧”在出口运输模式上的探索和创新改变了内陆山城重庆的出海困局，并以此支撑起巨型 IT 产业集群，有效强化了其产业承接优势。“渝新欧”的成功引发了显著的学习效应，随着“一带一路”倡议的实施，成都、郑州、苏州、武汉先后开行中欧班列，班列由重庆独占阶段进入向中、东部地区扩散阶段。而除苏州外，其他城市均为中西部内陆城市，尤其是以郑州为代表的中部城市发展迅猛，投入力度极大。中欧班列的创新与扩散，一方面极大地鼓舞了内陆城市打造内陆开放高地，提升其对外开放水平；另一方面推动了东部地区城市响应“一带一路”倡议，扭转外贸下行局面。因此，2014 年后，中欧班列进入全国性开行阶段，长沙、金华（义乌）、乌鲁木齐、武威、兰州、西安、合肥、南京、广州、东莞、深圳、厦门、南昌、赣州、青岛、营口、大连、赤峰、温州、昆明、天津、石家庄，以及部分口岸城市均已开行班列，开行节点已覆盖内陆、沿海、口岸三大类型地区。各城市间的货流竞争十分激烈，无序竞争现象时有发生。而随着培育期的结束，高额度的政府补贴将逐步退出，通过市场竞争中欧班列将逐步整合。地处优势空间的流通节点将最终获取西向流通的主导权，这一群体即本书所筛选的西向流通核心节点群体，主要在西向货流的重要汇流节点、突出的交通枢纽（包含港口枢纽），以及自身生产大规模货源的城市中产生。

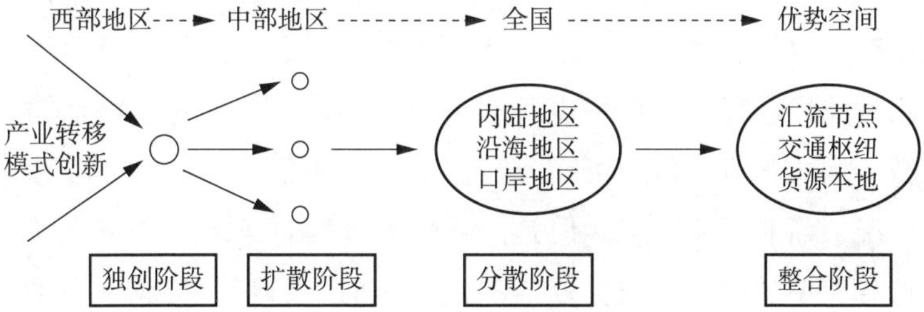

图 3-6 国家西向流通发展阶段演进

3.5 宏观格局下陆海协调发展的特征

基于以上实证分析，本书发现，陆海协调发展方面表现出以下具体特征。对于远距离洲际贸易而言，运费成本的高低异常重要，由于海运拥有运输成本低的突出优势，因而海运成为我国与欧洲之间绝大部分货物运输的选择方式。因此，2013 年海洋运输主导下的城市运费格局实际上在很大程度上反映了西向开放之前，我国相对于欧洲的各城市区位现状，即城市区位度的整体格局，由东南沿海地区向西北内陆递减，由沿海向沿江递减，这与我国改革开放以来人才、技术、资本的“孔雀东南飞”现象相吻合。2020 年的结果表明，在铁海联运网络进一步完善、铁路运价率进一步下降的条件下，东南沿海地区仍然具备显著的成本优势，且优势区域从东南沿海地带向内地扩展，处于中南、西南地区的湖南、广西、贵州受益最为明显。

西向陆路运输主导下的城市运费格局反映的是不考虑与海运竞争的情况下，各节点城市的运输成本优势，其表现出显著的西北至东南、西北至东北的距离衰减特征，西北地区与黄河中游地区所拥有的区位优势十分明显。2020 年的结果表明，在铁路货运网络进一步完善、铁路运价率进一步下降的条件下，陆路运输主导下的运费区位优势地带，并没有从黄河中游地区继续向华北地区扩展，而是转而向以重庆、贵州、广西为代表的西南方向，以及以拉萨为代表的青藏方向扩展。同时，济南—郑州—南阳—襄阳一线以南的大东南地区的区位值趋向下降。

由于西向开放之后，国家层面已形成陆海统筹、双向开放的新局面，各节点城市也已拥有海、陆两条至欧洲市场的可选择路径，且对于不同区域其在两种路径选择上的概率也各有不同。因此，单独对陆路运输主导下的节点城市区位进行分析，可在一定程度上反映各节点城市在陆路条件下的潜在状况，而非现实状况。但是，在陆海统筹背景下，各节点城市对两种路径选择概率的计算是较为复杂的，一方面，陆路运费成本很难真正低于海运运费，即陆路运输在运费上无绝对优势，若以运费成本作为参考指标，则测算节点城市路径选择概率将难以进行；另一方面，概率的选择也不能简单地由海、陆运输条件下该城市与欧洲的双边贸易额来决定。因为在陆路成本高于海运成本的情况下，不少地方政府仍然提供高额补贴选择陆路运输，该贸易额并非完全由市场选择决定，因而带有较大的变动性。同时，节点城市在陆路运输的选择上，在很大程度上更看重其所带来的连锁效应与间接利益。如“渝新欧”的开通引发了显著的产业集聚效应，重庆形成了千亿级的巨型 IT 产业链，成都、郑州也因蓉欧、郑新欧的常态化开通获得显著的外部机遇，不仅获得国家层面的重视，而且吸引了大量资本与产业进入。因此，要通过科学的方法进行节点城市对海、陆两种路径选择的概率测算，进而测算各城市双向开放下的现实区位，是较为困难的。在具体的外贸数据难以获取，以及技术方法的制约下，本书不对双向开放条件下各城市的现实区位进行直接测度。

在陆路运输条件下，西北地区节点城市区位提升明显；在海路运输条件下，运费区位最优城市群体集中在沿海地区与长江下游沿江地区，且沿海地带区位最优区域自北向南逐步向内陆纵深；基于西北门户的西向开放与海洋方向开放的相互作用空间范围差异明显，全国可划分为双重优势区、双重劣势区、海运优势区、陆运优势区四种类型；“武汉—十堰—常德三角区”是城市区位的“心脏地带”与递变中枢；成都—重庆—贵阳地区成为双向开放条件下的区位受益显著区域。

4　大江大河的地理环境：流域的协调发展

4.1　案例区的选取与研究价值

4.1.1　案例区概况

4.1.1.1　七大江河流域

在全国河流中，人们习惯上把流域面积大、流域内人口密集、工农业相对发达的长江、黄河、珠江、淮河、辽河、海河、松花江统称为“七大江河”。七大江河流域控制面积占全国土地面积的45.6%，水资源总量占全国总水资源的57.5%，水资源可利用量占全国水资源可利用总量的58.2%，水能蕴藏量占全国总水能蕴藏量的58.8%，人口占全国总人口的75.7%，耕地占全国总耕地的86%左右（刘世庆、许英明、巨栋，2019）。七大江河流域覆盖了中国主要的人口和经济密集地区，在全国经济发展中占据主导地位。

4.1.1.2　黄河流域

黄河流域是中国乃至世界上十分重要的大河流域。黄河干流全长5464千米，流经青海、四川、甘肃、宁夏、内蒙古、山西、陕西、河南、山东九省区，东西跨越23个经度，南北相隔10个纬度，流域总面积为79.5万平方千米（含内流区面积4.2万平方千米），分别以河口镇、桃花峪作为上、中、下游间的分界点。由于下游多地上悬河，黄河流域面积仅为2.3万平方千米。从体量上看，黄河流域面积和流经省份数量仅次于长江流域，经济发展的统筹空间巨大。

4.1.1.3 赣江流域

赣江是长江的重要支流，自南向北纵贯江西全省。赣江源头位于武夷山西麓，全长 766 千米，拥有 13 条主要支流，流域面积为 83500 平方千米。赣江流域与江西省的行政区高度吻合，两者重合度高达 97.2%，成为全国流域中极为特殊的存在。

4.1.2 案例区研究价值

中国多大江大河分布，七大江河流域南北跨度极大，且长江与黄河流域东西横跨东、中、西部地带。因此，七大江河流域的资源环境与经济差异在一定程度上反映了全国维度上区域协调的基础。因此，从资源、经济、人口、中心城市等视角对七大江河流域进行定量分析，可为全国维度上的区域协调发展提供基础性参考。

黄河流域作为十分重要的大河流域，其生态脆弱、发展不平衡不充分等问题亟待解决。黄河流域孕育了灿烂的黄河文明，在较长时期内一直是古代中国的政治、经济、文化的中心地带。然而，在近代以来的发展大潮中，黄河流域逐步落后，流域发展面临经济发展水平较低、生态环境脆弱的“双重困境”。一方面，在当前的经济格局中，黄河流域具有“内陆性”强（除山东外其他省份均位于内陆地区）、经济结构偏重（能源化工等产业比重较大）、经济活力较弱等典型特征。尤其是随着近年来，南北方经济分化加剧（经济增速“南快北慢”，经济份额“南升北降”），黄河流域的经济增速和转型发展动力遭遇较大的外部压力。另一方面，黄河流域的生态环境先天性基础脆弱，生态环境的修复任务巨大。随着国家发展目标与重心的转移，黄河流域生态保护与高质量发展于 2019 年上升为重大国家战略。2021 年 10 月，国家印发《黄河流域生态保护和高质量发展规划纲要》。需要特别注意的是，黄河流域国家重大战略有两个主题，既强调生态保护，又强调高质量发展，这在国家战略表述中极为少见。这表明，生态保护、绿色发展是黄河流域的重中之重和解决复杂问题的关键，黄河流域将在探索生态文明中实现协调发展和充分发展。因此，对黄河流域协调发展问题的关注具有十分重要的现实价值。

赣江流域是全国唯一同时毗邻长三角、珠三角和闽台等发达地区的地理片区，其为何变为东南大区域的经济洼地？这一特殊的区域发展不协调现象受到学术界的关注(吕桦，1987；陈传康，1989；徐浩程、李博，2010)。通过对赣江流域交通区位演变与区域发展效应的研究，本书试图在一定程度上解释该现象。赣江流域在历史进程中经历了交通方式急剧变迁与区域发展由盛及衰的过程，其与周边地区的协调发展状况和其交通区位的演变关系密切，具有典型的代表性。其主要体现在四个方面：一是江西的主体部分一直位于赣江流域，其流域与行政区高度吻合(两者重合度高达97.2%)的特征，为长时段行政区划的相对稳定提供了保障；二是在以水运为大区域主导运输方式的古代，得益于发达的赣江水系的较高航运价值，江西交通区位得以凸显；三是赣江流域东临长三角、海西主体区(福建省)、南向珠三角，是沿海向内陆过渡的典型省份，这一特征促使赣江流域对外联系的选择性更多，同时对区域空间关系产生多重影响；四是近年来，以高速公路和高速铁路等为代表的现代交通运输方式在赣江流域快速发展，并成为影响其交通区位优劣的重要因素。因而，赣江流域在大区范围协调发展问题层面具有独特的研究价值。

4.2 七大江河流域的资源与经济差异

在对七大江河流域研究过程中，本书中各流域的核心省份选取主要考虑流经省份的流域面积大小，并尽量减少各流域省份的重合度。按照此原则，四川社会经济数据不计入黄河流域，山东不计入淮河流域，内蒙古不计入辽河流域，江西、湖南、贵州、云南不计入珠江流域，并以各省份首位城市作为中心城市。例如，各核心省份首位城市的市区常住人口与GDP数据表征中心城市人口、经济规模，以便更准确地反映中心城市的规模。流域中心城市人口、经济集中度指各流域中心城市的市区人口及经济总规模分别占全流域的比例；省域人口、经济集中度指中心城市市区人口及经济规模占所在省份的比例。

4.2.1 七大江河流域的能源资源差异

本书依托中商产业研究院产量数据库，整理2018年各省煤炭、电力、石油、天然气的数据，并对七大江河流域能源产能进行测算(见图4-1、图4-2、图4-3、图4-4)，可以发现，黄河流域煤炭储量占全国煤炭总量的一半以上，2018 年核心省份产出量高达 27.9563 亿吨，远远高出其他六大流域。在二次能源电力的产量上，2018 年，黄河流域核心省份电力高达 21847 亿千瓦·时，仅次于长江流域，并远高于其他流域。在石油和天然气产量上，黄河流域核心省份分别高达 6296 万吨、569 亿立方米，远高于其他流域。从省域尺度来看，黄河流域能源分布极不平衡，内蒙古、山西、陕西的煤炭产量极高，山东、河南、宁夏、甘肃、青海均高于其他大部分省份。在发电量上，山东、内蒙古分别位于全国第 1、第 3，山西、河南均高于全国平均规模。

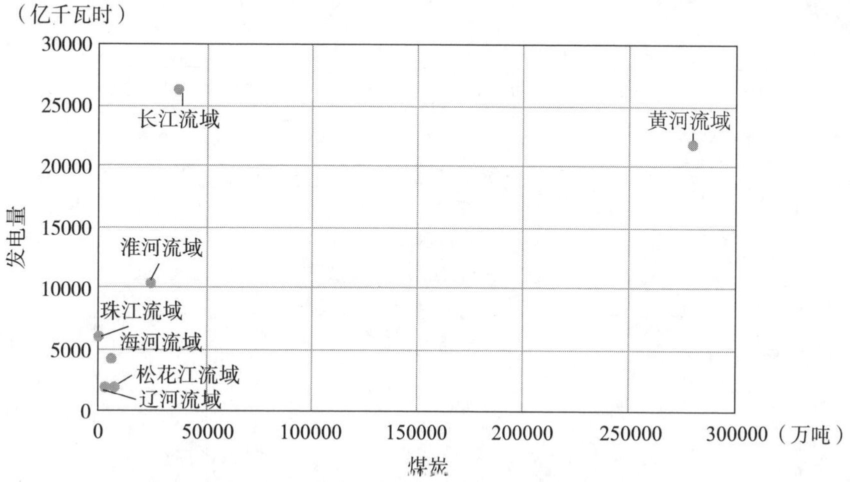

图 4-1　2018 年七大江河流域煤炭与电力产量

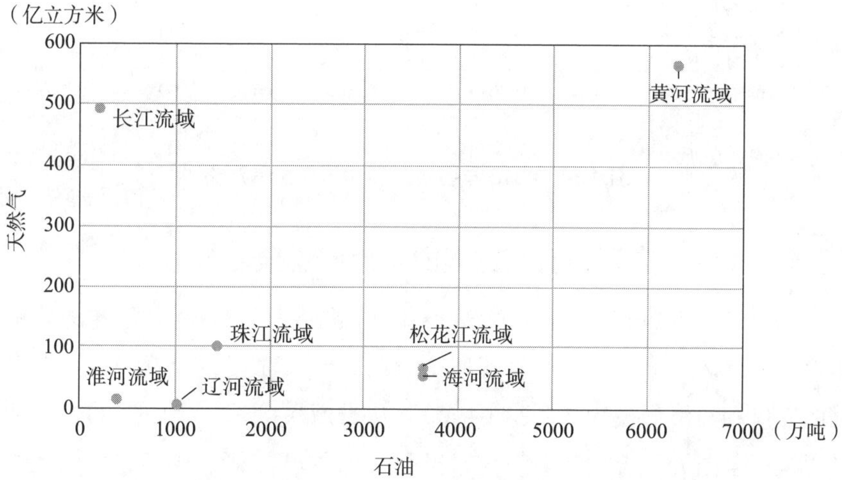

图 4-2　2018 年七大江河流域石油与天然气产量

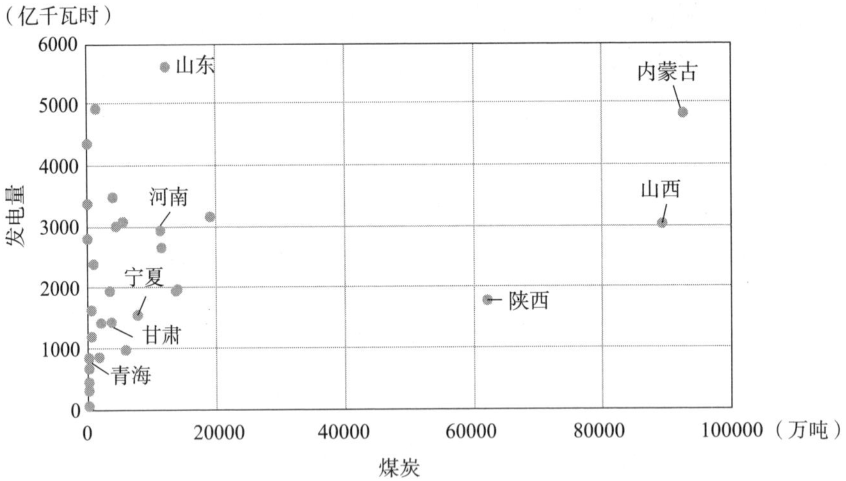

图 4-3　2018 年各省份煤炭与电力产量

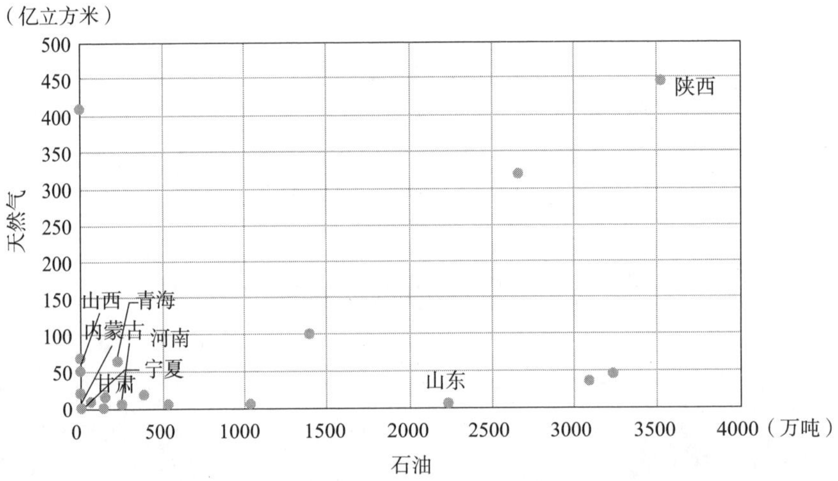

图 4-4　2018 年各省份石油与天然气产量

4. 2. 2　七大江河流域的人口与经济规模差异

2018 年，黄河流域核心省份的人口总量高达 3. 37 亿人，经济总量高达 19. 79 万亿元，在七大江河流域中，仅次于长江流域，黄河流域具有显著的人口和经济规模优势(见图 4-5)。从省域尺度来看，山东的人口和经济规模在全国分别位列第 2、第 3，河南分别位列第 3、第 5，规模优势明显(见图 4-6)。在当前中国发展阶段转变的背景下，一方面，黄河流域仍具有一定的人力资源优势；另一方面，随着消费能力、内需市场、需求规模等内生变量作用的加大，黄河流域较为广阔的市场将为自身发展带来新的比较优势，从而成为经济发展重要的驱动力。

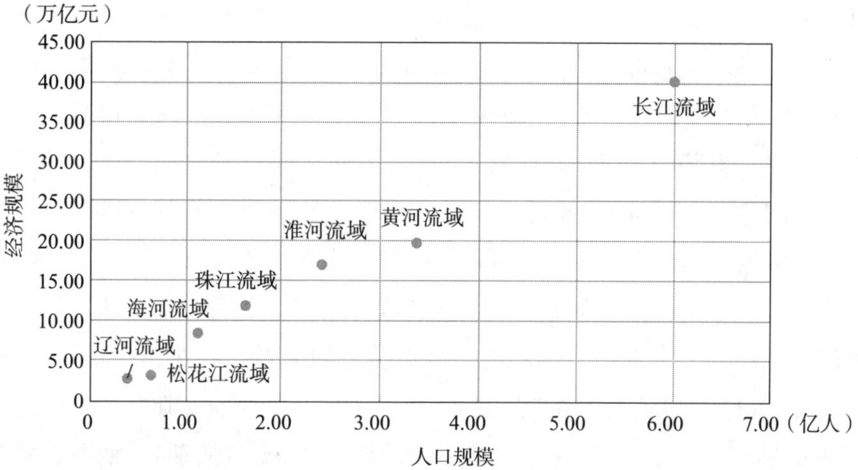

图 4-5　2018 年七大江河流域人口规模与经济规模

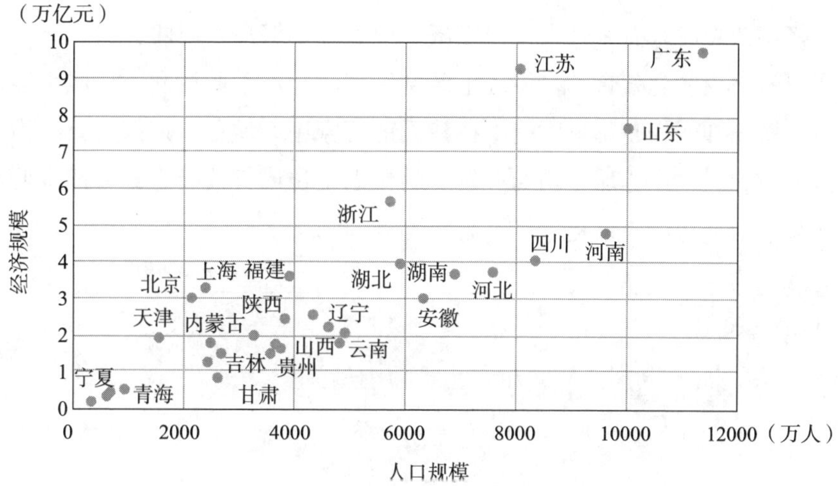

图 4-6　2018 年各省份人口规模与经济规模

4.2.3　七大江河流域的中心城市集中度差异

当前，区域发展动力极化现象日益突出，中心城市和城市群正在成为承载发展要素的主要空间形式。中心城市对城市群及周边地区的引领、带动作用逐步强化，并成为区域竞争的关键。中心城市的人口、经济规模及集中程度，是中心城市综合实力的核心表征。本书依托各省份 2018 年统计年鉴数据，对各省份、各流域中心城市的人口、经济规模与集中度进行统计和测算。可以发现，从流域尺度来看，黄河流域中心城市人口、经济平均规模，以及中心城市人口、经济集中度在七大江河流域中均处于末位（见图 4-7、图 4-8）。但从流域内部尺度来看，基于省域的比较显示，陕西、宁夏、青海 3 省区中心城市的人口集中度分别高达 0.23、0.21、0.17，均位于全国前 5，青海、宁夏、陕西、甘肃 4 省区中心城市的经济集中度分别高达 0.35、0.34、0.33、0.27，均处于全国前 8 位（见图 4-9、图 4-10）。这表明，黄河流域中心城市整体发育水平还有待提升，其对整个流域的引领、带动能力仍然有限。但从省域来看，陕西、宁夏、青海、甘肃等省份具有十分显著的“强省会”特征。尤其是西安，其城区人口已将近 900 万人，成为中心城市较高集中度的典型代表。“强省会”型中心城市拥有强大的资源调配能力，通过聚集各类经济要素，对省域发展产生较强的辐射带动作用。同时，黄河流域拥有以山东为代表的双核型省份。尽管单从济南或青岛来看，其人口与经济集中度都不够高，但两者从整体上实现了对省域内的有效带动，体现了区域经济较高水平的均衡。从城市地位来看，郑州和西安是国家明确支持建设的国家中心城市，济南、青岛为副省级城市，以上中心城市均拥有较高的规划定位或行政级别，为经济要素的集聚、对周边的带动提供了有力的支撑。

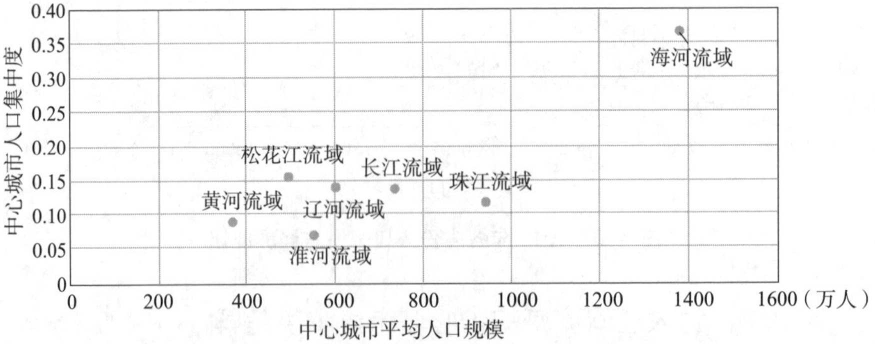

图 4-7　2018 年七大江河流域中心城市平均人口规模与人口集中度

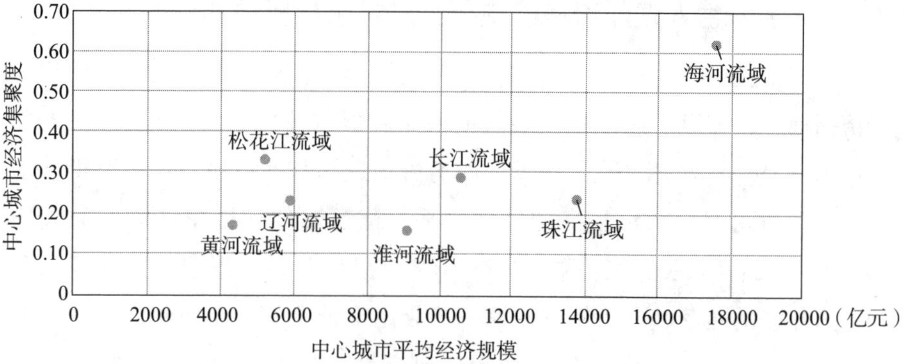

图 4-8　2018 年七大江河流域中心城市平均经济规模与经济集聚度

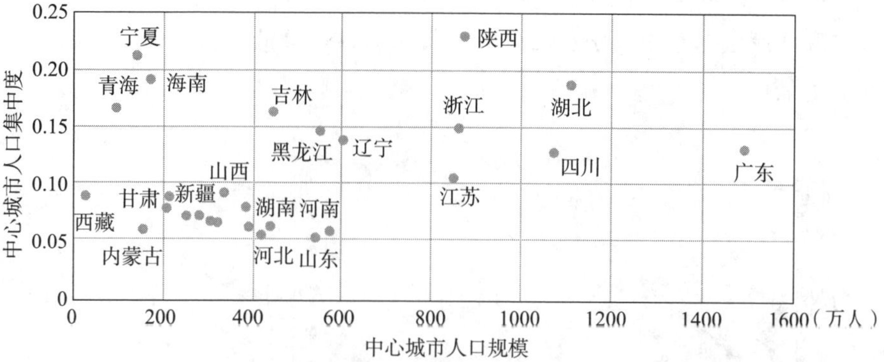

图 4-9　2018 年各省份中心城市人口规模与人口集中度

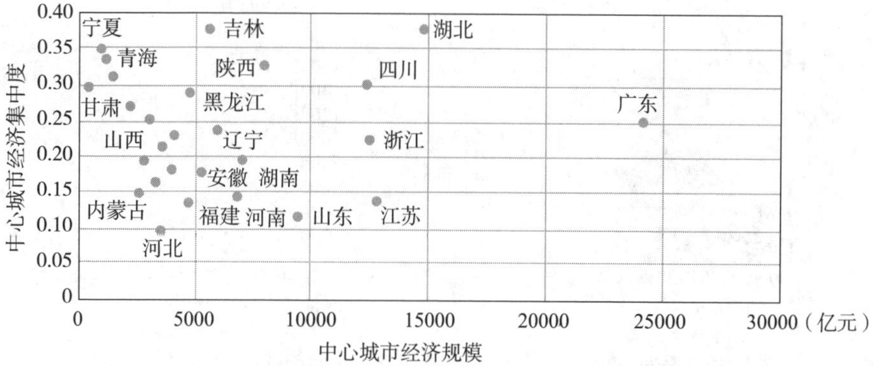

图 4-10　2018 年各省份中心城市经济规模与经济集中度

4.2.4 七大江河流域的主要经济社会指标分析

本书依托《中国统计年鉴》和各省份统计年鉴，对七大江河流域的相关经济指标进行测算，以剖析流域间的协调发展状况(见图 4-11)。从人均 GDP 和人均实际利用外资额来看，海河流域远超其他流域，这主要得益于北京、天津两大直辖市较高的经济水平。辽河流域和松花江流域的人均 GDP 和第二、第三产业比重在 2015 年之后出现了显著下降，反映了东北经济近年来的衰落趋向。第二、第三产业比重较高的为海河流域与珠江流域；人均实际利用外资额下降的为辽河流域。在人均 R&D 经费支出上，海河流域在 2015 年之后出现了小幅度下降，其他流域均为上升态势，其中珠江流域上升最快。在城乡居民人均收入方面，海河流域最高，其次为长江、珠江流域。其中，松花江流域城镇人均收入最低，黄河流域农村居民收入则最低。

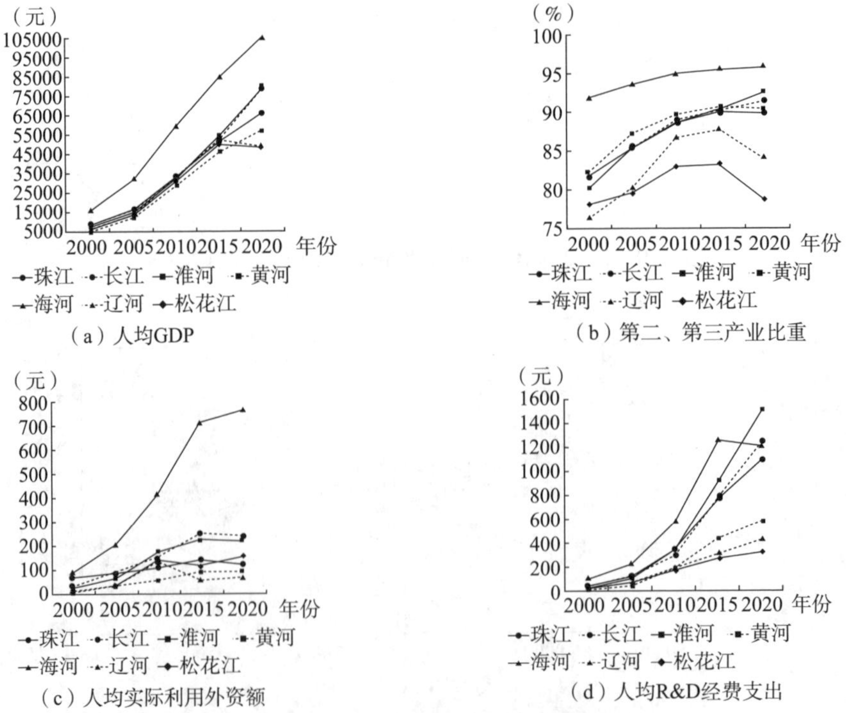

图 4-11 2000 年以来七大江河流域相关经济指标分异

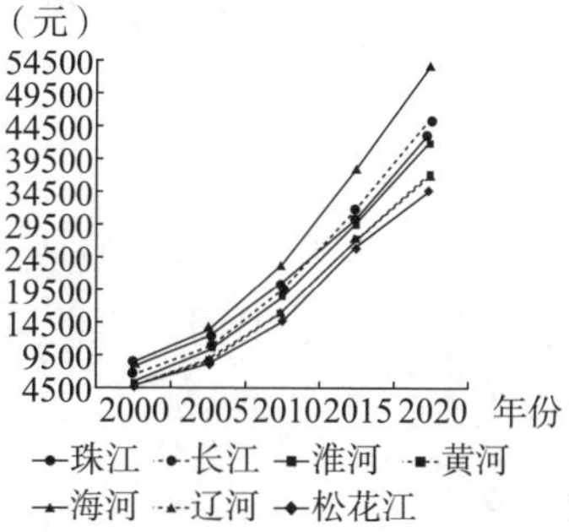

(e) 城镇居民人均收入

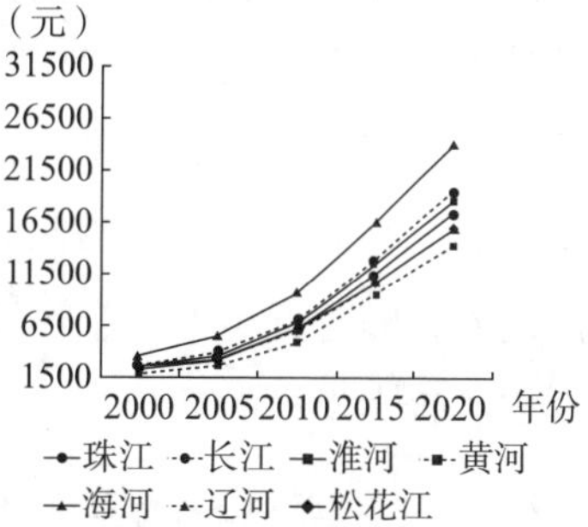

(f) 农村居民人均收入

图 4-11　2000 年以来七大江河流域相关经济指标分异(续)

4.3 黄河流域的经济协调发展

4.3.1 黄河流域的资源与产业基础

黄河流域又被称为“能源流域”，其煤炭、石油、天然气和有色金属资源丰富。黄河流域拥有宁东、蒙西、陕北、晋西、陇东等大型能源基地，国家规划的 14 个大型煤炭生产基地中有 9 个分布在黄河流域。黄河流域含煤区域逾 35.7 万平方千米，煤炭储量占全国的 2/3，仅宁东、榆林和鄂尔多斯组成的“能源金三角”地区，其煤炭储量已占全国煤炭总量的 27%。当前，黄河流域的煤炭资源经济可采量和煤炭产量，均为全国首位。现已掌握的探明煤炭产地达 685 处，保有储量达 4000 多亿吨，煤炭年产量约占全国总量的 70%。依托能源资源优势，黄河流域成为中国重要的能源、化工、原材料和基础工业基地，山东、河南、陕西、山西、内蒙古等省份在能源化工、传统材料、有色冶金、装备制造等方面拥有较强的产业体系。当前，黄河流域拥有全国 100%的煤制油、85%的煤制烯烃、50%的甲醇制烯烃项目。此外，黄河流域拥有显著的风能、太阳能等可再生能源优势。《2018 年中国风能太阳能资源年景公报》显示，内蒙古、青海、宁夏、甘肃的陆地海拔 70 米高度年平均风速在全国省域单元中分列第 1、第 6、第 8、第 11 位，晋北、蒙西、宁夏、甘肃、青海 2018 年年水平面总辐射量均在 1400~1750 千瓦时/平方米，太阳能资源高于除青藏高原外的全国大部分地区。

在农业方面，黄河流域农业条件好，拥有黄淮海平原、汾渭平原、河套灌区等粮食主产区和青藏高原、内蒙古高原等畜牧业主产区，粮食和肉类产量占全国总产量的1/3左右，水果、蔬菜、中药材等拥有较大产量和品牌优势。当前，黄河流域形成了大规模、具有强竞争力的食品加工产业。此外，随着近年来产业转型升级的不断推进，山东、河南、陕西等省份形成了较大规模的高新技术和现代物流产业集群。

4.3.2 黄河流域经济的协调发展困境

4.3.2.1 流域经济协调发展的自然基础较脆弱

黄河发源于“中华水塔”三江源地区，途经青藏高原、内蒙古高原、黄土高原、华北平原等多种地形区，跨越高原山地，温带大陆性、温带季风等气候区和干旱、半干旱、半湿润等降水类型区。地形、气候等自然要素的综合作用催生了黄河流域独特的流域结构：上、中游地区生态脆弱，生态环境和水资源成为流域发展的重要约束；上、中游大型支流少，下游地上悬河河段呈线状结构，未能形成完善的河网系统，且河道水流宽、浅、散特征明显，很难设置固定航道，严重削弱黄河的通航功能，阻隔了上、下游之间及流域与外部之间的社会经济联系；独特的“几”字形曲流形式且地理跨度大，对上、中、下游的交通运输联系产生重要影响。可以说，黄河流域自然结构的特殊性在一定程度上决定了其发展的复杂性和特殊性，较大地影响了其发展的协调性。

4.3.2.2 经济整体发展水平较低与内部不平衡

黄河流域横跨东、中、西部地区三大地带，大部分为发展不充分地区，整体经济发展水平较低。在国家划分的14个集中连片特殊困难地区中，有5个连片区涉及黄河流域。黄河流域省份人口与经济总量分别占全国总量的30.3%、26.5%，分别低于长江流域的42.6%、41.2%，人口与经济占比的差额表明，黄河流域的整体经济发展水平相对较低（樊杰、赵艳楠，2021）。2020年，黄河流域中仅山东省居民人均可支配收入稍高于全国平均水平，其他省份均在全国平均水平之下，其中甘肃省为全国最低。

黄河流域内部地区间发展差距悬殊，发展需求不一致。2020 年，黄河流域 GDP 总量最大的山东省是最小的青海省的 24. 3 倍，人均 GDP 最高的山东省是最低的甘肃省的 8. 1 倍。自然禀赋、发展基础，以及从沿海至内陆的广阔纵深造成黄河流域不同地区间经济地理区位与发展环境的巨大差异，内部发展差异大、协调难度大已成为制约黄河流域发展的"顽疾"。

4. 3. 2. 3　流域内部通达能力有待提升

由于河道水流宽、浅、散特征明显，难以设置固定航道，导致黄河丧失了主要通航功能。同时，独特的"几"字形曲流形式，以及南北方向较大的地理跨度，对黄河上、中、下游之间产生了明显的阻隔效应，制约了流域内部的交通运输与经济联系。尽管当前黄河流域形成了骨干交通廊道，但不少地区的通达能力仍然较弱，如山东、河南至今仍未建立省会城市间的直线形铁路网络。

4. 3. 3　黄河流域经济协调发展的主要路径

在新的发展阶段，黄河流域一方面要实现生态环境的修复和人地关系的优化，提升流域协调发展的生态环境基础；另一方面要大力提升经济发展质量，优化产业结构，缩小流域内部经济差距，任务极为艰巨。基于新的发展环境，本书从生态文明、经济联系、产业体系、区域合作等方面提出黄河流域协调发展的实施路径。

4. 3. 3. 1　以生态优先原则，探索黄河流域生态文明道路

生态文明是对以往文明的传承和超越，黄河流域生态文明优势是对自身传统优势的超越。史念海(1982)对黄河流域问题进行研究时就指出，黄土高原新的生态平衡的建立乃是中国进一步繁荣昌盛的主要标志。黄河流域的生态建设不仅是改善自身环境、满足人民美好生活需求的迫切需要，而且具有从国家层面探索中国特色生态文明模式的重要意义。

在实践层面，应因地制宜、分类施策、尊重规律，最终达到改善黄河流域生态环境、优化水资源配置、促进全流域高质量发展、改善人民群众生活、保护传承黄河文化的目的，使黄河成为造福人民的幸福河(新华社，2020)。同时，坚持生态优先原则，以人地协调思想为指导统筹黄河流域

经济发展。在具体措施上，首先，应做好“水”的文章，坚持以水定城、以水定人、以水定产。其次，要根据流域内部不同地区的生态问题制订相应的治理方案。黄河流域的生态保护与治理差异主要表现在以下方面：黄河源区重在保护湿地生态系统，要治理草原退化；上游重在保护河湖湿地水资源，要治理土地盐碱化；中游重在巩固退耕还林草成果，要治理水土流失和环境污染；下游重在维护黄河长久安澜，要平衡水沙关系；黄河三角洲重在保护河口湿地生态系统，要治理海水倒灌（陈怡平、傅伯杰，2021）。因此，应加大上游重点生态系统保护和修复力度，创新中游黄土高原水土流失治理模式，推动下游二级悬河治理和滩区综合治理，加强黄河三角洲湿地保护和修复。最后，加大流域内平原农区面源污染治理，增强污水处理设施及配套管网建设，进一步集约利用水资源，加强矿山生态修复（中国共产党第十九届中央委员会，2021）。

4.3.3.2 以流通和开放为导向，强化黄河流域内外经济联系

构建黄河流域发达的流通网络，推动破解内部经济联系薄弱问题。一是进一步加密高铁、货运铁路和高速公路网络，以发达的快速运输网络提升流域内外的通达能力。尤其要按照“新时代交通强国铁路先行的规划思路”，尽快实现黄河流域20万人口以上城市铁路覆盖、50万人口以上城市高铁通达的战略目标。二是着力提升流域港口与腹地间的集疏运网络和物流联系。以青岛港为代表的山东港口群体，要加速构建以海铁联运为依托、以陆港群体为节点的全程现代物流体系，扩大其在黄河流域的核心腹地。尤其是青岛港要大力提升运营效率、降低物流成本，加速由物流港向贸易港、由门户港向枢纽港转型，打造东北亚地区的国际航运中心。同时，山东港口群体应着力推进港口产城融合发展，大力发展枢纽经济，打造畅通国内国际双循环的关键支点，扩宽全球范围配置资源的空间，使自身发展为真正意义上带动黄河流域经济的海上门户。三是以开放为突破口，大力提升黄河流域对外经济联系。在当前中美经贸摩擦和新冠肺炎疫情全球蔓延背景下，一方面，国家实施扩大内需战略并在内陆地区加速推进战略布局，着力构建国内、国际“双循环”相互促进的新发展格局；另一方面，中欧班列由于人员流动性小、运输效率高等优势，成为新冠肺炎疫

情期间支撑国际经贸合作与维持全球产业链上、下游连接的重要载体。黄河流域应充分利用其在“一带一路”建设中的区位优势，发挥国际陆港群、空港群的运输优势，释放自贸区、综保区、跨境电商示范区、边境合作区等开放平台优势，深入开展中欧班列集结中心示范工程建设，加速培育面向国际市场的现代开放型产业体系和外向企业主体，以开放为突破口提升流域经济国际化水平。

4.3.3.3 以区域功能差异化为引领，构建黄河流域现代产业体系

依据区域经济特征上的差异，区域可具体分为城市经济区、特殊经济功能区、农业地区、矿产资源开发地区、自然风景旅游区、生态保护区等不同类型。经济要素的条件差异决定了不同类型区域在经济发展角色和模式上各有侧重，要按照“分类指导、分区施策”的思路，针对不同类型的地区提出不同的发展策略(陈耀，2020)。黄河流域应以区域功能差异化为引领，重点基于中心城市、外围城市、特殊经济功能区、农业地区、矿产资源开发地区五种类型地域空间构建现代产业体系。一是流域中心城市要发挥优质经济要素集聚优势，大力构建数字经济、高新技术、先进制造和现代服务业体系。各中心城市应面向国内外，大力吸引各类创新资源、高端人才，加强数字经济、通信技术、集成电路、高端装备、新材料、生物医药等新兴产业发展，打造大数据中心、重大创新平台和金融服务体系，形成黄河流域创新驱动发展的核心引擎。西安、青岛、郑州、济南等城市，应基于人才和创新优势，充分发挥对全流域产业发展的示范带动作用。二是外围城市应注重依托自身优势，构建和中心城市协同发展的产业网络。外围城市应充分利用周边土地要素、人力资本成本相对较低的优势，立足发展基础和区位条件，以主要城市群为依托，以重要交通轴带为支撑，协同中心城市大力发展“总部+制造基地”“创新中心+生产中心”的合作模式。同时，逐步打破中心与外围城市间的分隔和行政樊篱，减少政府对市场的不合理行政干预，促进经济要素在区域间的自由流动。三是以综合保税区为代表的特殊经济功能区，应充分拉动开放型产业发展，将综合保税区群体打造成驱动流域开放型经济的重要平台，进一步发挥其在外贸、吸引外资、促进产业转型升级等方面的作用。推动特殊经济功能区优化产业结

构，支持和鼓励新技术、新产业、新业态、新模式的发展。加强要素整合和产业配套，深度融入国际产业链、价值链、供应链，提升黄河流域经济的国际竞争优势。四是农业地区要努力打造现代化特色农业产业集群。黄河流域可进一步重点发展粮食类(小麦、玉米、高粱、大豆、小米、大麦、马铃薯等)、油脂、林果(苹果、红枣、樱桃、葡萄、核桃、杏等)、蔬菜、食用菌、花木、特色植物(枸杞、向日葵、沙棘、啤酒花、牧草等)、肉类(肉牛、肉羊、牦牛等)、乳业、水产品、羊绒、中药材(含藏药、蒙药)等优势农产品，坚持基地化、规模化、产业化发展，推进绿色化、优质化、特色化、品牌化，推进农产品精深加工，延长产业链条，提升农业附加值。同时，培育壮大龙头企业和农业产业化联合体，进一步拓展日韩、东盟、中亚、中东等国际市场。总结和推广“诸城模式”“潍坊模式”“寿光模式”等成功的农业产业化发展经验，深化“公司+基地+农户”模式。推动农业与现代信息技术融合发展，建设黄河流域县、乡、村三级电子商务服务体系。五是矿产资源型开发地区应加大巩固资源优势，注重优化和延长传统产业链。加大对以矿产开采与煤化工、煤电冶、盐化工、石油化工等为代表的传统产业的科技提升，注重深加工，提高传统产业的“含金量”。充分利用国家政策，升级专业化产业基地，提升资源型产业集群发展水平。以科技为手段，大力推进豫西、蒙西、长治等国家产业转型示范区建设，深化能源革命综合改革。

4.3.3.4 推动黄河流域迈向更高质量的区域合作

黄河流域人口多、地域广，流域社会经济发展不平衡，流域空间结构具有特殊性，这些决定了黄河流域的高质量发展必须重视流域内部各区域间的协调发展。不同层面对区域协调发展的目标和要求不尽一致，侧重点也不尽相同(韦伟，2018)。从国家层面来看，黄河流域的协调发展应立足于解决区域发展不平衡、不充分的问题，着力提升区域发展战略的联动性和全局性，增强区域发展的协同性和整体性。从地方层面来看，黄河流域的协调发展侧重在所管辖的行政区域内，应注重人地关系的协调，产业之间、经济建设与社会建设之间的协调，发挥市场活力并形成创新驱动的发展方式。从流域内部区域之间关系(府际关系)层面来看，不同区域间形成相互促进、优势互补的合作关系，通过各种形式的合作，各区域合理利用与优化配置要素资源，促进经济合理分工，促进跨区域的国土资源开发，形成生态环境协同治理的良好局面。区域合作是一种能够拓展自身发展空间、推动经济高效运转、缩小区域差距、提升产业结构、协调区域关系、优化区域布局，乃至重新定位区域功能的发展方式，其可以突破行政区经济的桎梏，形成区域整体绩效的系统合力（韦伟，2018）。因此，黄河流域的区域协调发展除了注重基本公共服务均等化、基础设施与通达程度的均衡，以及人民生活水平的提升之外，还应高度重视区际关系改善、区域合作的加强，尤其要着力提升沿海港口城市与广大流域腹地的物流联系，科学处理中心城市与外围地区的协作关系，深化上下游、干支流、左右岸地区间的环境协同治理。从国家乃至全球维度来看，黄河流域的区域合作不仅局限于流域内部，还可结合自身的具体情况，加强与流域周边、国内外发达地区的联系，迈向更高质量的区域合作。

4.4　黄河流域空间结构重塑与郑州枢纽区的打造

区域空间结构指一个区域内的各种经济活动的空间分布状态及空间组合形式，合理有序的空间结构有助于推动区域实现协调发展。要立足黄河流域，应充分把握中国经济发展的空间结构正在发生深刻变化的机遇，推动空间结构优化调整，塑造一批重要的经济发展轴带和中心城市，推动形成重要的轴带枢纽区。

4.4.1　黄河流域空间结构重塑

“一”“十”“几”字形轴带网络将逐步成型。优化提升既有普速铁路、高速铁路、高速公路、干支线机场功能，谋划新建一批重大项目，加快形成以“一字形”“几字形”和“十字形”为主骨架的黄河流域现代化交通网络（见图 4-12），填补缺失线路，畅通瓶颈路段，实现城乡区域高效连通。“一字形”为济南经郑州至西安、兰州、西宁的东西向大通道，应加强毗邻省区铁路干线连接和支线、专用线建设，强化跨省高速公路建设，加密城市群城际交通网络，更加高效地连通沿黄主要经济区。“几字形”为兰州经银川、包头至呼和浩特、太原并通达郑州的综合运输走廊，其通过加强高速铁路、沿黄通道、货运通道建设，提高黄河“能源流域”互联互通水平。“十字形”为包头经鄂尔多斯经榆林、延安至西安的纵向通道和银川经绥德至太原，兰州经平凉、庆阳至延安至北京的横向通道，其通过建设高速铁路网络，提高普速铁路客货运水平，提升陕甘宁、吕梁山等革命老区基础设施现代化水平。

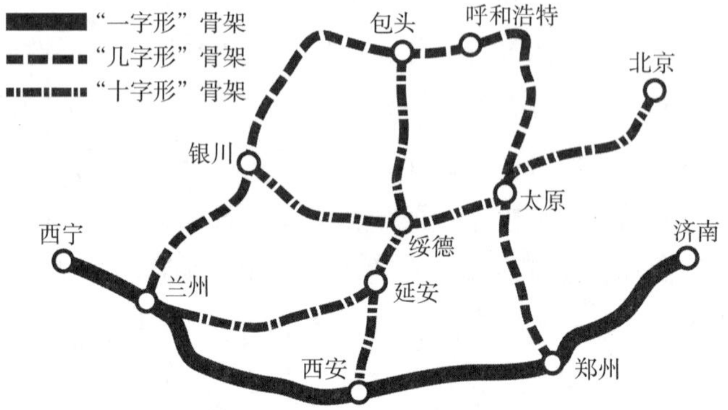

图 4-12　黄河流域骨干轴带网络

4.4.2　“一字形”主轴带的演变

黄河缺乏主要通航能力和干流的大型曲流形式，导致黄河干流沿线未能形成沿河经济带。近代以来，陇海—兰新沿线依托交通干线，成为黄河流域可达性最优、社会经济影响力最大的经济地带之一，被公认为黄河流域经济发展的主轴带，即《黄河流域生态保护和高质量发展规划纲要》中的“一字形”轴带。在新的发展格局下，黄河流域“一字形”主轴带空间结构将发生重大变化。

4.4.2.1　“一字形”主轴带相关联城市的发展趋势

近年来，黄河流域“一字形”主轴带相关联城市人口与经济规模数据表明(见表 4-1、表 4-2)：①2010—2020 年，省会和副省级以上中心城市，在人口吸引和经济集聚方面，无论是增量还是增速均显著高于普通地级市，大城市“虹吸”效应显著；②郑州、西安、合肥、杭州、南京、乌鲁木齐等省会城市快速崛起，“强省会”现象明显；③轴带上人口和经济发展最快的城市群体为以西安、郑州为代表的内陆国家中心城市，经济极具活力的杭州湾地区，全国经济中心上海，以及毗邻经济发达地区的合肥；④东陇海地区的连云港、徐州在增速和增量上，势头均较缓慢，其经济要素受周边中心城市“虹吸”影响明显；⑤山东半岛的中心城市济南、青岛正在以中等偏快速度发展，在增速上处于轴带沿线城市的第二梯队；⑥地处大陆腹地的乌鲁木齐和兰州保持了较快发展速度，但总量较低的弱势仍未扭转。

表 4-1 2010—2020 年黄河流域“一字形”主轴带城市人口规模变化

单位：万人

	连云港	徐州	上海	南京	杭州	宁波	合肥	青岛	济南	郑州	西安	兰州	西宁	乌鲁木齐
六普	439	858	2302	801	870	760	746	871	811	863	847	362	221	311
位序	11	5	1	8	3	9	10	2	7	4	6	12	14	13
七普	460	908	2487	932	1194	940	937	1007	920	1260	1295	436	247	405
位序	11	10	1	8	4	6	7	5	9	3	2	12	14	13
十年增量	21	50	185	131	324	180	191	136	109	397	448	74	26	94
增量位序	14	12	5	8	3	6	4	7	9	2	1	11	13	10
十年增速	0.05	0.06	0.08	0.16	0.37	0.24	0.26	0.16	0.13	0.46	0.53	0.20	0.12	0.30
增速位序	14	13	12	8	3	6	5	8	10	2	1	7	11	4

表 4-2 2010—2020 年黄河流域“一字形”主轴带城市经济规模变化

单位：万亿元

	连云港	徐州	上海	南京	杭州	宁波	合肥	青岛	济南	郑州	西安	兰州	西宁	乌鲁木齐
2010 年	0.12	0.28	1.69	0.51	0.59	0.51	0.27	0.57	0.39	0.40	0.32	0.11	0.06	0.13
位序	12	9	1	4	2	4	10	3	7	6	8	13	14	11
2020 年	0.32	0.73	3.87	1.48	1.61	1.24	1.00	1.24	1.01	1.20	1.00	0.29	0.14	0.35
位序	12	10	1	3	2	4	8	4	7	6	8	13	14	11
十年增量	0.20	0.45	2.18	0.97	1.02	0.73	0.73	0.67	0.62	0.80	0.68	0.18	0.08	0.22
增量位序	12	10	1	3	2	5	5	8	9	4	7	13	14	11
十年增速	1.67	1.61	1.29	1.90	1.73	1.43	2.70	1.18	1.59	2.00	2.13	1.64	1.33	1.69
增速位序	7	9	13	4	5	11	1	14	10	3	2	8	12	6

4.4.2.2 “一字形”主轴带沿线地区的演变特征

东陇海地区桥头堡地位下降风险加大。新亚欧大陆桥，又名“第二亚欧大陆桥”，是指东起中国连云港、西至荷兰鹿特丹的国际化铁路干线，中国国内部分为陇海—兰新线。该国际陆桥于1992年开始运营，国家对陆桥的经济带动作用寄予厚望。在此背景下，陇海—兰新经济带成为我国“π”形国土开发战略中的一级轴线(另外为沿海和沿江轴线)，连云港作为欧亚大陆桥桥头堡的地位也由此而来。但经过多年的发展，连云港的城市规模和港口能级始终未能达到当初设定的理想目标，其与大陆桥西端港口城市鹿特丹的差距极为悬殊。

连云港能否成为经济大动脉上的桥头堡，除了交通区位因素外，更重要的因素是自身经济实力。在现实中，由于连云港的城市规模过小，周边地区经济整体发展水平不高，其对经济要素很难产生强大的吸附能力和集聚效应。上海作为中国最大的商业中心，拥有沿海沿江双重区位优势，是内陆腹地与海外市场的贸易中枢。同时，经济发达的长三角地区为上海提供了强大的腹地支撑。事实上，从节点徐州开始，大陆桥的经济要素通道就发生了变化，形成了支线，即不完全向东延伸至连云港，而是向东南方向沿京沪线经南京直至上海，上海对连云港的桥头堡地位产生了“袭夺”作用。连云港在国家东西向流通中的地位并没有凸显，其作为欧亚桥头堡的实质作用仍然有限。严格来说，上海才是实际意义上的桥头堡。也正因此，徐州成为欧亚陆桥向上海方向延伸的重要节点，在原发展格局中其枢纽功能十分重要(见图4-13)。

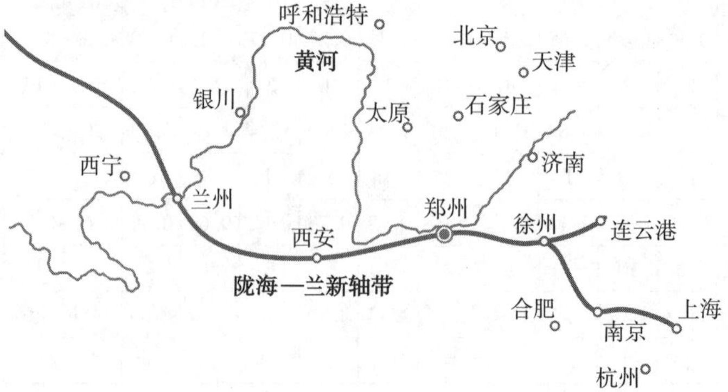

图4-13　原格局下黄河流域“一字形”主轴带(新亚欧大陆桥)示意

2013年后，国家相继实施新一轮重大发展战略。长三角地区一体化加速，尤其是合肥与杭州湾地区快速崛起。黄河国家战略实施后，山东半岛融入黄河流域经济圈层、加深与上游地区经济联系的需求空前增强。同时，日照—兰考高铁的开通，将使东陇海地区出现新的陆海通道，加之上海、南京、杭州、宁波、合肥、济南、青岛等大型中心城市的主导作用，连云港、徐州在城市规模与经济辐射能力上远不能与其抗衡，东陇海地区（连云港与徐州）的桥头堡地位下降风险急剧加大。

合肥与杭州湾地区快速崛起。合肥近年来的快速崛起得益于三个方面：一是经济地理区位优势。合肥充分利用了毗邻长三角的空间近邻优势，加深与发达地区的合作，大量承接产业转移。二是产业发展优势。合肥被称为"中国最牛风投城市"，依托深入考察和大胆实践，合肥先后培育和引进了科大讯飞、京东方、合肥长鑫、力晶科技、蔚来汽车等知名企业，在十几年时间内整合起新兴技术产业链，成功打造面板、集成电路、软件、新能源汽车等高新技术产业，实现城市产业结构的跃升。三是高铁枢纽优势。得益于高铁网络布局，合肥迅速成为华东地区极为重要的高铁枢纽，其通达能力大幅度提升，交通优势度已和南京不相上下。

近年来，杭州湾地区经济迅猛发展，成为全国新型经济的创新源地和中枢。宁波—舟山持续保持着全国极为重要的港口地位和外贸优势，杭州则培育了"阿里系"、海康威视、新华三集团等一大批高新技术企业，并吸引了网易等外省企业的总部落户。鉴于经济发展的活力，杭州被舆论评为"中国下一个一线城市"。

2019年底，郑合高铁开通，郑州与合肥及杭州湾地区实现高铁线路直线式连接，三地之间、陇海—兰新沿线与杭州湾地区间的交通便捷度大幅度提升。合肥与杭州湾地区的崛起，以及高铁线路的布局，实际上对大陆桥支线产生了重塑，即徐州—南京—上海支线演化为郑州—合肥—南京—上海支线和郑州—合肥—杭州—宁波双支线。

山东半岛加速融入黄河流域经济主轴带。长期以来，黄河流域内部经济联系不够紧密，山东作为黄河流域唯一的沿海省份，对上游地区的经济辐射和经济互动力度仍然不足。按照国家要求，山东半岛要发挥龙头带动作用，必须增强与腹地的经济联系，强化腹地的支撑作用。一方面，山东亟待提升港口与黄河流域腹地间的集疏运网络和物流联系，增强其在黄河流域的门户功能；另一方面，山东应加速打通与中原地区的交通大动脉，加快融入黄河流域骨干轴带，加强与沿线地区的经济合作和人员往来。随着黄河国家战略的推进和未来郑济高铁的开通，黄河流域骨干轴带将由当前的兰新—关中—中原—东陇海一线，转变为西宁—兰州—西安—郑州—济南—青岛一线，由省会、副省级城市等大型中心城市构成的新主轴带将加速形成(见图 4-14)。实际上，从 2014 年开始，青岛市已开始大力建设欧亚大陆桥桥头堡。而在《山东半岛城市群发展规划(2016—2030 年)》中，已明确将山东半岛定位为新亚欧大陆桥东方桥头堡、黄河流域龙头城市群。

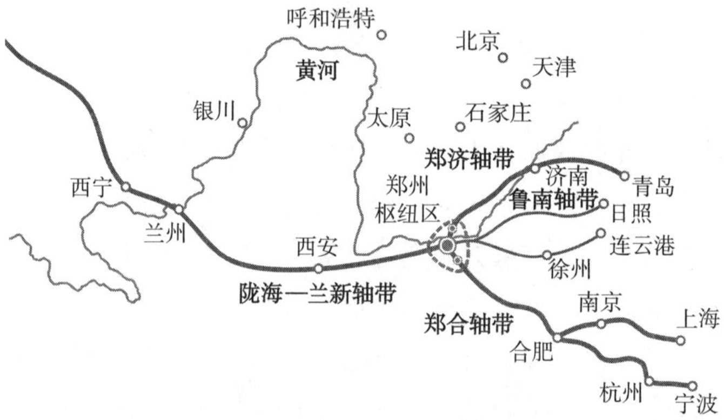

图 4-14　新发展格局下黄河流域“一字形”主轴带示意

4.4.3　郑州枢纽区的形成与打造

郑州枢纽区的具体架构为“一主两副”，即以郑州主城区为中心，以新乡主城区和郑州航空港区为副中心。依托郑州东站、新乡东站、郑州南站等大型高铁站，以及郑州、新乡班列货运站场等为主要支撑平台，郑州形成具有客、货集疏运优势的地理中枢地带，在此基础上成为黄河流域面向沿海地区吸引优质经济要素的重要集聚空间和经济活动中心。郑州枢纽区主要包含三个层面的内涵，即黄河流域主经济轴带的控扼中枢、国家陆海联动发展的重要经济中枢、黄河流域生态保护与高质量发展的重要节点。郑州枢纽区的打造有助于优化黄河流域“一字形”主轴带、提升黄河流域经济地位、促进区域协调发展。

4.4.3.1 郑州—新乡地区将成为黄河流域“一字形”主轴带的控扼中枢

在新的发展格局下，黄河流域“一字形”主轴带发生了四大变化(见表4-3)：一是主轴带的空间形态由“一主一支”变为“两主两支”，即郑州—新乡—济南—青岛轴线形成新的主线，东陇海轴线下降为支线，兰考—日照轴线形成新的支线，郑州—长三角轴线的重要性得到凸显。东陇海地区的地位将进一步被弱化，山东半岛在黄河流域的融合度将得到加强，长三角对黄河流域的经济引力将进一步强化。二是黄河流域“一字形”主轴带将形成多个桥头堡。青岛代替连云港成为黄河流域中心桥头堡，上海和杭州湾地区亦承担着重要桥头堡功能。三是郑州—新乡借助郑西、郑济、郑合、京广等国家骨干高铁交会的优越区位，将取代徐州成为黄河流域主经济轴带枢纽区，并成为黄河流域上游(乃至新疆地区)与桥头堡地区间的控扼中枢。四是济南、西宁、合肥等城市将成为轴带上的重要节点。

表4-3 新发展格局下黄河流域“一字形”主轴带空间结构对比

黄河流域经济主轴带	主线方向	支线方向	枢纽区	桥头堡	重要节点
原发展格局	陇海—兰新线(新亚欧大陆桥)	京沪线徐州—上海段	徐州	连云港(名义)；上海(实质)	乌鲁木齐、兰州、西安、郑州、南京
新发展格局	兰新—西兰—郑西—郑济高铁线	郑徐—徐连高铁线 郑州—兰考—日照高铁线 郑合—合宁—沪宁高铁线；郑合—合杭高铁线	郑州(郑州主城区—新乡主城区—郑州航空港区)	青岛；上海；杭州湾；连云港；日照	乌鲁木齐、西宁、兰州、西安、济南、合肥、南京

4.4.3.2 郑州枢纽区将成为国家陆海联动发展的重要中枢

中国从古至今，文明从未中断，统一时期国家的版图往往拥有较大的国土体量。其重要原因之一在于，中国拥有较为稳定的核心经济区(冀朝鼎，2014；杨军，2007)。按照国家核心经济区的空间结构演进特征，国家经历了“三角形”(西安—北京—南京)、“中轴式”(北京—杭州)、“弓形”（北京—上海—广州）的演进（杨军，2007），正进入“菱形”结构阶段。在以往，郑州是国家核心经济区内的普通节点，其地位远不及周边的洛阳、开封、西安等城市。在“菱形”结构框架中，郑州枢纽区将成为山东沿海和江浙沪沿海与西北内陆地区经济要素互动的重要枢纽，也是连接关中城市群与山东半岛城市群、京津冀城市群与长江中游城市群、长三角城市群与山西中部城市群的中枢地带。在陆海联动发展深入推进的过程中，海洋方向的开放优势与内陆腹地的资源、市场、人口优势将更加深入地进行相互作用，“海权”的力量将持续引领国家经济发展，“陆权”的优势将逐渐复兴，郑州枢纽区将成为海洋与内陆经济要素场强作用的中心，战略地位极为重要。根据2021年国家印发的《国家综合立体交通网规划纲要》，“附件：国家综合立体交通网主骨架布局示意图”中首次出现了“菱形结构”形态，这与国家核心经济区空间结构的演进规律相一致。

4.4.3.3 郑州枢纽区将成为黄河流域生态保护与高质量发展的重要节点

郑州、新乡分布于黄河南北岸边，亦是黄河中、下游的分界地带，在实施黄河流域国家战略中具有先天的地理优势。随着郑州枢纽区成为黄河流域经济主轴带的控扼中枢和国家陆海统筹的重要中枢，其在黄河流域战略中的地位更加凸显，郑州、新乡通过协同发展，将成为黄河流域生态保护与高质量发展的重要节点和典型的示范区。为呼应在全国战略地位不断凸显的趋势，郑州枢纽区着眼建构高标准的生态保护与高质量发展体系。在区域规划优化、管理制度创新、环境协同治理、国土协同美化、产业协同布局等方面，郑州要构建更适配郑州枢纽区的顶层设计，坚持以生态保护优先促绿色发展；既要保护到底，又要发展到位，加快打造成具有全国影响力的黄河流域生态保护与高质量发展示范区。

4.4.3.4 提升经济“塔尖”布局，打造黄河流域经济极核和开放高地

经济“塔尖”布局指在某一区域内筛选若干城市，布局该区域内极具比较优势和发展潜力的战略性支柱产业，从而引领整个区域的经济发展。经济“塔尖”布局是塑造区域产业在全国拥有强大竞争力的重要手段。黄河流域在全国层面上的经济竞争力整体不足，缺乏极具经济规模和影响力的经济极核，亟须培育高质量的经济极核，而郑州枢纽区已具备显著的人口、

经济规模以及战略区位优势。

从经济要素空间分布规律来看，知识密集型高附加值产业环节具有较强的向心性，往往聚集在大型中心城市或科技专业型城市；资源密集型制造产业环节则大量散布在外围区域；文化旅游产业则集中于文旅资源丰富城市和大型中心城市。当前，新乡拥有较好的先进制造业基础，但与“塔尖”水平尚有一定距离（见表4-4）。但在新的发展格局下，郑州枢纽区依托其在全省、全国的重要战略地位，可将新乡的先进制造业、交通物流业、创新研发与郑州联动纳入经济“塔尖”布局。具体措施如下：郑州与新乡在先进制造业和交通物流业方面形成统一的规划布局，统一配套产业体系、创新体系，加强郑州—新乡枢纽区内部的协同意识和协作水平；郑州枢纽区要加快做大做强国际性交通物流枢纽，强化在国家和大区域层面的交通物流优势，提升新乡在郑州都市圈的北部门户功能；郑州枢纽区要率先推进产业链、供应链、创新链、要素链、制度链五链协同，将交通物流优势转化为培育先进制造业、新兴产业的优势，转化为创新能力、开放体系、人才集聚的优势；郑州枢纽区要加快郑洛新国家自主创新示范区平台建设，推动科创资源和创新人才高效集聚，有效补齐科技创新能力薄弱、产业结构不优、主导产业不多、基础承载能力不足等短板。综上所述，郑州枢纽区可依托既有优势，通过创新研发、先进制造业、新兴产业、交通物流等进行大力度培育，将自身打造为黄河流域高质量发展的极核和对外开放高地。

表4-4 郑州枢纽区及周边地区“塔尖”产业布局

城市/产业类别	创新研发	先进制造业	食品产业	交通物流	文旅
郑州枢纽区（郑州）	√	√	√	√	√
郑州枢纽区（新乡）	可培育	可培育	—	可培育	—
开封	—	—	—	—	√
洛阳	—	√	—	—	√
许昌	—	√	—	—	—
漯河	—	—	√	—	—

4.5 赣江流域的区位演变与协调发展

4.5.1 赣江流域宏观交通区位演变

4.5.1.1 传统交通运输时期国家南北交通控扼中枢

中国古代空间结构具有典型的核心—边缘特征（吴怀连，1992），随着时间的推移，核心区在空间上由集中走向分离，伴随着这一过程，赣江流域作为多重功能的复合空间链接区的宏观区位优势逐步凸显。唐朝之前，中国政治、经济的核心地带分布在黄河中下游地区，随着战乱的发生，唐中期开始，国家的政治与经济核心区出现空间上的南北分离，政治中心由长安、洛阳东移至开封，而后北移至北京，经济核心区则向江淮地区及长江中下游地区推移。“安史之乱”后，人口的大量南迁巩固了长三角地区国家经济核心区的地位。而在这一过程中，赣江流域凭借鄱阳湖平原与周边丘陵地带富饶的农业条件，成为人口南迁的重要承接区与开发热点区。隋唐时期海外商贸交往日益繁荣，广州作为国家海上贸易的门户，因进行大量的丝绸、瓷器出口与消费品进口，将从南至北的广大地区拥为腹地（蒋祖缘，1990）。门户与腹地的关系催生广州与北方的社会经济联系趋向密切，加之赣江流域拥有极为发达的内河运输条件，赣江流域由此成为经济核心区、政治核心区与岭南门户地区的空间链接区，具备显著的宏观交通区位优势。

赣江流域的南北交通控扼中枢区位体现在北—南、西北—东南、东北—西南三个运输方向上。在北—南方向上，大运河开通与大庾岭通道拓宽后，大运河—长江—鄱阳湖—赣江—大庾岭—北江—广州南北黄金水道形成，赣江流域成为著名的“京广商道”的重要组成部分（荣朝和，2009）。在西北—东南方向上，洛阳周边地区向南经陆路至“南船北马”的南阳盆地，再由汉江顺流而下直达鄱阳湖，一方面，沿赣江航道可南下广州；另一方面，通过赣江、信江转陆行至崇安、建瓯与建溪相接，或通过赣江、抚河，过杉关至光泽，至邵武与富屯溪相连接可进入福建（俞勇军，

2004）。在东北—西南方向上，杭州周边地区逆钱塘江转陆路进入江西，然后通过信江、赣江和袁水转陆路与湖南、广西等地的河网相连接（许怀林，1988）。赣江流域成为北方至广州、洛阳周边至福建、杭州周边至西南地区的河运枢纽区，九江发展为“三江之口，七省通衢”的水运枢纽，南昌、河口、吴城、樟树、吉安、赣州、大庾、袁州等水陆中转地发展为重要的交通节点，赣江流域的南北交通控扼中枢区位得以牢固确立。

4.5.1.2 近代化交通运输阶段铁路交通的滞后区

鸦片战争之后，上海开辟为商埠，并逐渐取代广州成为最大对外贸易中心。中心门户城市的更迭极大地改变了大区域商品贸易流动方向，长江流域与华北地区对外贸易的人流、货流由南北流向变为东西流向，大量货物向上海汇流，进口货物则由上海散运至其他区域。同时，以铁路运输为代表的近代化交通运输方式的兴起，极大地冲击了内河水运的地位，成为新时期区域交通区位重塑的关键。京汉与粤汉铁路的修建使北京—武汉—长沙—广州一线成为新的南北交通大动脉，武汉成长为极为重要的中转中心，大量华北的货物由武汉通过长江转运至上海出口国外（谭经龙，2008）；湖南则替代江西成为北方至广东的客货运输走廊。而赣江流域铁路交通则表现出滞后与边缘化的显著特征。一是南浔铁路在南北方向上均没有延伸，成为孤立路段，广大赣南地区变为铁路盲区。江西至京九铁路开通，才实现南北铁路贯通，比湖北、湖南、安徽等周边省份滞后了半个多世纪。二是从空间距离来看，福建沿海为江西大部分地区的最近出海口，然而受地形影响，福建长期变为对外铁路盲区，这对赣江流域向沿海方向进行铁路扩展、提升其交通区位，产生了制约。三是浙赣线通车时间较晚，且开通不久抗日战争爆发，影响了赣江流域铁路发展的近代化进程。

从大区域空间结构来看，以上海为中心的长三角地区为国家经济核心区，武汉地区和广州地区成为经济次核心区，武汉—上海与武汉—广州轴线分别构成东南大区域的经济横轴和纵轴。而赣江流域除九江之外，并不在武汉与上海的交通廊道上，且湖北省与武汉至广州大通道相错位，赣江流域在宏观区位上已失去核心区之间的链接区地位。同时，贸易要素流动方向的改变使过境江西的水运货源显著减少，其在南北方贸易中的转运作用明显下降，其传统的水运枢纽区位优势逐步丧失。

4.5.1.3 现代化交通运输阶段周边发达地区间的交通过境区

以高速公路和高铁为代表的现代化快速交通线路的修建往往以重要的中心城市为出发地与目的地，在修建时间和次序上，也体现出较明显的城市层级特征。赣江流域的江西省当前较弱的经济实力与省会城市较低的行政地位，使其交通区位特征更多地表现为周边发达地区间的交通过境区，而并非控扼枢纽区。一方面，江西周边分布着上海、广州两大国家中心城市，武汉、深圳、南京三大国家区域中心城市，以及杭州、宁波、厦门等副省级城市，其周边已形成长三角、珠三角、武汉地区、长株潭、福建沿海等较为成熟的城市群，各城市群构成了东南大区域发展的增长极，江西的城市经济与行政地位和周边中心城市不在同一个层级上。另一方面，长三角、珠三角、武汉地区等东南大区域三大重要支点区之间的主干交通廊道已经建立，江西外部形成了武汉—深圳、深圳—上海、上海—武汉的东南大区域环形骨干高铁带。而赣江流域的高铁网络总体上建设时间相对滞后，在等级上也相对偏低，其交通影响力在一定程度上被周边经济核心区所过滤，而无法展现其在整个交通网络中的控制能力。

4.5.2 赣江流域中心城市对外可达性演变

对外可达性状况是影响交通区位的重要因素(陆锋、陈洁，2008)。在路网数据与空间分析技术支撑下，本书对传统、近代化与现代化交通阶段赣江流域中心城市南昌的对外可达性进行时间序列分析，以把握其可达性演变特征。

4.5.2.1 传统交通运输阶段可达性状况

在传统交通运输阶段，受交通运输方式较为单一、主干路网密度小、不同交通运输方式速度差异较小等因素影响，中心城市的对外可达性往往呈现平缓而非典型的树枝状扩散特征。整体来看，南昌府至周边鄱阳湖平原的运输时间成本在 5 日以内，至赣北、赣中，以及其与湖北、湖南、福建、安徽、浙江交界地带的运输时间成本在 10 日以内，15 日内则可抵达赣南、洞庭湖平原、皖南、闽西等区域，25 日左右可到达国家经济核心区长三角、海上门户广州，以及唐宋时期政治核心区开封、洛阳区域，到达元明清时期政治核心区北京周边地区则需 40 日左右。

整体来看，南昌府对外可达性等时圈均呈现南北方向为长轴的椭圆格局，这表明南昌府对外在南北方向上可达性更为优越，与其南北交通控扼中枢地位相吻合。具体来看，南昌府至北方的优势方向有三个：一是依托长江航道与京杭运河至安庆府、应天府、扬州府、淮安府方向；二是依托长江航道与主干驿道至安庆府、庐州府、凤阳府、徐州府方向；三是依托长江航道与主干驿道至武昌府、汝宁府方向。至南方的优势方向则与河流方向相一致，其主要表现在四个方向上：一是通过修水、主干驿道及湘江水系至袁州府、长沙府进而至桂林府方向；二是逆赣江主航道至吉安府、赣州府、韶州府、广州府方向；三是逆抚河及梅江、韩江至抚州府、汀州府、潮州府方向；四是通过信江、建江至广信府、延平府、福州府方向。

4.5.2.2 近代化交通运输阶段可达性状况

在近代化交通运输阶段，得益于火车、公路等运输方式的兴起，中心城市对外可达性的时间成本大幅度降低。至民国时期，江西周边省份的骨干铁路网络及公路网络已经初步成型，但仍然表现出极为明显的不均衡性。南昌至包括九江、抚州、鹰潭、新余、宜春在内的赣北大部分地区的时间成本在 12 小时以内，24 小时的可达性范围则可覆盖长沙、株洲、岳阳、武汉、合肥、杭州、赣州等重要中心城市与交通枢纽，36 小时内则可到广州、福州、上海、南京、徐州、开封、郑州、洛阳等中心城市，60 小时内可抵达北京、天津。

从等时圈状况可以看出，在近代化交通运输阶段，南昌在东西方向上的可达性得到显著提升，主要是浙赣铁路的开通，以及至长沙方向骨干公路的修建。同时，至南方，以及东北方向的可达性已开始表现出相对滞后的特征。赣南、厦门、南京均位于 24 小时等时圈上的低洼地带，这主要是由于南昌至以上方向均没有铁路修建，其为铁路盲区。同时，武夷山与南岭地区的连片山区地形对南昌至岭南及福建沿海的公路可达性产生了制约。

4.5.2.3 现代化交通运输阶段可达性状况

以2000年与2013年的路网为基础，对南昌、武汉、长沙、合肥等四个中部省会城市进行对外可达性对比分析。2000年，武汉、南昌、长沙、合肥至东南大区域省会及副省级以上中心城市的平均可达性时间分别为10.24小时、7.25小时、9.45小时、11.52小时，其中南昌的时间成本最低，这与其在东南大区域居中性较好的优势相吻合，合肥则时间成本最高，对外可达性相对滞后。2013年，四省会城市的对外平均可达性分别为4.17小时、4.72小时、4.59小时、4.52小时，南昌的对外时间成本反而最高，武汉降为最低。从时间成本下降幅度来看，2000—2013年下降率分别为59%、35%、51%、61%，南昌下降幅度最低，而武汉、长沙、合肥下降幅度均超过50%，其中，合肥下降幅度最高。从至东南大区域最大时间成本变化来看，武汉对外可达性提升率为41%，南昌为36%，长沙为37%，合肥为42%，仍然是南昌最低，合肥最高。

从南昌自身的可达性变化来看，2000—2013年其可达性的提升主要在福州、杭州、长沙、武汉四个方向上最为突出，这主要得益于向莆铁路的修建及沪昆铁路杭州至长沙段、武九铁路的电气化改造，使南昌至以上四个方向上均开行了动车。尤其是向莆铁路使南昌至福州的火车通行时间由之前的14小时压缩至3小时，可达性提升尤为明显。而在珠三角方向上，2000—2013年南昌至广州、深圳的平均时间由10.35小时下降至7.17小时，可达性提升幅度有限，其主要原因在于南昌—赣州—深圳客运专线仍处于规划之中，同时南昌未开通至珠三角的动车。在长三角北翼方向上，得益于高速公路网络的完善，南昌至南京、合肥的平均可达性时间由6.4小时下降至5.1小时，但受九江至合肥、南京方向缺失高铁的影响，因而时间成本下降有限。从整体来看，现代化交通运输阶段南昌的对外可达性格局已演化为东西方向相对优越、南北方向相对滞后。

4.5.3 交通区位演变下的赣江流域发展特征

从传统交通运输阶段到现代化交通运输阶段，交通运输方式经历了由简单到复杂、由低级到高级的发展过程。因此，不同的交通运输阶段，交通区位对区域发展的驱动作用既表现出一定的共性，也存在显著差异，各阶段区域发展表现出不同的特征。

4.5.3.1 传统运输阶段商贸全面繁荣

传统运输阶段，赣江流域优越的交通区位为本地货物的集散与外销创造了极大的便利，同时带来了转运贸易的繁荣，交通沿线节点城镇快速发展。该阶段赣江流域形成了以鄱阳湖平原为中心的粮食主产区，以赣北、赣东山区为中心的茶叶出产核心区，以景德镇为中心的陶瓷制造区。在粮食运销方面，唐中期之后，江西成为朝廷的主要粮食供给区。据史料记载，唐德宗贞元初(公元785年)，江西、湖南、鄂岳、福建、岭南米亦百二十万石(欧阳修、宋祁，1975)。北宋时期江西洪饶十三州每年漕米合计在148万石左右，南宋时期达到200万石，“惟本朝东南岁漕米六百万石，……江西居三分之一，则江西所出尤为多”(吴曾，1979)。明朝时期江西年输漕米260万石，仍居全国第一位。在食盐内销方面，赣南食广盐，由大庾岭商路运入，其他地区则由至长江下游的漕粮船返航时从扬州将淮盐运回分销，南宋时期食盐年度运量达4000万斤(徐松，2014)。在茶叶运销方面，江西、皖南和福建等地区茶叶由各集散中心装船运经赣江、昌江、抚河、修水等不同河道汇集九江，再沿长江东、西方向外销。便利的外销水运网络刺激了茶叶种植，北宋时期江南共15个产茶州县，10个分布在江西。南宋时期江西产茶463万余斤，位居全国第一(梁太济、包伟民，2008)。元朝在九江设立江南地区榷茶都转运司，明朝则发展为全国三大茶市之一。在陶瓷运销方面，景德镇陶瓷沿昌江航道运至九江，再转运至南京、扬州出海，或通过赣江运至广州港以及通过抚河水陆转运至漳州、潮州港口销往海外。出海交通的通畅和便利刺激了本地陶瓷的生产，景德镇逐步发展为“瓷都”。粮食、茶叶、陶瓷等货物外运及广州港进口货物的北运都为江西的转运业提供了充足的货源，一大批水陆中转市镇、商品集散中心与造船基地发展起来，宋元时期已形成九江、南昌、赣州三大城镇，景德镇、樟树镇、河口镇、吴城镇、玉山、吉州、大庾等都成为知名的商贸市镇。传统交通运输阶段江西的区域发展繁荣局面持续至清朝前期，其社会经济水平领先于福建、广东和湖南等周边地区。

4.5.3.2 近代交通运输阶段工业化进程滞后

近代是赣江流域发展的转折期，其工业化进程的滞后与区域衰落局面的出现是多方面因素作用的结果，而近代交通运输阶段边缘化的交通区位是一重要驱动因素。近代交通运输阶段到来后，轮船逐步取代木船成为长江航线上的重要运输方式，洋货大量输往九江商埠。洋货的倾销使江西的本土商品受到严重冲击，造成近代工业化资本积累十分薄弱。而水运交通区位的下降与铁路建设的落后又在一定程度上阻碍了江西近代工业企业的集聚与外界资本的进入。从赣江流域近代工业化的特点来看，一方面，近代工业落后于同时期全国的工业发展水平。江西在1904—1907年全国近代工业兴办的第二次高潮中才开始启动，与全国相比晚了30多年。截至1911年，江西资本万元以上的企业数量不到全国的2%，资本所占比例不到1.4%(姜良芹，1999)。另一方面，从周边地区来看，极具交通区位优势的武汉成为近代工业企业与外国资本的集聚地，并成长为大区域经济中心，对周边的“虹吸”效应趋向明显，虽然省内对外交通相对较好的南昌、九江、萍乡有部分企业集聚，但是仍难以摆脱这一境况。加之东南沿海省份依托地处对外贸易前沿地带的优势，加快近代工业化进程的步伐，使得江西的近代工业化进程明显滞后于周边地区，而进入区域发展的衰落期。

4.5.3.3 现代化交通运输阶段经济发展边缘化

现代化交通运输阶段，赣江流域的宏观交通区位与可达性特征对其区域经济发展产生了显著的不利影响，成为经济发展边缘化的重要驱动因素。其原因主要表现在两个方面：一是在与长三角及珠三角的空间对接上，由于江西在南北方向可达性上的滞后及自身经济实力较弱，导致在与周边省份的空间竞争中处于弱势，影响其与发达地区的空间对接效果；二是周边中心城市的对外可达性较好与综合实力较强，导致赣江流域变为周边中心城市的共同影响区，南昌的核心腹地范围被严重挤压。

对接长三角、珠三角的竞争力偏弱。作为欠发达地区，中部省份与沿海城市群的对接尤为重要，而南北方向的可达性相对滞后的特征，使江西在与周边省份的空间竞争中处于被边缘化的不利地位。江西与安徽虽同时毗邻长三角，但 2000—2013 年，合肥至长三角城市群各中心城市的平均可达性由 4. 95 小时降为 2. 28 小时，两者的经济联系强度则由 10. 5 万度剧增至 648. 7 万度。受南昌至长三角北翼地区可达性滞后的影响，南昌对长三角城市群的平均可达性由 7. 3 小时下降至 5. 2 小时，两者的经济联系强度由 3. 9 万度增至 356. 0 万度，与合肥的绝对差距进一步加大。江西与湖南虽同时毗邻珠三角，但 2000—2013 年，南昌至珠三角城市群各中心城市的平均可达性仅由 10. 35 小时降为 7. 17 小时，两者的经济联系强度由 1. 4 万度增至 141. 7 万度，而长沙的平均可达性则由 8. 1 小时降至 2. 61 小时，两者间的经济联系强度则由 4. 45 万度陡增至 556. 20 万度，增加 124 倍左右。可见，南昌与长沙在与珠三角的空间对接上已不是一个量级，并且差距呈扩大趋势。就武汉来看，其至长三角城市群各中心城市的平均可达性由 10. 68 小时压缩为 4. 62 小时，两者的经济联系强度则由 7. 5 万度增至 367. 5 万度。其至珠三角的平均可达性由 11. 85 小时压缩为 3. 99 小时，经济联系强度则增加了 106 倍，由 3. 1 万度升至 331. 1 万度。可见，2000—2013 年，在长三角与珠三角城市群方向，南昌在可达性上相对于武汉的优势已被完全逆转，南昌在经济联系强度上与武汉的绝对差距也在逐渐扩大。

由以上分析可知，武广、广深、武汉—上海等干线高铁的开通显著压缩了长沙、合肥、武汉至长三角与珠三角城市群的时间成本，并极大地增强了其与沿海城市群的经济联系，而南昌至珠三角与长三角北翼等南北方向上可达性的滞后性，制约了其与沿海城市群的经济联系强度。武汉—合肥—南京—上海轴带与武汉—长沙—广州—深圳轴带成为东南大区域腹心区对接沿海的主导链接带，而江西的区域经济发展则呈现被边缘化的态势。对江西而言，其应争取规划中的九江—安庆—合肥高铁及昌吉赣深客运专线开工建设权，同时加快推进武九高铁，使江西与安徽、湖北、广东等周边省份骨干高铁网络相衔接，以改变南北方向高铁通道“盲肠区”的现状，并促进江西充分释放毗邻沿海发达地区的地理优势，逐步扭转经济发展边缘化的被动局面。

中心城市辐射能力不强。在现代化交通运输阶段，赣江流域较弱的经济实力，以及宏观交通区位的“过境效应”导致其更易被周边强中心城市所辐射，这使得赣江流域空间结构趋向离散化，从而不利于区域经济的发展。本书利用引力模型测算江西各地级城市至周边中心城市的空间联系强度，并选取最大强度方向作为主导联系方向。如表 4-5 所示，江西各地市的对外联系主导方向呈现显著的离散特征，赣西趋向长沙、赣东趋向上海、赣南趋向广州，赣北则由趋向武汉转为趋向南昌。可见，江西不同方向上的门户区域大都变为区外各中心城市的经济影响区，这种格局造成省会南昌辐射能力被弱化，使其难以带动全省的发展，不利于其核心增长极的培育，并难以凸显其在全国城镇体系中的地位。为了进一步识别江西省中心城市在周边大区域范围内的辐射能力，本书以江西周边 8 省 1 市共 629 个县域的人均 GDP 为研究对象，使用 G 指数热冷点分析得到区域经济热冷点格局(见表 4-6)。结果表明，2000—2013 年，江西周边大区域内，存在长三角、珠三角、福建沿海、长株潭、宜昌地区、武汉地区等多个空间经济热点区与次热区，而江西全省变为冷点区与次冷区。虽然昌九走廊地区，以及南昌—新余—萍乡沿线地区由冷点区转为次冷区，但是江西整体上仍处于被周边经济较发达区所包围的经济低谷带中，经济边缘化局面十分明显。可见，南昌在大区域中的空间极化作用难以凸显，未能较好地发挥对江西省发展的带动作用。

表 4-5　2000 年、2013 年赣江流域(江西省)各地市对外主导联系方向

2000 年	2013 年
新余→南昌	新余→南昌
抚州→南昌	抚州→南昌
鹰潭→南昌	鹰潭→南昌
吉安→南昌	吉安→南昌
九江→武汉	九江→南昌
景德镇→武汉	景德镇→南昌
萍乡→长沙	萍乡→长沙
宜春→长沙	宜春→长沙
上饶→上海	上饶→上海
赣州→广州	赣州→广州

表 4-6 赣江流域周边地区的 G 指数热冷点格局

G 指数格局	主要空间片区					指示意义
热点区	苏南	上海	杭州湾	珠江湾	厦门	经济高峰
冷点区	赣东北	赣西北	赣南	—	—	经济低谷
次冷区	南昌—九江	新余—宜春—萍乡	—	—	—	
次热区	武汉	长株潭	皖江	福州—莆田	闽西南	经济次高峰

4.5.4 赣江流域发展机制与协调发展应对

4.5.4.1 交通区位演变下的赣江流域发展机制

区域发展的总体态势演进取决于多种要素的综合作用结果，而交通区位的影响十分关键。本书通过对赣江流域交通区位演变与区域发展总体特征的梳理，发现交通区位演变与区域发展的作用关系是一个多要素诱发、多要素驱动、多特征响应、多模式表现的动态过程，其具体表现为成因层、演变层、作用层、效应层、反馈层 5 个层面(见图 4-15)。

(1)成因层。交通区位的变动不是偶然发生的，而是有其驱动因素与驱动力的。交通运输方式演进、交通基础设施布局、国家核心区与门户城市变动，以及邻近地区的发展格局变动都是诱发交通区位变动的因素。首先，交通方式存在由简单到复杂、由低级到高级的演进过程，在不同阶段，其演进状况必然对交通区位产生不同的扰动。交通方式演进本身是科技进步的产物，因此，交通区位的演变呈现鲜明的科技进步驱动力。其次，交通基础设施的布局直接影响区域的交通条件，进而影响交通区位状况。最后，国家核心区与门户城市的变动直接影响区域宏观区位状况，而邻近地区发展格局的变动，尤其是邻近中心城市的崛起与衰落则可能引发区域相对位置及空间关系的改变，两者在一定程度上制约着交通区位的演变趋势，并呈现空间结构驱动力在交通区位演变中发挥极大作用的特征。

(2)演变层。交通区位的演变特征主要表现在可达性特征、线路与节点区位特征、区域空间链接特征演变等方面。其中，可达性特征演变主要反映区域不同方向上对外交通便捷程度的变化，线路与节点区位特征具体包含线路等级、方向、密度与节点的控扼能力、数量、规模等基本特征。

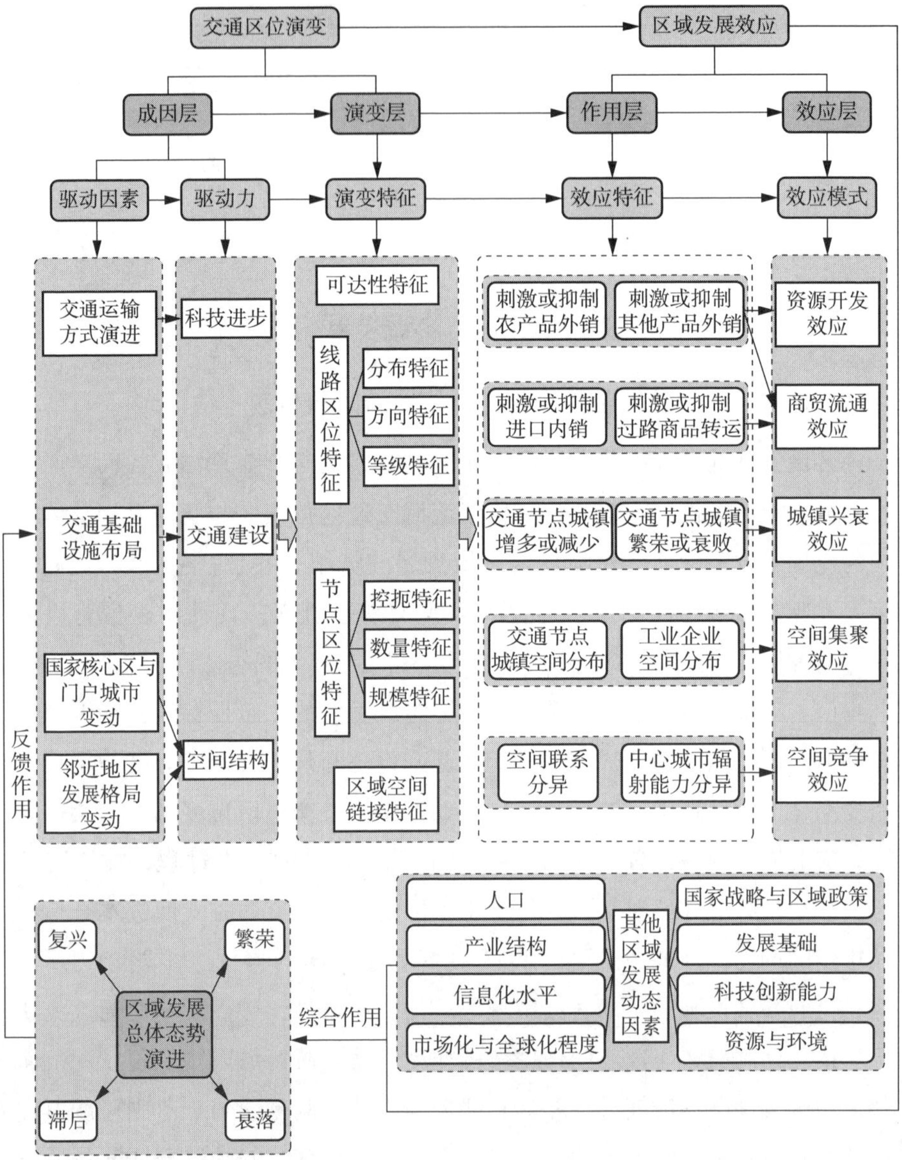

图 4-15　交通区位演变与区域发展的作用关系

而区域空间链接特征体现在大区域维度上的交通战略地位上。

(3)作用层。交通区位的演变对区域发展的驱动作用表现在多种区域发展特征上。对外交通的通畅程度和成本高低不仅直接影响本地产品的规模化生产与外销，还影响对区外产品的进口与内销，以及过境商品的转运状况。同时，交通区位演变的不同阶段，节点城镇的数量、发展质量与空间分布状况均处于变化之中。进入近代之后，中国交通区位的变动对工业企业的分布特征产生了一定的影响。此外，由于交通线路区位的变动，区域的内外可达性状况发生了改变，进而对区域的空间联系格局造成直接影响，并影响区域和外部的空间对接与竞争状况，以及中心城市的辐射能力。

(4)效应层。交通区位演变所引致的区域发展特征状况，可归纳为不同的效应模式，主要包括五个方面：一是资源开发效应。农产品与其他产品外销量的激增，促进农业资源与矿产资源的大规模开发，如唐代之后赣江流域粮食与茶叶的大量外销，促使农田开发面积与茶叶种植面积的不断攀升，促进了平原地区与丘陵山区的开发。景德镇陶瓷的大规模外销促进了瓷石矿与高岭土资源的开发，近代萍乡至株洲铁路的开通，刺激了萍乡煤矿的更大规模开采和外运。二是商贸流通效应。区域产品的外销、进口产品的内销，以及过境商品转运业的迅猛发展，均促进商品在区域间的贸易流通，有助于促使赣江流域贸易繁荣局面的形成。三是城镇兴衰效应。交通区位演变对交通节点城镇的兴衰作用十分明显。不少水陆中转城镇依托优良的交通区位而进行发展壮大，而当其交通区位条件下降时，节点城镇的商品集散能力与货物转运量也随之下降，城镇进而逐步衰落。四是空间集聚效应。受交通区位的制约，交通节点城镇与工业企业的空间分布呈现显著的空间集聚特征。河流交汇区，水陆中转区，港口、铁路等路网枢纽区往往是诞生重要交通节点城镇的理想场所。五是空间竞争效应。区域在发展过程中，与周边区域的空间竞争难以避免。交通区位的变动一方面影响区域与邻近区域在对接外部发达地区上的空间竞争，另一方面影响中心城市的辐射能力。

(5)反馈层。交通区位演变虽引发一定的区域发展效应，但区域发展是多因素综合作用的结果。交通区位演变与人口、资源与环境、国家战略与区域政策、产业结构、发展基础、信息化水平、科技创新能力、市场化与全球化程度等诸多因素的动态变化共同驱动区域发展总体态势的演进。同时，区域发展状况的变动可能导致区域交通条件重新发生变化，区域发展格局的差异也可能诱发其与周边地区空间关系的改变，区域发展新态势对交通区位演变反馈作用的显现，成为推动新一轮交通区位演变与区域发展效应的新因素。

4.5.4.2 赣江流域与周边地区协调发展的应对

与赣江流域高度重叠的江西是全国唯一同时毗邻长三角、珠三角和福建沿海等发达地区的省份，但赣江流域的经济发展却未充分释放显著的空间邻近优势，反而变为经济低谷。针对该现象，可以解释为，首先，近代以来，传统交通区位优势的丧失导致的区域衰落使赣江流域构筑了较弱的发展基础。其次，南北方向上可达性的滞后与湖南、安徽、湖北等周边地区空间竞争的存在，使其对接长三角与珠三角的能力相对偏弱。最后，对外主导联系方向相对分散的特征导致江西省内发展缺乏向心力，使赣江流域在不同方向上变为区外中心城市的影响区，这进一步弱化了流域中心城市，即南昌的辐射能力，使其难以较快地培育以南昌为中心带动流域发展的城市群与增长极，以至于在国家发展格局中难以凸显其地位。因此，在“一带一路”建设与长江经济带建设的机遇下，一方面，赣江流域应加快与周边高铁网络的衔接，将南昌打造成重要的高铁枢纽和带动江西发展的核心增长极。另一方面，乌鲁木齐—西安—武汉—九江—南昌—福州—台北轴带作为“一带一路”两大核心省份的链接带，将成为国家西北门户至东南沿海的重要开发轴带，赣江流域位于该轴带与沪昆轴带的交叉区域，战略地位十分明显，因而应有针对性地加强其与西北、西南门户地区，以及长三角与闽台地区的协作，将赣江流域打造成国家陆海联动、双向开放的重要协作区域，以提升其在国家发展格局中的地位。

5 城市群与都市圈：经济核心区的协调发展

5.1 案例区的选取与研究价值

5.1.1 案例区概况

5.1.1.1 黄河流域城市群与都市圈

近年来，黄河流域规划和发展了多个城市群，自下游至上游主要分布着山东半岛、中原、关中、山西中部、呼包鄂榆、宁夏沿黄、兰州—西宁七大城市群。整体来看，黄河中、下游的城市群规模及发展程度均明显高于黄河上游地区。

山东半岛城市群拥有济南、青岛、临沂、烟台、淄博、济宁、潍坊 7 个大城市，枣庄、威海、滨州、德州、聊城、菏泽、东营、日照、泰安、即墨、新泰 11 个中等城市，80 多个小城市和超过 1000 个建制镇。其中，济南、青岛为城市群的双中心城市。山东半岛城市群位于与东北亚区域合作的前沿阵地，经济发展水平较高、产业基础雄厚、城镇体系较为完善、综合交通网络发达，是发展较为成熟的城市群。其发展定位为：新亚欧大陆桥东方桥头堡、黄河流域龙头城市群、我国北方和华东重要开放门户；京津冀和长三角重点联动区；具有国际竞争力的山东蓝色经济示范区和高效生态经济区；环渤海地区的重要增长极。

中原城市群包括河南省的郑州、开封、洛阳、南阳、安阳、商丘、新乡、平顶山、许昌、焦作、周口、信阳、驻马店、鹤壁、濮阳、漯河、三门峡、济源，山西省的长治、晋城、运城，河北省的邢台、邯郸，山东省的聊城、菏泽，安徽省的淮北、蚌埠、宿州、阜阳、亳州等5省共30个地级市，土地面积为28.7万平方千米。中原城市群地处全国“两横三纵”城市化战略格局陆桥通道与京广通道交会区域，“米”字形高速铁路网和现代综合交通枢纽格局正在加速形成，立体综合交通网络不断完善，装备制造、智能终端等产业集群优势明显，物流、旅游等产业具有一定的国际影响力。其发展定位为中国经济发展新增长极、全国重要的先进制造业和现代服务业基地、中西部地区创新创业先行区、内陆地区双向开放新高地和绿色生态发展示范区。《中原城市群发展规划》于2016年被国务院批复。

关中平原城市群面积为10.71万平方千米，其规划范围包括：陕西省的西安、宝鸡、咸阳、铜川、渭南5个市，杨凌农业高新技术产业示范区及商洛市的商州区、洛南县、丹凤县、柞水县；甘肃省的天水市及平凉市的崆峒区、华亭县、泾川县、崇信县、灵台县和庆阳市；山西省的运城市（除平陆县、垣曲县）、临汾市的尧都区、侯马市、襄汾县、霍州市、曲沃县、翼城县、洪洞县、浮山县。关中平原城市群的发展定位为，向西开放的战略支点；引领西北地区发展的重要增长极；以军民融合为特色的国家创新高地；传承中华文化的世界级旅游目的地；内陆生态文明建设先行区。《关中平原城市群发展规划》于2018年被国务院批复。

山西中部城市群由太原、晋中、忻州、吕梁、阳泉5个市组成。山西中部城市群发展的主线是统筹5个市的比较优势，推动资源优势互补、功能合理分工、基础设施互通、产业布局协调联动、生态环境共建共享、人民生活共同富裕，形成一体化发展新格局。其中，山西中部城市群中心城市将被打造为国家区域中心城市、国家物流枢纽和重要的临空经济城市，逐步成为全国创新高地、产业高地、人才高地、开放高地。

呼包鄂榆城市群包括内蒙古自治区的呼和浩特市、包头市、鄂尔多斯市和陕西省榆林市，土地面积为17.5万平方千米。呼包鄂榆城市群将按照城市协同、城乡融合、约束有效、资源环境可承载的要求，依托中心城市、黄河水道和生态地区，构建“一轴一带多区”（呼包鄂榆发展轴、沿黄生态文化经济带、生态综合治理区）的空间格局。呼包鄂榆城市群的发展定位为，全国高端能源化工基地、向北向西开放战略支点、西北地区生态文明合作共建区、民族地区城乡融合发展先行区。《呼包鄂榆城市群发展规划》于2018年被国务院批复。

宁夏沿黄城市群主要包括银川市、石嘴山市、吴忠市、中卫市。在空间发展目标上，银川市将推动主城区与永宁、贺兰县同城化发展，着力打造黄河“几”字弯宜居宜业区域中心城市。石嘴山市重点推进大武口、平罗、沙湖区域一体化发展；吴忠市推进利通区、青铜峡市同城化发展；中卫市推动卫宁一体化发展。以上地区的一体化发展，将引导宁夏人口和经济向以银川为中心的沿黄城市群集聚。

兰州—西宁城市群以兰州市、西宁市为中心，其范围包括甘肃省兰州市，白银市的白银区、平川区、靖远县、景泰县，定西市的安定区、陇西县、渭源县、临洮县，临夏回族自治州的临夏市、东乡族自治县、永靖县、积石山保安族东乡族撒拉族自治县，海东市，海北藏族自治州海晏县，海南藏族自治州的共和县、贵德县、贵南县，黄南藏族自治州的同仁县、尖扎县，总面积为9.75万平方千米，是中国西部重要的跨省区城市群。其发展定位为，维护国家生态安全的战略支撑；优化国土开发格局的重要平台；促进我国向西开放的重要支点；支撑西北地区发展的重要增长极；沟通西北西南、连接欧亚大陆的重要枢纽。《兰州—西宁城市群发展规划》于2018年被国务院批复。

黄河流域的都市圈主要包括：青岛都市圈、济南都市圈、郑州都市圈、西安都市圈、太原都市圈、呼和浩特都市圈、银川都市圈、兰州—白银都市圈、西宁—海东都市圈等。近年来，西安、郑州、济南等中心城市先后出台了都市圈/都市区发展规划，尤其是《西安都市圈发展规划》已经获得国家发改委批复。

5.1.1.2 成渝城市群

成渝城市群具体范围包括重庆市的渝中、万州、黔江、涪陵、大渡口、江北、沙坪坝、九龙坡、南岸、北碚、綦江、大足、渝北、巴南、长寿、江津、合川、永川、南川、潼南、铜梁、荣昌、璧山、梁平、丰都、垫江、忠县共27个区（县），以及开州、云阳的部分地区，四川省的成都、自贡、泸州、德阳、绵阳（除北川县、平武县）、遂宁、内江、乐山、南充、眉山、宜宾、广安、达州（除万源市）、雅安（除天全县、宝兴县）、资阳共 15 个市，总面积为 18.5 万平方千米。成渝城市群的发展定位为，引领西部开发开放的国家级城市群、全国重要的现代产业基地、西部创新驱动先导区、内陆开放型经济战略高地、统筹城乡发展示范区、美丽中国的先行区。《成渝城市群发展规划》于 2016 年被国务院批复。在成渝城市群发展的基础上，2020 年，国家提出推动成渝地区双城经济圈建设、打造高质量发展重要增长极的重大决策部署；2021 年国家印发《成渝地区双城经济圈建设规划纲要》，推动成渝地区双城经济圈建设，是国家在新发展阶段对成渝城市群的更高层次布局，是对成渝地区赋予更高发展使命的新棋局。

5.1.1.3 环鄱阳湖城市群

当前的环鄱阳湖城市群范围与国务院批复的《长江中游城市群发展规划》确定的江西省相应辖区范围一致，涉及南昌、九江、景德镇、上饶、鹰潭、宜春、新余、萍乡等地级市的全部行政辖区和抚州市辖区、东乡县、金溪县、崇仁县，吉安的新干县、峡江县，区域面积为 9.23 万平方千米。其发展定位为，联动“一带一路”的内陆开放高地、长江经济带绿色产业聚集区、国家绿色城镇化先行示范区、具有国际影响力的山水文化旅游区。

5.1.2 案例区研究价值

在当前发展阶段，城市群与都市圈逐步成为区域乃至国家的核心增长极。同时，我国城市群与都市圈数量众多，人口稠密，开发强度高，资源、生态与空间压力越发突出。随着“强省会”等发展导向的推进，以城市群与都市圈为代表的区域经济核心区，对所在省份乃至全国的协调发展意义重大。

黄河流域整体经济发展水平低于长江、珠江、海河等流域，并且流域内部存在较明显的生态脆弱与发展不平衡、不协调现象。因此，黄河流域的城市群与都市圈肩负着提升经济发展水平、协调流域发展、修复生态环境等多重任务。成渝城市群在长江流域乃至全国战略格局中具有举足轻重的地位，是“一带一路”倡议、长江经济带建设、新时代西部大开发战略的重要支撑。但当前成渝城市群基础设施互联互通、对外运输通道、信息基础设施网络等不够完善的问题依然存在。为此，在流空间视角下对成渝城市群交通流及信息流进行研究，有利于认识城市群网络化发展进程，对区域协调发展具有重要意义。环鄱阳湖城市群是江西省发展的重点地带，但经历了较长时间的方案争论，折射出区域协调发展的复杂性。因此，对以上城市群与都市圈进行实证研究，有助于深入认识经济核心区的发展状况，并探索优化其协调发展路径。

5.2 黄河流域城市群与都市圈的网络演化

5.2.1 研究方法

5.2.1.1 引力模型

区域联系的背后是社会经济要素的流动和不同区域功能的发挥，区域联系评价的关键在于，分析不同区域间的联系状态，基于强度、方向、网络结构特征，透视具体区域在整个关联网络中的节点功能、地位，以及与其他主体间的关系；鉴于城市在区域发展中的主导作用，通过分析城市间的关联网络来反映区域关系。囿于2000年各城市间的物质流量与商业联系数据难以获取，本书仍基于引力模型来获取城市间的空间联系强度，并借助社会网络分析方法，实现对黄河流域城市网络特征的识别，以对比分析2000年和2017年的变化。

本书通过优化引力模型中的相关参数，得到城市间空间联系强度模型。测算公式如下：

$$T_{ij}=k_{ij}\frac{\sqrt[3]{P_i\times V\times S_i}\times\sqrt[3]{P_j\times V_j\times S_j}}{D_{ij}^b} \tag{5-1}$$

其中，T_{ij}为i城市与j城市间的相互作用强度；P_i和P_j分别为i城市和j城市的人口规模指标，这里为市区常住人口数量；V_i和V_j分别是i城市和j城市的经济规模指标，本书采用市区GDP反映；S_i和S_j分别是i城市和j城市的空间规模指标，本书采用市区建成区面积反映；D_{ij}是两城市间的距离，本书采用交通里程(省道以上级别道路)表示；b为距离摩擦系数，这里取值为 2；k_{ij} 为常数，设定 $k_{ij}=\frac{\sqrt[3]{P_i\times V_i\times S_i}}{\sqrt[3]{P_i\times V_i\times S_i}+\sqrt[3]{P_j\times V_j\times S_j}}$，以突出空间联系的方向性。

5.2.1.2 社会网络分析方法

社会网络分析方法主要用于描述组织间的关系特征、确定关系类型、分析关系对网络的影响等(刘军，2004)，该方法已在城市网络研究中得到应用(韩会然等，2011；赵新正等，2019)。中心性反映各城市节点在经济网络中所处的位置，其有 3 种表现形式：度中心性、介中心性及亲近中心性。亲近中心性分析对网络的完备性要求十分严格，且与度中心性呈现高度相关性，因此用途较少。度中心性反映各城市的对外交流能力，表征其对外辐射和接受外界辐射的程度。

(1)网络密度。该指标反映网络中节点间的联系强度。网络密度越大，表明网络节点间的关系越密切(汤放华等，2013)。其公式为：

$$D=\sum_{i=1}^{k}\sum_{j=1}^{k}d(ni,\ nj)/k(k-1) \tag{5-2}$$

其中，D 为网络密度；k 为节点数；$d(ni,\ nj)$ 为节点 ni，nj 间的关系量。

(2)网络中心性。该指标主要衡量节点在网络中的中心性程度，包括程度中心度、亲近中心度和中介中心度(冯兴华等，2017)。其中，程度中心度刻画了网络中城市的自身交往能力，程度中心度越高，城市竞争力越强。亲近中心度与程度中心度高度相关，因此通常很少被使用。程度中心度的计算公式为：

$$CD(ni)=\sum_{j=1}^{n}Xji \tag{5-3}$$

其中，$CD(ni)$ 为程度中心度；Xji 为节点间的联系强度。

$$CB(ni)=\sum_{j<k}gik(ni)/gik \tag{5-4}$$

其中，$CB(ni)$ 为城市中介中心度；gik 为城市 i 和城市 k 间存在的捷径数量；$gjk(ni)/gjk$ 表示城市 i 处于城市 j 和城市 k 捷径上的概率。

(3)凝聚子群。凝聚子群是一种含义广泛的子群概念，大体指成员间具有较强的、直接的、紧密的、经常的，或者积极的关系，构成的一个成员的子集合(黄洁、钟业喜，2016)。

5.2.2 结果分析

基于测算的黄河流域城市社会经济规模与网络节点中心度规模，本书采用 Nature Breaks 分类方法将城市划分为 5 个等级(见表 5-1)。社会经济规模的分级体现了各城市在人口集聚、经济产出、空间开发等综合能级上的差异；中心度规模的分级体现了其在城市网络中的对外交流与交通通达能力的差异，即其节点地位的差异。城市网络结构的演变能体现出城市网络密度与形态、节点联系强度、节点地位与邻近关系等方面的变化。

表 5-1 黄河流域城市规模等级划分

等级	社会经济规模(2000 年)	社会经济规模(2017 年)	中心度规模(2000 年)	中心度规模(2017 年)
一级	西安(1 个)	西安、青岛(2 个)	济南、郑州、淄博(3 个)	郑州、济南、淄博(3 个)
二级	济南、淄博、青岛、太原、郑州、兰州(6 个)	郑州、济南(2 个)	青岛、西安、潍坊、洛阳(4 个)	青岛、西安、潍坊、洛阳(4 个)
三级	烟台、包头、洛阳、枣庄、临沂、潍坊、东营、大同、呼和浩特、泰安、南阳(11 个)	太原、淄博、烟台、兰州、呼和浩特、临沂、包头、洛阳、济宁(9 个)	泰安、太原、临沂、莱芜、安阳、濮阳、枣庄、济宁、烟台、兰州等(24 个)	泰安、太原、莱芜、安阳、濮阳、临沂、新乡、焦作、开封、许昌等(24 个)
四级	日照、咸阳、西宁等(46 个)	潍坊、大同、西宁等(54 个)	呼和浩特、阳泉、商洛等(25 个)	银川、包头、大同等(47 个)
五级	固原、榆林等(21 个)	中卫、商洛等(18 个)	陇南、固原、庆阳等(29 个)	玉树、马尔康、德令哈等(7 个)

5.2.2.1 城市联系网络趋向紧密

2000 年，黄河流域城市联系网络呈现“两大、两中、三小”的团簇特征[见图 5-1(a)]。两大子网络分别为以山东省城市为主体和河南省城市为主体的网络，前者以济南、淄博、青岛为中心，集聚了 19 个城市；后者则以郑州为中心，集聚了 17 个城市。两个中等规模子网络为以西安和以太原为中心的城市网络，各自集聚了 8 个和 7 个城市。三个较小规模子网络分别为以兰州、包头、银川为中心的子网络，各自集中了4个、3个、3个城市。从联系状态来看，有21个城市孤立位于流域空间联系主网络之外，将近占到城市总数量的1/4。2017年，孤立位于主网络之外的城市数量下降至7个，城市联系网络呈现典型的鸟巢结构[见图5-1(b)]，不少城市规模以上对外联系网络的密度极大提升，城市间的整体联系强度显著增强。值得注意的是，流域下游城市群体与上游的联系强度仍然较弱，主要是较大跨度的黄河“几”字形曲流形式，对上、下游之间的地理距离产生了较大影响。

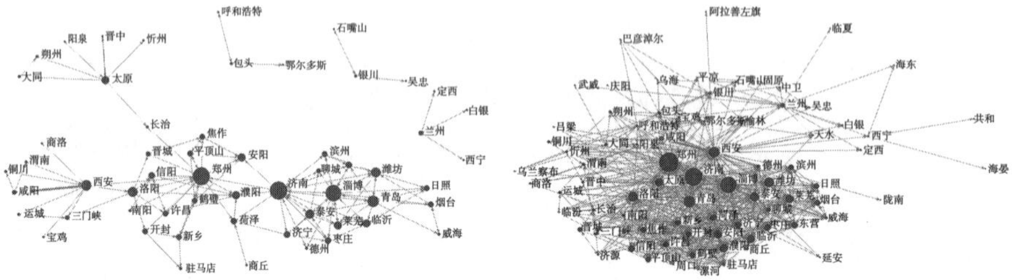

点为中心度，点越大中心度越大　　点为中心度，点越大中心度越大

(a) 2000年　　(b) 2017年

图5-1　黄河流域城市网络结构

5.2.2.2　城市联系网络呈现多中心特征

整体来看，黄河流域城市网络虽表现出明显的“中心—外围”结构，但目前仍未出现绝对的“龙头”，其多中心特征十分显著。从社会经济规模上看，2000年，西安为黄河流域的首位城市，第二级别为济南、淄博、青岛、太原、郑州、兰州，西安的首位度为1.28。2017年，西安仍为首位城市，但首位度降至1.09，青岛的综合规模与西安相近，两者共同被划为一级城市。郑州、济南为二级城市，其综合规模分别相当于西安的82%、73%。在城市综合规模上，黄河流域的首位城市优势度始终不高，并呈现降低趋势。从网络中心度规模上看，一级城市一直为济南、郑州、淄博3市，三者处于网络的最中心位置。青岛、西安、潍坊、洛阳则一直稳居二级城市，处于网络的次核心位置。由于中心度规模与该城市在网络中的通达能力关系密切，因此青岛等位于流域边界地带的城市，其中心度规模存在被“低估”的情况。

5.2.2.3 不同城市规模与网络关联强度出现分化

2000—2017 年，黄河流域的不同城市在规模与网络关联强度上均出现了变动，主要表现出三大特征：一是流域所有城市的规模和网络关联强度都实现了显著增长；二是不少资源型城市实现了规模和联系强度的较快提升，这与其工业快速增长，进而推动城市规模迅速扩张关系密切，如鄂尔多斯、榆林、延安、渭南、铜川、石嘴山、三门峡、济宁、莱芜、东营等市；三是省会城市规模和联系强度增长较突出，黄河流域初步呈现"强省会"现象。2017 年，郑州、银川、呼和浩特、西安、济南、太原、兰州的综合规模分别达到 2000 年的 5.5 倍、5.1 倍、4.8 倍、4.3 倍、4.0 倍、3.2 倍、2.6 倍，增量分别位于流域第 3、第 16、第 8、第 1、第 4、第 5、第 11 位，以上城市的网络关联强度亦获得明显增长，整体上表现出省会城市强大的"引领"态势。省会城市内部也出现了一定的分化，西安、郑州、济南的社会经济规模扩张更为迅猛，太原、兰州则下降为三级城市。

5.2.2.4 流域上、下游之间城市联系强度不平衡

不同等级城市的地理分布，可判断流域内部联系的空间差异。从城市中心度规模来看，2000—2017 年，下游地区在一、二、三级城市数量上占主导地位，中游地区有西安、洛阳、太原、焦作、咸阳、晋城、三门峡等少数城市，上游地区仅有兰州。从网络密度来看，下游地区以济南、淄博、青岛、郑州为中心的城市联系网络密度最高，中游地区以西安、太原为中心的城市网络密度一般，以兰州、包头、呼和浩特、银川、西宁为中心的上游地区最低。整体来看，黄河流域上、下游空间联系强度存在显著的不平衡，即下游联系强度远远高于中、上游地区的联系强度，联系强度的梯度特征明显。

5.2.3 黄河流域城市群体的空间协调问题

透过黄河流域的城市空间联系特征，本书发现，当前黄河流域面临着明显的空间不协调问题，其主要体现在三个方面：一是黄河流域社会经济发展不平衡；二是城市之间发展不平衡；三是流域空间结构具有特殊性。从流域的整体发展来看，一方面，流域城市联系网络强度格局与国家从沿

海至内陆的经济地理梯度特征相一致。下游省份的山东地处沿海地区，上游的青海、甘肃、宁夏等地深居大陆腹地，上、下游地区间社会经济发展的区位条件与外部环境差异巨大。另一方面，流域资源禀赋的差异明显，石油、天然气资源主要分布在下游平原地区及鄂尔多斯盆地，煤炭资源集中于山西、内蒙古、陕西、河南、山东等片区，能源、化工、矿产深加工等产业的空间集聚特征显著，加大了流域内部的经济差异。通过与长江流域对比来看，虽然两者内部都呈现不平衡格局，但是成渝地区的存在使长江上游地区出现了人口密集、经济较为发达、发展水平较高的广阔地理空间，这对于上、下游地区间的统筹与协调极为有利，而黄河流域尚不存在该优势。在城市发展方面，近年来，黄河流域通过对省会城市的大力培育（除了经济上的强力支持外，部分地区还采用了行政手段，如西安代管西咸新区，济南合并莱芜等），西安、郑州、济南、太原、呼和浩特、兰州、银川等城市规模扩张十分显著，未来一段时期内，黄河流域有望进一步走向“强省会”时代。省会城市成为引领省域乃至更大区域的核心增长极，对提升中心城市的辐射带动作用、增强其省际竞争力产生了较大效应。但随着资源与经济要素的高度集中，应警惕过度“虹吸”带来的副作用，慎重应对中心城市与外围地区过度差异所带来的新的区域不平衡。在流域空间结构方面，首先，黄河流域的多中心特征显著，未诞生优势明显且引领流域发展的核心城市，这与上海之于长江流域、广州之于珠江流域的核心地位不同。其次，尽管以相关城市为中心形成了多个子网络群体，但是网络发育程度最高的山东城市群体地位仍不凸显。这表明黄河流域高首位度城市群的缺失。山东半岛城市群对黄河流域发展的带动作用远无法同长三角城市群之于长江流域、珠三角城市群之于珠江流域相提并论。因此，进一步发挥山东半岛的城市群龙头作用仍是全流域发展面临的重要任务（新华社，2020）。最后，流域沿海城市（青岛、烟台、东营等）的综合规模优势并不突出，这表明黄河不具备主要通航能力影响了山东港口城市的流域门户功能，港口城市与流域腹地相互作用不强的现状亦影响了其规模的扩大。长江、珠江、钱塘江、闽江入海口诞生了上海、广州、杭州、福州等引领全流域发展的中心城市，黄河流域则在这方面出现了缺失。

5.2.4　黄河流域城市群与都市圈的协调发展应对

5.2.4.1　打造黄河流域“中心城市—都市圈—城市群”多层级增长极

黄河流域应坚持打造面上保护、点上开发理念，大力培育联动发展的经济增长极；充分利用黄河流域下游省份城镇密集，上、中游陕西、宁夏、青海、甘肃等省份中心城市人口与经济集中度高的优势，以中心城市为龙头引领城市群与都市圈发展，进而带动周边地区发展，形成空间尺度由小到大的“中心城市—都市圈—城市群”多层级增长极。具体来看，黄河流域下游地区应着力打造以济南、青岛为双中心，以济南都市圈、青岛都市圈，烟威都市区、东滨都市区、济枣菏都市区和临日都市区为支撑的山东半岛城市群；打造以郑州为中心，以郑州都市圈、洛阳都市圈为支撑的中原城市群。中游地区重点打造以西安为中心、以西咸都市圈为支撑的关中平原城市群；打造以太原为中心、以太原都市区为支撑的山西中部盆地城市群。上游地区应加快打造以兰州、西宁为双中心，以兰州—白银都市圈、西宁—海东都市圈为支撑的兰州—西宁城市群；打造以银川为中心、以银川都市圈为支撑的宁夏沿黄城市群；打造以呼和浩特为中心、以呼和浩特都市圈为支撑的呼包鄂榆城市群。在基础设施方面，依托高铁、城际铁路、高速公路大力推进中心城市与都市圈(都市区)、城市群之间的快速交通网络建设，打造“一小时”生活圈和工作圈；在中心城市建设方面，可依托打造重要功能板块优化城市内部空间结构，适当调整行政区划，进一步巩固提升中心城市的辐射带动作用。根据国家加快完善社会主义市场经济体制的意见，公共资源将由按照城市行政等级配置向按照实际服务管理人口规模配置转变。一方面，以郑州为代表的人口与经济规模较大但行政级别不高的中心城市可增加公共服务资源投入，进一步提升人口承载能力；另一方面，中心城市周边行政等级较低但经济要素聚集程度高的中小城镇，可进一步增强要素市场化配置，释放发展潜力，形成新的增长极。

5.2.4.2　注重黄河流域城市群与都市圈空间开发、开放新模式

基于国家尺度以大区域间通达为目标贯穿流域的东西向、南北向大通道，奠定了黄河流域发展轴带的基本格局，黄河流域形成了以陇海—兰新

（陆桥）、青银、京包、沿海、京沪、京港澳、包兰等为主体的大区域网格状轴带（李小建等，2020）。近年来，以高铁为代表的交通线路对促进区域开发、开放影响显著。当前，黄河流域的大部分中心城市都在全力打造高铁枢纽，并以中心城市为极核，构建面向周边的放射状流域发展轴带（见表5-2），进而打造空间开发开放新模式。整体来看，黄河流域尚未形成完整的高铁网络。京沪、京广、徐兰—兰新、济青、石太、京包、日兰（日照至曲阜段）、大西（原平至西安段）、银兰（银川—中卫段）、郑渝（郑州至襄阳段）、郑合、郑太（郑州至焦作段）等高铁已经运营。郑济、包西、银西、包银等高铁，以及郑太、郑渝、郑日、西武、银兰、太原—威海、太原—乌兰察布等高铁的部分路段均处于在建状态，兰渝、兰太、西渝高铁均已进入国家铁路建设规划。在此基础上，黄河流域应重点研究郑州—银川、兰州—十堰、济南—兰州、呼和浩特—太原、西安—合肥五条高铁线路。以上线路的建设将从不同空间方向上进一步完善快速运输网络，最终形成以郑州、西安、济南、兰州、太原、银川为代表的、面向周边放射状交通枢纽，尤其是郑州、西安可实现对原规划“米”字形高铁枢纽的进一步超越。通过构建以中心城市为极核面向周边的放射状开发开放新模式，黄河流域中心城市群体将进一步提升主导地位，增强其与周边腹地的联系和互动，加密流域内部的经济发展轴带，最终成为驱动流域空间结构重塑与实现空间协调发展的重要力量（李小建等，2020）。

表5-2　以中心城市为极核的面向周边的放射状发展新轴带

新发展轴带	骨干交通线路	状态	中心城市	节点城市	轴带走向
郑州—济南	郑济高铁	在建	郑州、济南	新乡、濮阳、聊城	东北—西南
郑州—太原	郑太高铁	在建	郑州、太原	焦作、晋城、长治、晋中	西北—东南
郑州—重庆	郑渝高铁	在建	郑州	许昌、平顶山、南阳	东北—西南
郑州—日照	郑徐、日兰高铁	在建	郑州	开封、菏泽、济宁、临沂、日照	东—西
西安—包头	包西高铁	在建	西安	铜川、延安、榆林、鄂尔多斯、包头	南—北
西安—银川	银西高铁	在建	西安、银川	咸阳、庆阳、吴忠	西北—东南
西安—武汉	西武高铁	在建	西安、武汉	商洛	西北—东南

续表

新发展轴带	骨干交通线路	状态	中心城市	节点城市	轴带走向
呼和浩特—银川	呼包—包银高铁	在建	呼和浩特、银川	包头、巴彦淖尔、乌海	东—西
银川—兰州	银兰高铁	在建	银川、兰州	吴忠、中卫、白银	南—北
西宁—成都	西成铁路	在建	西宁	同仁、合作	西北—东南
兰州—成都	成兰铁路	在建	兰州	临夏、合作	西北—东南
太原—威海	石太、石济、环渤海高铁	在建	太原	阳泉、德州、滨州、东营、烟台、威海	东—西
太原—乌兰察布	大西、集大高铁	在建	太原	忻州、大同、乌兰察布	南—北
兰州—重庆	兰渝高铁	规划	兰州	陇南	西北—东南
兰州—太原	兰太高铁	规划	太原、兰州	延安、庆阳、平凉	东北—西南
西安—重庆	西渝高铁	规划	西安	西安、安康	南—北
郑州—银川	郑银高铁	研究	郑州、银川	济源、临汾、延安	西北—东南
兰州—十堰	兰汉十高铁	研究	兰州	天水、汉中	西北—东南
济南—兰州	青兰客专	研究	济南、兰州	聊城、邯郸、长治、临汾、庆阳、平凉	东—西
呼和浩特—太原	呼朔太高铁	研究	呼和浩特、太原	朔州、忻州	西北—东南
西安—合肥	宁西高铁	研究	西安	西安、商洛、南阳、信阳	西北—东南

5.2.4.3 不断加强黄河流域城市群、都市圈间的合作

近年来，通过一系列国家重大战略的实施，黄河流域跨行政区合作发展取得重大突破，区域协调发展走向新高度。尤其是成渝地区双城经济圈的建设，打破了区域竞争的惯性思维，使区域合作成为区域经济发展的重要主线。黄河流域在整体发展水平不够高、内部经济联系相对薄弱的情况下，更应大力探索多元化的区域合作路径，充分释放合作红利。具体来看，黄河流域可依托流域内部不同区域的比较优势，以自然资源、科技、教育、人才、资本等要素为核心，着力探索不同空间维度上的强强联合式、优势互补式、协同创新式、空间共融式等典型合作模式，充分释放黄河流域的规模、区位、资源、产业、市场等优势（见图 5-2）。在合作的区域与领域上，黄河流域尚存在诸多可大胆探索突破的空间。例如，山东、

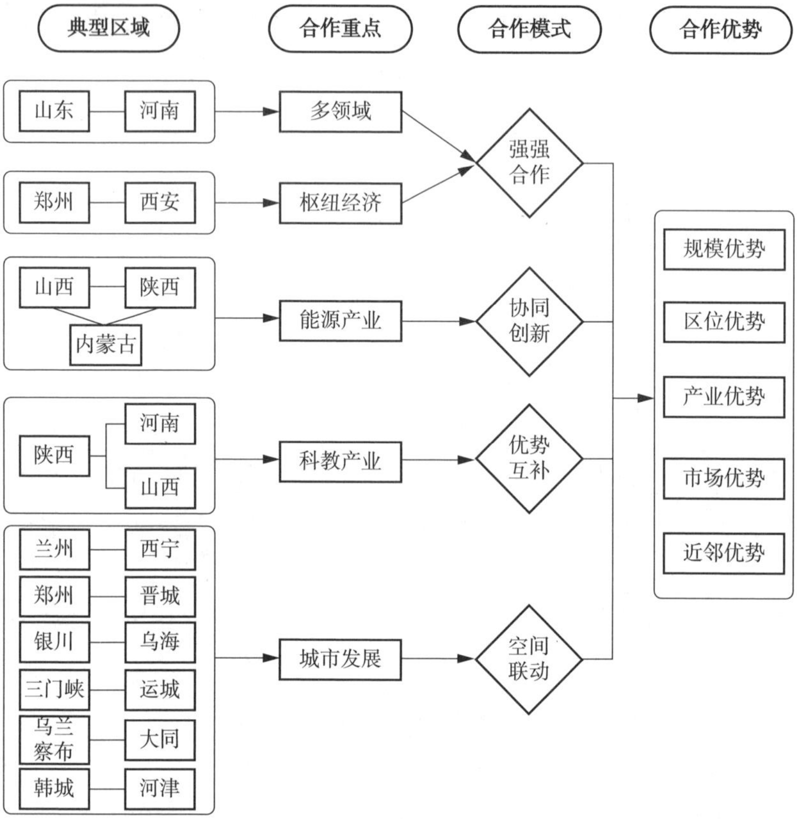

图 5-2 黄河流域内部多元化合作框架

河南毗邻，且两者的经济、人口、市场及制造业规模在流域内部拥有绝对优势，是黄河流域最具竞争优势的省份。但长期以来河南与山东的经济联系紧密度不高，两者在基础设施方面至今未建立直线形铁路网络(多数火车班次需绕道徐州)。因此，两者可在多领域进行强强联合，进一步升级下游地区的规模效应。此外，郑州、西安拥有强大的交通枢纽优势，均致力于建设国际陆港、空港与发展枢纽经济，两者都以打造“中国孟菲斯”为战略目标。在激烈的外部竞争环境下，两者可充分发挥丝绸之路经济带支点城市的共同区位优势，进行战略合作，最大限度地削减相互竞争带来的负面效应。山西、陕西、内蒙古等省份均拥有大规模的能源开采与化工产业，相关地区的产业结构趋同、特征明显且近邻，可建立紧密的能源产业集群发展联盟，在技术与产业链上进行协同创新。河南与山西拥有较大的科教市场，但优质高等教育资源等方面相对薄弱，而陕西拥有突出的科教优势，三省份在科教领域存在显著的互补优势。在城市发展方面，兰州与西宁及海东、晋城与郑州及焦作、乌海与银川及石嘴山、三门峡与运城、大同与乌兰察布、韩城与河津等跨省城市间具有显著的空间优势，可在基础设施、产业布局、人才交流、金融资本、都市圈规划等方面进行紧密合作，探索打破行政区壁垒和市场分割；可依托快速交通系统突破山脉、河流的空间阻隔，大力推进都市圈和一体化建设，在空间上进行不同程度的联动式发展，实现资源共享和经济要素的自由流动，大幅度提升城市间的社会经济联系。

5.3 成渝城市群的网络结构与协调模式

5.3.1 数据与研究方法

本书基于公路客运与百度指数的网络数据，以成渝城市群 16 个地级市为研究单元，利用社会网络分析及 ArcGIS 空间分析方法，对成渝城市群的城市空间联系及其协调模式进行探讨，以期为成渝城市群的协调发展提供有益参考。

本书采用 2016 年城市间每日经停的汽车班次作为城市间公路客运交通流的替代数据，其中客运班次数据从 checi.cn 网查询提取得到；采取成渝城市群两两城市间关注度的年平均数代表城市间的信息流强度，构建成渝城市信息网络，数据采集时间段为 2016 年 1—12 月；选择成渝城市群 16 个城市为研究对象，包括重庆、成都、自贡、泸州、德阳、绵阳、遂宁、内江、乐山、南充、眉山、宜宾、广安、达州、雅安、资阳。

本书的凝聚子群分析以城市间的交通及信息流联系强度为依据，探讨成渝城市群城市的小团体集聚现象，以体现城市间联系的亲疏关系，进而判断成渝地区城市联系网络的组织结构。

5.3.2 “流空间”视角下成渝城市群网络结构特征

5.3.2.1 区域城市总体特征

本书中交通流视角下的成渝城市群城市程度中心度变异系数高达

0.78，而信息流视角下的城市程度中心度变异系数为0.6，这表明不同流空间网络下的区域城市发展具有明显差异，交通流在区域发展中存在地域性特征，而信息流空间内的城市发展更加均衡。其主要原因是，交通流存在明显的路径依赖作用，未能完全突破传统空间地域性，在区位、经济发展水平等多重因素影响下，城市交通基础设施水平存在显著差异性；而信息流存在于虚拟空间中，具有时空维度的无限超越性特征，受区位、地形等因素影响较小。具体来看，交通流视角下的城市程度中心度最大值城市为成都市，高达1050，而最小值城市为达州市、仅为39，两者相差25.9倍，成都为成渝城市群"双核"之一，也是区域内重要的交通枢纽，而达州市地处川东北地区，远离核心城市，受核心城市辐射较弱，其对外联系水平不强，城市交通在区域内处于从属地位；信息流视角下的城市程度中心度凸显了成渝双核在城市群中的核心地位，其空间联系水平远高于区域平均值。

为进一步探讨区域在不同"流空间"视角下的城市发展状况，本书借鉴位序—规模法则对其进行分析，得到交通流和信息流视角下的区域城市程度中心度规模及其位序间的判定系数都超过了80%，城市位序和规模拟合较好，符合位序—规模分布类型。成渝城市群的交通流和信息流的分维数均低于1，这表明成渝城市群城市规模分布不均，首位城市垄断性特征显著，大城市发展较好，而中小城市发展则明显滞后。其中，交通流、信息流视角下的分形维数分别为0.787、0.534，这表明，信息流视角下的区域城市体系分布更加均衡，而交通流视角下的大城市得到快速发展，首位城市垄断特征更加明显。

5.3.2.2 城市程度中心度空间格局

程度中心度能够有效刻画城市在区域网络中的交往能力，可以分为外向程度中心度和内向程度中心度。本书通过UCINET6.0软件计算得出城市群内各城市的内向和外向程度中心度。从交通流来看，无论是外向程度还是内向程度，都表现出明显的两极分化现象：交通流外向程度中心度和内向程度中心度的值域区间分别为28685和37807，交通流外向程度中心度最大值城市成都市为平均值的3.3倍，而最小值城市达州市不足平均值的1/8；交通流内向程度中心度最大值成都市是最小值广安市的8.3倍。外向及内向程度中心度的空间分布图显示，成都、重庆形成区域内较为稳固的“峰值”，成都的首位效应十分突出。其原因在于，成都、重庆作为区域内两大核心城市，不仅在人口、经济规模等方面处于较强地位，也是区域内核心交通枢纽，两者外向及内向联系需求较大，在公路客运网络中总体处于主导地位；绵阳的外向程度中心度远高于其他城市，这是由于绵阳距离省会成都较近，良好的区位优势为其交通优势奠定了坚实的基础；绵阳、遂宁、乐山等城市的外向程度中心度大于内向程度中心度，说明这些城市的交通辐射功能大于交通集聚功能；而德阳和泸州的交通流内向程度中心度远大于外向程度中心度，这是因为两者在区上紧邻区域核心城市，对外辐射作用远小于集聚效应。总体来看，成都、重庆为主轴，遂宁为中转枢纽形成交通轴带，绵阳、遂宁、内江、乐山为半环状呈现交通一体化格局；内向程度中心度则呈“1+2”散点状分布，成渝西北的成都与东南的重庆、泸州形成了交通流内向程度中心度的高值点状分布。

本书中信息流视角下的城市内向程度中心度变异系数仅为0.54，远低于交通流视角下的内向程度中心度变异系数；而信息流视角下的城市外向程度中心度则较高。这表明，信息流视角下的城市集聚效应相对差异较小，发展更加均衡，而扩散效应则发展差异较大，两者形成了明显的分化现象。信息流程度中心度空间分布显示，成都、重庆的外向程度中心度远高于区域内其他城市，形成区域内两大“高峰”值。其原因在于，成都、重庆在成渝城市群中的核心地位，使其更容易掌控优质发展要素与资源，信息流的外向程度更加突出、溢出效应更加显著，进而对周围城市的辐射作用更大；而成渝城市群西南部及东北部地区，形成了明显的信息流低值组团；结合地形及政策可知，该地区为成渝城市群边缘地区、山地丘陵广布。同时，两者为国家级集中连片贫困区(乌蒙山区及秦巴山区)，地区内在经济发展条件制约下的信息通达性水平明显滞后，信息流强度较弱。内向程度中心度显示了成都市在城市群内的“一家独大”现象，而宜宾、达州及南充等地由于远离区域核心地带，受成渝双核的“虹吸”作用较弱，使之能更好地汇集各自区域内的信息资源，形成城市群内重要的信息“增长极”，这对于城市群内形成“双核多极”的区域发展格局具有显著的促进作用。值得注意的是，城市群东南部地区形成低值连绵区，主要原因在于，该地区仅存在重庆这一扩散中心，且其扩散能力相对不足、缺乏强劲的次级增长极，城市间信息联系水平也处于弱连接状态。

无论是交通流视角下还是信息流视角下的城市外向及内向程度中心度均呈现两极分化现象，整体内向程度中心度大于外向程度中心度，外向程度中心度均呈现以成渝双核、内向程度中心度，形成以成都为核心的高值集聚区。同时，两者存在地域差异性特征。从交通流视角来看，外向程度与内向程度差异较小，且成都和重庆均为高值区；而信息流视角下，外向程度与内向程度相差巨大，外向程度中心度呈现成都、重庆明显的高值扩散现象，其余城市则显示极弱的辐射水平，内向程度中心度则主要呈现以成都周边为高值集聚、重庆周围为低值集聚的现象。

5.3.2.3 整体网络分析

(1)网络密度。网络密度值既体现了整体网络对于网络中个体的影响，也体现了网络中个体的相互影响。网络密度值越大，表明网络对成员的影响可能性越大，网络成员的关系越密切。成渝城市群交通流视角下的网络密度为0.27，其中成渝双核占比高达34%；信息流视角下的网络发育则相对完善，达到0.34，成渝双核占比为26%。这表明，不同流空间视角下的城市联系均处于弱连接状态，交通流受空间依赖作用影响，形成明显的集聚现象，这一现象不仅受经济、文化水平的影响，而且在一定程度上受到来自行政等级方面的影响。信息流作为新要素流，完全突破了距离衰减作用，受信息发展水平影响作用相对显著。成渝城市群拥有众多的电子信息产业基地，区域整体信息水平较高，城市信息发展也呈现相对均衡的发展态势。值得注意的是，南充在信息流占比中达到12%，其原因在于，南充作为丝绸文化的发源地，四大古城之一阆中古城坐落于此，旅游资源相对丰富、知名度较高，加之区域内高等学府众多，信息汇集能力较强。

(2)网络层级。为分析成渝城市群交通，以及信息网络格局及其空间组织状况，本书将城市交通及信息联系有向网络转换成无向网络，在网络分层基础上进行空间可视化分析。信息流视角下，第一层级网络可以判别区域主要关联格局状况。从交通流视角来看，第一层级网络集中分布在成德绵乐城市带，依托成绵乐城际铁路和成绵、成乐高速公路等构成的综合运输通道，发挥成都辐射带动作用，并强化绵阳、德阳、乐山等城市的支点作用，带动沿线城镇协同发展格局。以信息流为代表的新要素核心关联格局为成渝发展轴线，这与高铁交通核心网络具有明显的相似性，两者作为区域核心城市，对信息要素的汇聚和扩散作用相对较强。第二层级有利于识别核心关联格局的组织拓展状况或区域组织结构。交通流视角下的第二层级网络显示了成都、重庆的交通枢纽地位，且成都的辐射作用更加突出。基于信息流的第二层级网络大致显示了城市圈组织结构的拓展趋势，形成了以成都为核心的放射状格局，以信息流为代表的新要素流对成渝空间网络化的格局产生了积极的影响，其极强的空间渗透特征，在一定程度上强化了边缘区与核心城市间的联系；对比第一层级，第二层级的流空间有了适度的拓展。第三层级网络是对第二层级的区域关联格局的进一步分化，反映了空间关联格局更多的细节特征。从交通流来看，区域内部城市间形成了网络化格局，并进一步拓展，网络连通性大幅提升，形成了公路客运城市网络的底层关联格局。从信息流来看，成渝城市群点对式联系增多，呈现复杂密集的网络化形态。

成都、重庆作为成渝城市群的双核城市，具有强大的对外联系性，无论从交通流还是信息流来看，成都都处于主导地位，重庆居于次级主导地位。交通流由于受路况及其他交通方式的影响，其城市间联系不紧密；信息流由于超强的"时空压缩"效应，促进了区域内部核心与边缘地带城市的联系。

5.3.3 "流空间"视角下成渝城市群空间组织模式

5.3.3.1 "流空间"视角下成渝城市群网络组织状况分析

区域组团状况分析。凝聚子群分析是以城市间的公共交通及百度指数的联系强度为依据，探讨成渝城市群内的小团体集聚现象，并依据其密度及其组成判别区域城市的核心组团状况及组团间联系状况。

从交通流来看，在 2 级层面上出现 4 个凝聚子群，而在 3 级层面出现 8 个子群。2 级层面形成如下子群：成都、遂宁、德阳和绵阳形成的成都子群，重庆、内江、自贡、宜宾和泸州形成的重庆子群，南充、广安和达州形成的川东北子群，以及雅安、眉山、乐山和资阳形成的川西子群。交通流的凝聚子群与地理邻近性有显著关系，同一个子群内的城市都是相互连接的城市。从信息流来看，在 2 级层面出现 4 个凝聚子群，3 级层面出现 7 个凝聚子群。通过信息流凝聚子群图不难发现，同一凝聚子群并不一定地理位置邻近，如重庆与绵阳和乐山。

5.3.3.2 核心网络分析

不同流资源对区域时空压缩存在明显的差异性，这种差异性进一步影响着网络中城市的角色及区域网络的组织结构，而核心网络是区域强连接状态下空间组织状况的有效表征手段。因此，本书通过对比不同流空间下的核心网络，可以探讨城市核心网络组织状况。

从交通流来看(见图 5-3)，成都在成渝城市群内呈现绝对主导地位，成都与周围的德阳、绵阳、遂宁、资阳、雅安、眉山和乐山形成了发射的网状。这表明成都平原城市群的规划实施加强了成都与周边城市的公路交通联系；成都和重庆之间形成了四大联系轴带，这主要得益于成渝环线、渝蓉高速、成南高速、南渝高速、成自泸高速等高速公路的连通，改善了成渝两城市及其沿线城市的交通通达性，促使其联系更加紧密；自贡—内江双核的形成，主要原因是两者位置相邻，来往密切。从信息流来看(见图 5-4)，成都、重庆处于主导地位，且成都的信息辐射及集聚能力远大于重庆。成渝双核的紧密联系，构成成渝信息流的发展主轴带；成都与周围的城市形成信息流的放射状联系，这表明了成都在成都平原城市群的核心地位。泸州和广安与区域内其他城市信息联系相对较弱，因此在区域中成为孤立的两点。总体来看，交通流视角下的核心网络并未完全突破路径依赖作用，其核心网络组织结构相对紊乱并与城市规模、地理区位等社会经济要素具有一定的相关性；作为新兴技术代表的信息流核心网络，在空间组织结构上则趋于稳定，形成“轴—辐”式网络发展格局。

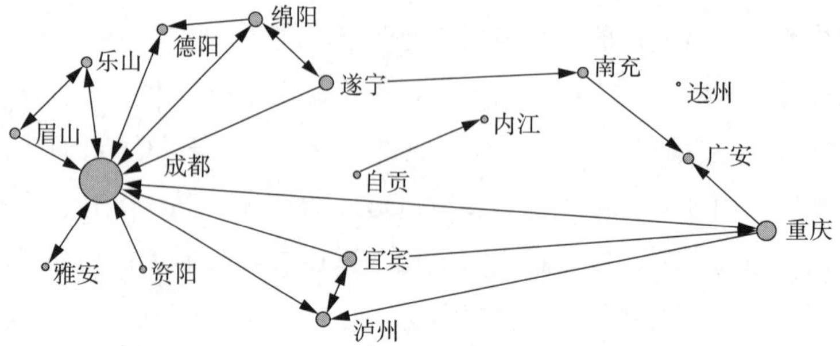

图 5-3 成渝城市群交通流与信息流核心网络拓扑图

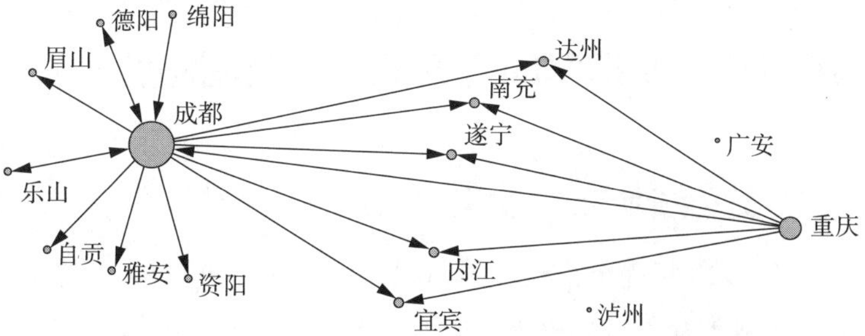

图 5-4 成渝城市群交通流与信息流核心网络拓扑图

5.3.3.3 “流空间”视角下成渝城市群空间组织模式分析

综合不同“流空间”视角下的城市节点发育和核心网络状况，本书提出，成渝城市群在“流空间”视角下应形成相对稳定的“轴—辐”式空间组织模式(见图 5-5)。成渝城市群呈现以成都、重庆为中心的双核结构，成渝两城市发展形成的成渝轴带在推动两个城市发展的同时，促进了成渝轴带城市的发展。成都作为四川省的文化、经济、政治中心，其独特的区位优势及汇集资源的能力，促使其外向功能显著，与其他城市联系紧密，对整个城市群的辐射带动作用明显；重庆由于受地形及行政边界的影响，无论在公共汽车交通还是在信息流方面，都稍逊色于成都，但不影响其作为成渝核心城市之一的地位。成渝双核在交通及信息方面形成的轴带，对轴带周边城市的发展产生了一定的促进作用。

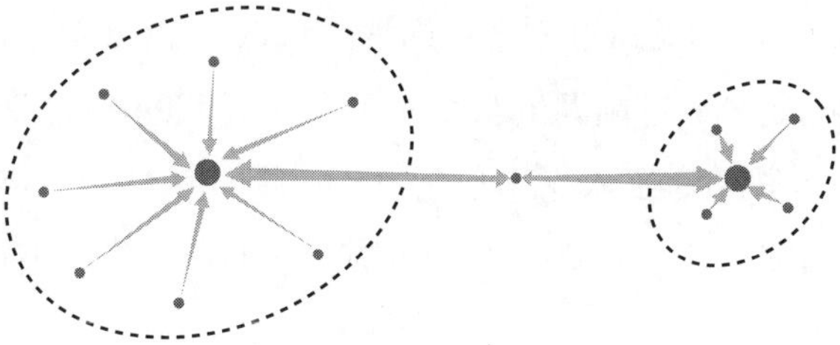

图 5-5 “流空间”视角下成渝城市群空间组织结构拓扑图

5.4 环鄱阳湖城市群的方案探讨与空间协调

5.4.1 江西省城市群方案的探讨

江西省于2006年提出构建环鄱阳湖城市群的战略构想，但在环鄱阳湖城市群的空间范围和地域构成上一直存在较多争论，是学术界聚焦的热门议题。实际上，直至2016年江西省发布《环鄱阳湖生态城市群规划(2015—2030)》，江西的城市群方案才最终定音。从2013年京津冀协同发展重大战略和"一带一路"倡议实施开始，国家的空间发展战略进入新阶段，而《环鄱阳湖生态城市群规划(2015—2030)》正是国务院2015年批复的《长江中游城市群发展规划》的江西省实施规划细则。江西省的城市群方案讨论达10年之久，其中学者提出的有代表性的方案多达5种，其特殊性和复杂性可见一斑。

整体来看，环鄱阳湖城市群和大南昌城市群方案为主要讨论焦点。其中，方创琳、王发曾、刘耀彬、武清华、尹洪妍等的研究倾向于建设以南昌、九江、景德镇、鹰潭、上饶5个设区市为重要节点的环鄱阳湖城市群形态(王发曾等，2009；方创琳，2011；刘耀彬、姜晓璐、张安军，2008；武清华、姚士谋、薛凤旋，2011；尹洪妍，2008)；黄新建等(2009)倾向于建设涵盖南昌、九江、鹰潭、景德镇、上饶、抚州6个设区市在内的、共42个县(市、区)的城市群方案；麻智辉(2007)提出大、小两套环鄱阳湖城市群方案。另外，鄱阳湖生态经济区方案以2009年国务院批复的《鄱阳湖生态经济区规划》为依据，包括38个县(市、区)。本书以方创琳(2011)与朱丽萌和陈雁云(2009)提出的方案为对象，进行城市群空间结构效益的比较研究。

5.4.2 环鄱阳湖城市群与大南昌城市群的对比分析

由于以上几种城市群方案的探讨集中在2007—2011年，因此本书对城市群方案的定量研究所采用的数据以2012年之前为主，以当时江西省相关地区经济社会发展状况的判断为标准。

5.4.2.1 研究单元与数据来源

本书以县域为单元，为了方便研究，将各设区市的市区合并作为一个县域单元。江西省县域社会经济数据来自《江西统计年鉴》、江西省各县市的国民经济和社会发展统计公报，以及全国第六次人口普查统计资料等，行政区划、交通等基础数据来自江西省 1∶25 万基础地理数据，以及相应年份的江西省交通地图。考虑研究单元的一致性，本书未将 2010 年新成立的共青城市作为单独单元，而是将其并入之前所归属的德安县。

5.4.2.2 分析框架

本书以环鄱阳湖城市群和大南昌城市群为研究对象，通过对城市群空间结构效益的定量评价，以比较两者的特征。城市群作为极具发展活力与潜力的面状区域，其空间结构效益是客观存在的。城市群空间结构效益是指，构成城市群的空间实体要素在空间上进行组合，并形成较为有序的空间结构，从而给城市群的整体发展带来效益。从内涵来看，其包括城市群规模效益、城市群距离效益、城市群空间联系效益。

城市群规模效益是指城市群内的土地、人口、城市、经济、交通等要素依托其在数量、范围、密度及等级上的规模特征，对城市群的发展所起到的促进作用。城市群的规模效益集中体现在四个方面：一是城市群内部要素的数量状况，其大小体现了城市群的外在规模和对外界的总体吸引力；二是城市群内主要社会经济活动的范围状况，其大小体现了城市群紧密腹地范围和市场潜力；三是城市群内部要素的密度状况，其密度格局反映了城市群空间集聚效应的强弱和对外界辐射的强度；四是城市群等级结构，其体现了城市群内部各城市在规模上的差异化、协调程度和结构竞争力。从直观上定量获取城市群的规模效益是比较困难的，因此本书可由一系列可测度的指标来进行相关反映。根据研究数据的获取情况，本书选取 14 项指标进行研究。城市群距离效益是指城市群内部各城市间的距离状况对城市群社会经济发展所起的作用。城市群距离通常包括空间距离和时间距离，由于空间距离具有稳定性，时间距离随着交通条件变化呈现变动性特点，因此时间距离成为影响城市群距离效益的关键性因素。可达性是测算时间距离的重要指标，是指从一个地方到另一个地方的难易程度，空间可达性作为测定空间距离的一项有效的综合性指标，得到学术界的广泛应用。城市群空间联系效益是指城市群内部要素流动对城市群发展所产生的作用和影响。城市群通过基础设施廊道，发挥对各种要素流的集聚、强化与扩散功能，对区域发展起到支撑和推动作用。城市群内部的空间联系是促进城市群整体发展的内在动力之一，其影响着城市群空间结构的演变。

5.4.2.3 结果分析

城市群规模效益比较。人口数量、土地面积、城市数量指标主要反映城市群外在的规模特征，而人口密度、城市密度、经济密度、人均 GDP，以及非农业户口人数占总人口比重等指标，反映了城市群的紧凑度、发展质量与发达程度，是城市群规模效益的重要反映。本书对两大城市群的以上 8 项指标进行对比，可初步比较两大城市群规模效益的差异。由表 5-3 可以看出，环鄱阳湖城市群具有更明显的规模优势，其人口数量、土地面积和城市数量分别是大南昌城市群的 1.34 倍、1.70 倍和 1.60 倍。在人口密度、城市密度和经济密度方面，环鄱阳湖城市群相当于大南昌城市群的 79%、94%及 61%，这说明，在城市群的空间紧凑度和经济紧凑度方面，环鄱阳湖城市群相对落后。从人均 GDP 指标来看，环鄱阳湖城市群较为落后，相当于大南昌城市群的 77%，这表明环鄱阳湖城市群并不具备与其规模相对应的经济实力，其经济发展水平明显相对滞后。非农业户口人数占总人口比重是区域城市化水平的重要反映，从数据来看，环鄱阳湖城市群非农人口比率相当于大南昌城市群的 85%，这说明前者的城市化进程相对较慢。

总体来看，环鄱阳湖城市群在规模上具有相对优势，但是在城市群的紧凑度、发展质量与发达程度等规模效益方面，则明显不及大南昌城市群。从城市群的发展状况来看，两者都处于发育初期阶段，规模效益都不够明显，有待进一步培养壮大。

表 5-3 两大城市群基本指标统计

指标单位	环鄱阳湖城市群	大南昌城市群
人口数量(万人)	1796	1340
土地面积(万平方千米)	4.98	2.93

续表

指标单位	环鄱阳湖城市群	大南昌城市群
城市数量(座)	32	20
人口密度(人/平方千米)	361	457
城市密度(座/万平方千米)	6.43	6.83
经济密度(万元/平方千米)	957	1572
人均 GDP(元)	26532	34373
非农业户口人数占总人口比重(%)	31.64	37.12
中心城市首位度	3.26	3.26
特大城市数量(座)	1	1
50万~100万人口城市数量占比(%)	3.1	5.0
20万~50万人口城市数量占比(%)	12.5	30.0
20万人口城市数量占比(%)	81.25	60.00

资料来源：江西省第六次人口普查统计资料及《江西统计年鉴》(2011)。

城市群距离效益比较。本书采用江西省1∶25万基础地理信息数据，利用Arcgis软件进行Gauss_ kruger投影转换，提取交通网络、城市节点、行政边界等数据，将江西省2011年道路交通网络图进行矢量化配准，补充并完善到1∶25万基础地理信息数据的交通网络数据中。考虑铁路交通的时间、营运班次有严格的限制，并且站点较少，本书仅考虑公路交通的影响。根据《中华人民共和国行业标准：公路工程技术标准》(JTGB01－2003)，结合江西省的路网密度和路网质量，本书将实际运行速度分别设为高速公路100千米/时、国道60千米/时、省道40千米/时、县乡道30千米/时、其他15千米/时，进而得到不同级别道路的每公里时间成本分别为高速0.6分钟、国道1.0分钟、省道1.5分钟、县乡道2.0分钟、其他4.0分钟。

本书使用平均可达性的方法对两个城市群的距离效益进行比较。平均可达性是指某节点(栅格)到区域内所有节点(栅格)所花费时间的平均值，它可体现出该节点(栅格)在区域内的交通优势，该值越小，说明可达性越好。如果区域交通假设为均质，可达性最好的节点(栅格)将出现在区域的重心位置。本书以城市群内的所有设区市及县级城市为节点，通过平均可达性的方法得出该城市到城市群内所有节点城市所花费的平均时间。各个城市到城市群内节点城市所花费平均时间的平均值，即为该城市群内部的空间可达性值，其反映了城市群内部节点城市间可达性的优劣程度。本书对环鄱阳湖城市群和大南昌城市群可达性的评价方法见表5-4、表5-5。

表 5-4 2011 年环鄱阳湖城市群各城市平均可达性 单位：分钟

县(市)	2011 年	县(市)	2011 年	县(市)	2011 年	县(市)	2011 年
万年	119.1	婺源	137.6	铅山	145.1	九江	129.2
玉山	158.6	浮梁	124.8	进贤	112.1	瑞昌市	142.8
广丰	176.1	景德镇市	117.9	余干	105.0	德安	120.6
上饶市	142.4	乐平市	114.8	鄱阳	138.8	永修	112.0
上饶	138.0	彭泽	150.2	都昌	166.9	安义	134.3
横峰	130.5	贵溪市	126.0	湖口	129.9	南昌市	120.5
弋阳	135.8	鹰潭市	112.3	星子	154.7	新建	112.5
德兴市	136	余江	114.5	九江市	136.6	南昌	112.7

表 5-5 2011 年大南昌城市群各城市平均可达性 单位：分钟

县(市)	2011 年	县(市)	2011 年	县(市)	2011 年	县(市)	2011 年
九江	114.5	南昌市	85.2	丰城市	95.4	余江	112.7
九江市	129.2	新建	73.1	樟树市	97.1	东乡	98.8
德安	92.8	南昌	82.3	高安市	106.0	抚州市	107
永修	81.1	进贤	81.8	新余市	154.7	鹰潭	117.7
星子	135.4	安义	95.4	分宜	177.3	贵溪	140.8

环鄱阳湖城市群和大南昌城市群内部空间的可达性值分别为 131.5 分钟和 108.9 分钟，这说明大南昌城市群内部交通网络相对发达和成熟。同时，由于大南昌城市群城市分布在空间上相对紧凑，其可达性明显较好。环鄱阳湖城市群内部空间可达性值超过了 2 小时，这一方面表明其内部的路网建设有较大的改进空间，另一方面反映其内部城市间交通距离相对较远，城市在空间分布上不够紧凑、比较松散。对于城市群而言，超过 2 小时的通勤时间意味着城市间的物质能量交流承担了较大的物质与效率成本，从而制约了各节点城市本身成长能力的释放和城市群整体效益的发挥。

环鄱阳湖城市群各城市平均可达性的最小值出现在余干县，这意味着在交通为均质的假设下，该城市群的重心位置在余干县区域。大南昌城市群各城市平均可达性的最小值出现在新建县，这表明在交通为均质的假设下，该城市群的重心位置在新建县区域。由于两城市群都以南昌为中心城市，通过对比不难发现，大南昌城市群的重心位置与中心城市在地理空间上非常接近，时间距离仅为21分钟，这表现出较高的吻合特征。相反，环鄱阳湖城市群的重心位置与中心城市在地理空间上相对较远，时间距离为84分钟，这说明两者的吻合度较低。城市群重心位置与中心城市的吻合程度与城市群的空间结构特征有着密切关系。这也表明，相对于环鄱阳湖城市群而言，大南昌城市群更好地发挥了空间距离效益，同时体现出较好的空间结构特征。

城市群空间联系效益比较。在城市群中，中心城市和其他不同层次、不同规模和不同性质的城市共同构成发达的城市网络。在城市网络中，按照城市的等级来划分，城市群内的城市可分为中心城市、重要节点城市和普通节点城市，当然，中心城市本身也是重要的节点城市。由于中心城市是整个城市群的经济中心，重要节点城市往往也是具有一定影响力的区域中心城市，两者是各种要素流集聚、强化和扩散的关键性载体。因此，包括中心城市在内的重要节点城市的空间联系成为衡量城市群内部空间联系状况与效益的关键。

由表5-6可知，环鄱阳湖城市群重要节点城市的空间联系量要明显小于大南昌城市群的空间联系量。从平均联系量来看，前者相当于后者的70%，这说明环鄱阳湖城市群节点城市的人口规模效益不够突出，即城市非农业人口数量有待增加，城市化进程需要加快推进；同时表明，该城市群的城市经济相对落后，需要扩大经济规模。大南昌城市群节点城市间的社会经济联系则体现出相对紧密的特征，空间联系效益发挥相对较好。

表5-6　城市群重要节点城市空间联系量

环鄱阳湖城市群		大南昌城市群	
联系城市	数值	联系城市	数值
南昌—九江	69210	南昌—九江	69210
南昌—景德镇	21028	南昌—新余	37699
南昌—上饶	8311	南昌—抚州	55486

续表

环鄱阳湖城市群		大南昌城市群	
联系城市	数值	联系城市	数值
南昌—鹰潭	12803	南昌—鹰潭	12803
九江—景德镇	14616	九江—新余	3728
九江—上饶	1314	九江—抚州	4641
九江—鹰潭	1595	九江—鹰潭	1595
景德镇—鹰潭	2773	新余—鹰潭	1089
景德镇—上饶	1655	新余—抚州	3770
上饶—鹰潭	2538	抚州—鹰潭	4613
平均	13584	平均	19463

从空间联系方向来看，环鄱阳湖城市群重要节点城市间的主要联系方向是南昌至九江、南昌至景德镇以及九江至景德镇，而大南昌城市群则表现在南昌至九江、南昌至抚州及南昌至新余。两者在主要联系方向上的累积量之比为0.646，这表明主要联系方向上的联系量成为造成两者在重要节点城市空间联系量上出现差别的关键性因素，这也说明，少数重要城市在城市群空间联系效益的发挥上，往往能够贡献关键性力量，进而可以对城市群的发展起到引领和带动作用。

从环鄱阳湖城市群与大南昌城市群在空间结构效益上的比较来看，环鄱阳湖城市群的突出优势在于城市数量较多、人口总体规模较大，但是其紧凑度过低，空间可达性较差，重要城市间的空间联系不够紧密。这说明，环鄱阳湖城市群呈现较明显的“大而空”的特征，不少城市距离中心城市南昌市的交通距离过大。这种特征制约了城市群整体功能的发挥，不利于其综合竞争力和潜能的释放，城市群的后续成长速度不容乐观。大南昌城市群的突出优势表现在紧凑度较高、可达性较好，重要城市间的空间联系较为紧密。这说明，把距离中心城市南昌市较近的丰城市、樟树市、高安市、抚州市及东乡县划入城市群具有合理性。从缺陷性来看，大南昌城市群的城市数量相对较少、人口规模较小，其城市群规模效应的发挥受到制约，从而影响了其整体竞争力水平的提升。

5.4.3 基于空间协调的城市群方案优化分析

5.4.3.1 基于中心城市对外联系量的范围识别

中心城市是城市群的龙头和核心增长极，在城市群的发展过程中发挥着不可替代的关键性作用。研究中心城市与周边众多城市的空间联系程度，可为确定城市群空间范围提供重要参考。

南昌市是江西省省会城市群的中心城市，本书通过计算得出南昌市与其周边大面积范围内县市的空间联系量。由于南昌市与新建县及南昌县的空间联系量远大于其他城市，故本书将其联系量单独划出，作为联系量分级的第一部分；分别以南昌市与其他县市空间联系量平均值、平均值的0.5倍为界点，由高到低将经济联系量分为三个部分，最终得到南昌市到其周围城市空间联系量的四个等级，即高度紧密联系、紧密联系、一般联系、薄弱联系。同时，周边城市可以对应地被划为高度紧密联系城市、紧密联系城市、一般联系城市、薄弱联系城市(见表5-7)。

表5-7 基于南昌市对外空间联系量的城市等级体系 单位：个

等级	联系量	城市数量	城市					
高度紧密联系城市	>600000	2	新建	南昌				
紧密联系城市	13965~69210	15	九江市	进贤	丰城	永修	抚州	高安
			樟树	新余	奉新	景德镇	安义	德安
			东乡	乐平	余干			
一般联系城市	6983~13965	11	鹰潭	瑞昌	贵溪	九江县	靖安	万年
			鄱阳	上饶市	余江	吉安市	湖口	
薄弱联系城市	1028~6983	31	德兴	宜丰	上高	南城	新干	广丰
			分宜	上饶县	弋阳	星子	吉水	南丰
			浮梁	修水	铅山	彭泽	都昌	玉山
			万载	金溪	横峰	崇仁	婺源	峡江
			武宁	黎川	永丰	铜鼓	宜黄	乐安
			资溪					

本书以基于南昌市对外空间联系量的城市等级体系为依据，可初步认为，高度紧密联系城市和紧密联系城市基本上可进入江西省城市群的队列，一般联系城市则处于可进可不进的队列，薄弱联系城市原则上予以排

除。结果表明，新建、进贤、九江市、樟树、东乡、鹰潭、鄱阳、南昌市、南昌县、新余、乐平、共青城、上饶市、丰城、奉新、余干、贵溪、余江、永修、景德镇、九江县、吉安市、抚州、安义、靖安、湖口、高安、德安、万年、瑞昌等成为候选城市(包括县城)更为适合。

5.4.3.2 基于中心城市对外通勤时间的范围识别

依据方创琳等(2009)提出的中国城市群空间范围识别标准，即基本形成核心城市到外围区域的1小时与2小时经济圈，本书把中心城市至外围区域2小时交通距离作为江西省城市群空间范围的识别标准。依据空间可达性评价方法，本书制作南昌市到省内周边区域的小时交流圈；利用小时圈进行识别时，主要依据两个参考原则：一是该县域一半以上面积位于2小时交流圈以内；二是该县域城关镇位于2小时交流圈以内。结果显示，城市群空间范围包括南昌市、新建、南昌县、安义、奉新、靖安、宜丰、丰城市、樟树市、高安市、新余市、新干、进贤、抚州市、余江、东乡、鹰潭市、余干、万年、德安、永修、九江市、共青城市、瑞昌市、九江县、湖口、星子共27个城市(包括县城)较为适合。

5.4.3.3 江西省城市群方案的优化

在中国，城市群方案多由政府推动并实施，加之地方“行政区经济”特征突出，其在城市群范围及边界划定上往往表现出明显的行政色彩。因此，本书对江西省城市群优化方案采用定量研究，并结合现实层面的可操作性进行确定。首先，确立南昌市的中心城市地位；其次，测算城市间空间联系量；再次，测算出中心城市的2小时交流圈；最后，进行叠合分析得到新城市群方案的城市群体。结果显示，鄱阳、乐平、上饶市、贵溪、吉安市、景德镇未进入南昌市2小时交流圈，而2小时交流圈内的宜丰、新干、星子与南昌市联系较为薄弱，因此本书除去以上9个城市，共有24个符合条件的城市进入备选方案。但考虑星子县位于昌九工业走廊区域，规划建设的九江绕城高速和都马高速均经过星子，因此本书把星子县划入城市群。从经济实力及空间联系角度来看，九江市、新余市及抚州市具有较强的经济实力和发展潜力，与南昌市形成了较紧密的空间联系，成为城市群的重要战略支撑城市。综上所述，以南昌市为中心城市，以九江市、新余市和抚州市为重要支撑点的“人”字形交通大通道为骨架，包含新建、南昌县、安义、进贤、永修、奉新、丰城市、樟树市、高安市、东乡、鹰潭市、瑞昌市、余干、余江、九江县、靖安、湖口、星子、德安、共青城市及万年等节点城市在内的25个城市(包括县城)，共同构成城市群。

在新的城市群方案中，南昌市居中性较好，有利于其向周边区域发挥极化和扩散作用。其中南昌、九江、新余、抚州4个实力最强的城市构成“人”形交通走廊作为城市群一级发展轴，形成江西省实力最强的交通经济集聚带，其既有利于带动城市群的发展，又可以使昌九工业走廊得以向南、西、东3个方向延伸，有助于缓和昌九工业走廊偏于江西省北部，从而长期无法有力带动昌九以外地区发展的不利局面。南昌县、进贤、东乡、余江及鹰潭市构成第一条二级发展轴，该发展轴是浙赣经济大动脉的一部分，是江西省的传统经济集聚区，具有优越的交通区位优势。南昌、余干、万年构成第二条二级发展轴，受德昌高速通车的带动及未来南昌至景德镇城际铁路的牵引，该轴线有望成为城市群内乃至江西省内一条新兴的经济带，具有较大的成长潜力。三级发展轴主要是依托南昌市、九江市、抚州市及鹰潭市等实力相对较强、行政级别较高的城市与其周边县级城市重要交通线所形成的经济发展带，其有利于实现高等级城市对周边低等级城市的带动。

与2016年《环鄱阳湖生态城市群规划(2015—2030)》确定的城市群范围相比，本方案未把与安徽、浙江毗邻的景德镇市和上饶市东部地区，以及和湖南省毗邻的萍乡市、宜春市西部地区纳入城市群范围。可以说，本方案25个城市(县、市级)的空间范围是当前环鄱阳湖城市群的核心地带，承载了江西省最密集的人口和经济要素。实际上，近年来，诸多省份的城市群空间范围均较历史版本有显著的拓展(如河南、山东、湖南等)，本书仅从研究的角度进行尝试分析。

6　省际交界地带：边缘区的协调发展

6.1　案例区的选取与研究价值

6.1.1　案例区概况

6.1.1.1　赣南地区

赣南地区即为江西南部地区，处于湖南、广东、福建、江西四省交界地带，具有“据五岭之要会，扼赣闽粤湘之要冲”的地位。赣南地区在行政单元上主要对应赣州全市，以及吉安市、抚州市的部分地区，赣州市为其主体部分。从自然地理特征来看，赣南地区位于赣江流域上游，整体地形分布为周边高、中间低，南部高、北部低。赣南大部分地区位于或毗邻南岭地区，而南岭珠江流域和长江流域的分界线，以及南亚热带和中亚热带的分界线，具有典型的分水岭意义。赣南地处中亚热带，呈典型的亚热带季风性湿润气候，四季分明，地形复杂，以山地、丘陵、盆地为主，地域差异大，森林树种垂直分布明显，动植物种类繁多，是中国商品林基地和重点开发的林区之一。同时，赣南地区是著名的红色革命老区。2012 年，国务院发布《国务院关于支持赣南等原中央苏区振兴发展的若干意见》，大力推动赣南地区振兴发展。2021 年，国务院支持赣州振兴发展纳入国家重大区域战略。

赣南地区受经济基础、市场区位、交通条件、地形等诸多因素的影响，该区域的社会经济发展水平显著落后于珠三角、福建沿海、赣江下游等周边地区，是国家扶贫攻坚的重点区域。2010 年，赣南地区人均 GDP

约为 14800 元，不足全国平均水平的一半。农村人均纯收入仅为 4437 元，远低于全国平均水平的 5919 元。城镇化率仅为 37.44%，明显低于全国水平的 49.68%，其社会经济发展亟待振兴。2021 年，赣州市人均 GDP 为 46482 元，占全国平均水平 80976 元的 57.4%。农村人均纯收入为 14675 元，低于全国平均水平的 18931 元。城镇化率为 56.35%，低于全国水平的 64.72%。可见，通过 11 年的振兴发展，赣南地区的社会经济水平与全国的平均水平差距趋向缩小，但仍需进一步加快发展。

6.1.1.2 苏北地区

江苏省长江以南习惯上被划分为苏南地区，淮河以北被称为“苏北地区”，而位于长江和淮河之间的地区，则属于苏中地区。苏南、苏北等称呼常见于政府机构的文件、社会经济类统计资料、媒体，以及大众观点，江苏的地域划分具有较长的历史基础和广泛的社会共识。从历史来看，清代时，江苏被划分为江北和江南两大区域，分属不同的官员进行管辖。江南包括苏州、松江、常州、镇江四府和太仓直隶州，为鱼米之乡、天下财富重地；江北为徐州、淮安、扬州三府，以及通州、海州二直隶州和海门直隶厅，除沿江地区外，其余地区经济较为落后。“中华民国”时期，“苏北”取代“江北”的概念。从当前来看，苏北地区处于山东、河南、安徽、江苏四省毗邻地带，在行政上对应徐州、连云港、宿迁、盐城、淮安 5 个地市，辖 17 个市辖区、3 个县级市、17 个县，总面积为 54866 平方千米。根据第七次人口普查数据，苏北常住人口为 2993.52 万人。

长期以来，江苏省的南北差距为社会各界所关注。近年来，苏北的经济发展水平获得了较大提升，但苏北与苏南发展的不平衡问题仍未彻底解决。苏北地区相继实施了淮海经济区打造、徐州都市圈建设、沿海开发、淮安中心城市建设等多个开发战略，取得了较大进展，但区域发展成效仍有提升空间。2018 年，《国务院关于淮河生态经济带发展规划的批复》发布，为苏北地区的发展提供了新的战略背景和现实思路。

6.1.1.3 豫西南地区

豫西南地区即为河南西南部地区，处于河南、湖北、陕西三省交界地带。当前，豫西南地区在行政单元上主要对应南阳市，全市共辖 2 个行政区、10个县，代管1个县级市，总面积为2.6509万平方千米。根据第七次人口普查数据，南阳市常住人口为9713112人。2021年，南阳市人均生产总值为44894元，是全国平均水平80976元的55.4%；农村居民人均可支配收入为17603元，低于全国平均水平的18931元；常住人口城镇化率为51.61%，低于全国水平的64.72%。整体来看，其社会经济发展还有较大差距。

6.1.2 案例区研究价值

赣南、苏北、豫西南地区都处于3~4省交界地带，远离所在省份的经济重心区域，整体交通优势不够突出；同时，经济发展水平长期相对滞后，与周边省外地区在传统的资源整合与协同发展方面存在一定的难度，因而被外界视为经济发展的边缘区，亟待与周边地区协调发展。本书认为，以上省际交界地带有必要深度审视新一轮国家战略导向，优化协调发展思路，打破边缘区发展困境，以实现在社会经济发展水平和区域地位上的双重崛起。

6.2 赣南地区的协调发展

6.2.1 数据来源与研究方法

6.2.1.1 数据来源与研究单元

赣南地区县域社会经济数据来自《江西统计年鉴》、各县市的国民经济和社会发展统计公报等，城镇人口数据来自江西省城建部门调查数据；行政区划、交通等基础数据来自江西省1∶25万基础地理数据及相应年份的江西省交通地图。在学术研究层面，赣南地区的空间范围尚未形成统一标准。如李晓园等(2012)的研究认为，其应包括赣州、吉安和抚州的40个县市区。鉴于此，在已有研究的基础上，本书将吉安市的吉州区和青原区合并为吉安市区，共39个研究单元。基于研究单元，本书对赣南地区的城市、产业等协调发展进行针对性研究。

6.2.1.2 研究方法

本书使用 Kernel 城市空间密度分析方法，其可以直观表达城市规模结构在空间上集聚与扩散的连续变化趋势，识别城镇发展的密集区，并反映区域城市化进程的特征。Kernel 分析属于密度制图，是指根据输入的要素数据，计算整个区域的数据集聚状况，从而产生一个连续的密度表面。该表面主要是基于点数据生成的，其以每个待计算格网点为中心，进行圆形区域的搜寻，进而计算每个格网点的密度值。从本质上说，这种方法是一个通过离散采样点进行表面内插的过程(陈春林、陈红、韩阳，2011)。Kernel 密度在估计中可用连续的密度曲线描述随机变量的分布形态。本书设随机变量 x 的密度函数为 $f(x)$，在点 x 处的概率密度为：

$$f(x)=\frac{1}{Nh}\sum_{i=1}^{N}\frac{K(x_i-x)}{h} \tag{6-1}$$

其中，N 为研究的区域数量，h 为带宽，$i=1，2，\cdots，N$，K 是随机核估计的核函数。

“自下而上”的城市等级与腹地划分方法。钟业喜和陆玉麒(2012)在对城市等级与腹地划分的研究中提出了基于空间联系的“自下而上”划分方法。其理论基础如下：在空间层面，可把属于一个行政区划的区域属性赋值到该区域的中心城市上；在一个完整的区域中，各城市间必然发生或多或少的空间联系，原则上，每个城市都会跟区域内的所有城市发生空间联系，但其中空间联系最大值只有一个；以最大值形成的城市对作为互相隶属关系，可形成低等级城市，然后将低等级城市的最大联系强度城市互为隶属关系，便可以形成更高一等级的城市。按照这种“自下而上”的划分方法，逐级归并，可形成不同等级的城市及其腹地。该方法是基于完整的行政区划理念下实现的，本书选定县域作为基础单元。

本书计算获得各城市间空间联系强度数据，再通过式(6-2)识别出各节点城市的最大空间联系强度。

$$T_i^{\max}=\max(T_{ij})(j=1，2，\cdots，n) \tag{6-2}$$

其中，$T_i^{\max}$ 表示 i 城市的最大联系强度，T_{ij}表示城市 i 与苏区其他城市的联系强度。

6.2.2 赣南地区空间协调发展特征

6.2.2.1 城市规模结构特征

赣南原中央苏区共有39个县、市级城市，49个省级重点镇。自2000年以来，该地区省级重点小城镇虽然在规模、集聚力与辐射力等方面与县、市级城市相比仍有较大的差距，但是其在人口吸纳上已具备一定的集聚能力，并呈现加速发展的趋势。因此，本书将苏区内的省级重点小城镇的人口规模纳入研究，可以更准确地反映苏区城市人口规模在空间上的集聚与扩散过程。本书选取2000年、2005年、2010年三个时间截面的城镇常住人口数据作为分析对象，并设置25千米和50千米两个搜索半径进行Kernel分析。从Kernel密度演化的结果来看，多尺度的搜索半径较好地解释了苏区城市规模结构的时空演化过程。其中，25千米的搜索半径清晰地反映城市规模空间结构的连续变化，50千米的搜索半径则直观地反映整个苏区城市规模分布密集地带的形成与扩张。

城市人口规模加速扩张。从基于25千米搜索半径的Kernel密度演化结果来看，2000—2010年，苏区的Kernel密度值不断增大。赣州、吉安市区的Kernel密度增大最为明显，这表明，赣州和吉安的人口规模实现明显扩张。同时，瑞金、南康、信丰、龙南、宁都、南城、泰和、永新、永丰、遂川、兴国、崇仁等城市的人口规模实现显著增长。从增速来看，2000年仅有3个城市区域的密度值高于0.0181，2005年这一数量增加至5个，2010年则达到12个。密度值最高的赣州市区域密度值从2000年的0.0543增加至2005年的0.0696，以及2010年的0.0949，增长率由28.18%攀升至36.35%。这表明，2005—2010年苏区城市规模的Kernel密度增速要显著高于2000—2005年的城市规模Kernel密度，城市人口规模正处于加速扩张阶段。

城市规模空间结构呈显著的核心—边缘特征。从基于50千米搜索半径的Kernel密度演化结果来看，苏区城市规模结构在空间上的集聚格局呈现明显的核心—边缘结构。2000年，以赣州市、吉安市为中心的城市区域成为全苏区仅有的两个人口规模极化区，两者在空间上独立成极，共同组成苏区城镇人口集聚的核心区。苏区西部的安福、永新、井冈山、遂川、崇义等区域，东南部的寻乌、安远、会昌、定南，以及兴国、永丰、乐安、宜黄、广昌等区域Kernel密度值最低，其是苏区城市规模结构中的边缘地带。而瑞金、宁都、于都、南城、信丰、新干、峡江等区域则介于极化区与边缘区之间，成为两者间的过渡地带。2005年，赣州、吉安城镇集聚核心区的面积有所扩大，瑞金、南城、宁都三个区域的人口规模集聚能力逐渐加强，边缘区的面积则保持稳定。2010年，瑞金区域成为重要的城市人口集聚区，瑞金区域由此进入核心区行列，这成为苏区城市规模空间结构演变的最突出特征。同时，赣州、吉安等传统核心区面积进一步扩大，边缘区的面积则出现缩小，南城仍然是苏区东北片区的极化中心。值得注意的是，尽管城市密集区的范围不断扩大，但是赣州、吉安、瑞金区域仍然处于孤立成极的发展阶段，受区域经济发展水平的制约，核心区之间目前并未表现出向点—轴—面空间结构演化的趋势。

城市化进程中增长极效应明显。从苏区城市规模结构的空间集聚连续变化过程可以看出，依托赣州中心城市，其周边的赣县、南康、上犹、江口、塘江、龙岭、潭口、王母渡、罗坳、南塘、新城、池江等中小城市和重点小城镇成长迅速，释放了显著的“狼群效应”，构筑了较发达的城镇密集区。同时，依托吉安中心城市，吉水、吉安县、泰和、永和、永阳、八都、富田等中小城市和重点小城镇构筑了苏区北部城镇密集区。依托瑞金中心城市，叶坪、壬田、沙洲坝、九堡、云石山、武阳镇、西江等重点小城镇构筑了苏区东南部城镇密集区。这些城市密集区的扩张对苏区整体城市规模扩张起到了重要的示范带动作用。同时，得益于空间集聚所释放的规模效应，城市密集区已成为带动苏区城镇化进程的重要增长极。

6.2.2.2 城市等级与腹地结构特征

本书利用可达性分析技术获得2000年、2005年、2010年三个年份的苏区39个县、市级城市间两两最短时间距离；在可达性数据及社会经济数据的支持下，测算3个研究年份苏区城市的两两空间联系强度数据，每年1482个；筛选各城市的最大联系强度，并标出其最大联系方向。

三级城市体系结构特征显著。按照“自下而上”城市等级划分方法，本书对发生最大联系的城市进行逐级归并，得到基于城市空间联系的赣南原中央苏区城市体系(见表6-1)。苏区的城市体系呈现显著的“金字塔”等级体系结构，其城市级别分为三级，即二级归并后的赣州市、吉安市、瑞金、南城为一级城市，一级归并后的龙南、宁都、新干、永丰、崇仁、南丰等为二级城市，其余县市为三级城市。2000—2010年，苏区城市等级体系的三级结构特征呈现稳中有变的特点。2000年，一、二、三级城市数量之比为4∶9∶26，2005年为4∶7∶28，2010年为4∶6∶29。可以看出，一、二级城市数量比值在增大，而二、三级城市数量比值在减小，这表明“金字塔”结构的基座在不断变大，即三级城市数量逐步增大，而二级城市数量逐步减少。值得注意的是，一级城市表现出很强的稳定性，即赣州市、吉安、瑞金、南城始终是苏区最具辐射力的4个城市，其在城镇体系中的高等级城市地位已经比较稳固。

表6-1 基于城市空间联系的赣南原中央苏区城市体系

年份	2000	2005	2010
一级	赣州市、吉安市、瑞金、南城(4个)	赣州市、吉安市、瑞金、南城(4个)	赣州市、吉安市、瑞金、南城(4个)
二级	龙南、安远、上犹、万安、宁都、新干、永丰、崇仁、南丰(9个)	龙南、安远、宁都、新干、永丰、崇仁、南丰(7个)	龙南、宁都、新干、永丰、崇仁、南丰(6个)
三级	赣县、南康、信丰、大余、崇义、于都、兴国、遂川、永新、井冈山、定南、全南、吉安县、吉水、泰和、安福、峡江、乐安、宜黄、寻乌、会昌、石城、广昌、金溪、资溪、黎川(26个)	赣县、南康、信丰、大余、上犹、崇义、于都、兴国、遂川、万安、永新、井冈山、定南、全南、吉安县、吉水、泰和、安福、峡江、乐安、宜黄、寻乌、会昌、石城、广昌、金溪、资溪、黎川(28个)	赣县、南康、信丰、大余、上犹、崇义、安远、于都、兴国、遂川、万安、永新、井冈山、定南、全南、吉安县、吉水、泰和、安福、峡江、乐安、宜黄、寻乌、会昌、石城、广昌、金溪、资溪、黎川(29个)

一级城市腹地空间保持稳定。由苏区城市一级归并结果可知，2000—2010年，二级城市的腹地范围逐步减小，这与二级城市数量减少的趋势相一致。其原因是赣州市城市实力与对外交通条件不断增强，辐射力不断增大，以致上犹、万安、安远等二级城市的腹地逐渐被赣州市覆盖。但苏区城市二级归并却呈现另一种结果，即一级城市的腹地范围始终保持稳定，

这与一级城市在城市等级中的稳定性高度吻合。从空间来看，赣州、吉安、瑞金及南城四个城市分布相对离散，其腹地分布使苏区形成西南、西北、东南、东北四个板块。以赣州市为中心的西南板块包含赣县、南康、信丰、大余、崇义、于都、兴国、遂川、万安、龙南、定南、全南、安远、寻乌、上犹及章贡区共16个县域，是苏区最大的子板块。吉安市辐射了新干、永丰、永新、井冈山、吉安县、吉水、泰和、安福、峡江、乐安、吉安市区共11个县域所组成的西北板块。以瑞金为中心的东南板块覆盖了会昌、瑞金、宁都、石城4个县域单元。以南城为中心的东北板块包含了南丰、广昌、黎川、金溪、资溪、宜黄、崇仁、南城8个县域。从腹地结构来看，尽管腹地范围存在明显差异，但4个一级城市短期内任何一个城市的辐射力都难以覆盖整个苏区，4个板块相对稳定的组合难以被彻底打破。

6.2.3 赣南地区空间协调的优化

6.2.3.1 确定不同层级的增长极

由苏区城市规模在空间上分布与集聚的连续变化趋势可知，苏区的城市规模正处于加速扩张阶段，城市规模分布在空间上的核心—边缘结构已经形成，以赣州、吉安、瑞金、南城为中心的城镇人口集聚核心区已经显现，以赣州、吉安、瑞金为中心的城镇密集区释放了显著的空间集聚效应，成为推进苏区城市化进程的重要增长极。由城市等级结构演变可知，苏区的城市等级可划分为3个等级，赣州市、吉安市、瑞金、南城一直是苏区最具辐射力的一级城市，其在城镇体系中的高等级城市地位比较稳固。由城市腹地结构演变可知，尽管二级城市的腹地范围持续变动，但是一级城市的腹地范围始终保持稳定，这与一级城市在城市等级中的稳定性高度吻合。

综合以上研究结果，可选择赣州、吉安、瑞金、南城作为苏区的中心城市，分别带动苏区西南、西北、东南、东北四个板块的发展。值得注意的是，赣州在四个中心城市中规模最大、经济实力最强、腹地最广、行政级别最高，其对周边地区的辐射力不断增强，龙头城市的地位已初步确立。鉴于此，可选择赣州作为苏区的主中心城市，打造核心增长极；吉安、瑞金、南城作为次中心城市，打造重要增长极。由此，形成“1+3”主次中心城市群体，共同带动苏区发展。

6.2.3.2 增长极的培育路径

优化增长极职能分工、壮大城市产业。由于各中心城市的现状及发展条件各不相同，因此应着力在城市职能分工上进行清晰的定位，有针对性地培育各城市的优势产业(见表6-2)。中心城市的产业培育应结合功能定位有序推进，同时体现出差异性、统筹性、持续性原则。国务院意见(国发〔2012〕21号)明确指出，中央苏区与产业发展相关的战略定位为“全国稀有金属产业基地”“先进制造业基地”“特色农产品深加工基地”“红色文化传承创新区”。因此，各中心城市在发挥自身比较优势的同时，应充分考虑与国家宏观产业政策相协调。同时，各中心城市要依据客观经济条件，合理选择和引入产业，使产业能够被吸收、消化并与配套产业相融合。由于赣南地区是我国重要的生态屏障和生态敏感区，生态环境的保护尤其重要，中心城市应注重对新能源、低碳照明、红色旅游，以及农业特色产业的培育，达到生态效益、社会效益与经济效益的统一。此外，由于苏区的新兴产业起步晚、整体规模依然偏小、产业效率较低、带动效应不足，因此需要加速发展(刘善庆，2012)。综上所述，中心城市的产业培育应从主导产业、农业特色产业、第三产业及战略性新兴产业入手，合理进行产业引进与优化重组，形成有较强竞争力的产业体系。

表6-2 中心城市职能分工与产业培育

城市	基础和优势	职能定位	主导产业	农业特色产业	第三产业	战略性新兴产业
赣州	江西省域副中心城市；苏区最大城市；稀有金属产业研发与管理中心；工业门类较为齐全；高铁枢纽	苏区振兴发展核心增长极；现代制造业基地；苏区商业服务业中心；赣南物流中心；高等教育中心；国家历史文化名城	有色金属冶炼；机电制造；现代轻纺	食用菌；蔬菜；花卉苗木	金融保险；策划设计；中介；咨询；技术研发；电子商务；旅游；物流	电子材料；生物制药；先进装备制造；新能源

续表

城市	基础和优势	职能定位	主导产业	农业特色产业	第三产业	战略性新兴产业
吉安	地市级行政中心；有较好的制造业基础；京九沿线城市；传统文化底蕴丰厚	国家电子信息科技创新基地；国家风能产业基地；庐陵文化传承区	绿色照明；电力能源；机械装备制造；新型建材；电子信息；食品	井冈蜜柚；苗木花卉；蔬菜；食用菌；畜牧水产	旅游；商贸；物流；文化	电子信息；低碳照明；新能源；机械装备制造；新材料
瑞金	红色故都；赣东南门户城市；红色旅游业发达；非金属矿原料基地；高铁与高速公路枢纽	赣州次中心城市；赣闽对接合作基地；苏区建材与氟化工基地；赣闽交界地区物流中心；苏区红色旅游中心城市；国家红色文化传承创新区	食品药品；现代轻纺；新型建材；矿产加工；机械电子；服饰制鞋	脐橙；烟叶；瓜菜；茶叶；肉牛；蛋鸡	红色旅游业；商贸物流业；金融业；房地产业	新能源；新材料；电子信息；生物医药
南城	抚州市次中心城市；国家商品粮基地；柑橘生产基地；特色农业发达；有一定的轻工业基础；高铁与高速公路枢纽	江西省特色农产品加工示范区；轻工业制造基地；国家粮食储备基地；苏区东北板块中心城市；赣东南物流中心	机械电子；高端纺织；建材；医药化工；食品加工	蜜橘；麻姑仙枣；淮山水产	物流；旅游；商贸；金融	电子信息；物联网；电子商务；太阳能光伏；LED

做大增长极城区。苏区各中心城市的建成区面积和人口规模普遍偏小，这极大地限制了其辐射带动作用的发挥，因此扩大城区成为中心城市培育的关键路径。赣州是苏区的龙头城市，应以把赣州建成苏区发展的核心增长极和赣粤闽湘四省通衢区域性中心城市为目标，加大对赣州城市建设的支持力度。推进赣州都市区建设，调整行政区划并增设市辖区，建设章康新区，大力推动赣州中心城区与赣县、南康、上犹同城化发展，加速完善城镇配套体系，促进人口集聚。吉安市应以青原区、吉安县城市建成区为节点，以国道为纽带，与泰和县、吉水县城区和开发区进行联动发

展。瑞金应以中心城区为核心，坚持外延扩张和内涵增长并重、政府主导和市场引导协同，加快推进“9+6”片区(九大城市片区、六大旅游景区)建设，对城市进行“组团式、片区式、增值式”开发。南城应充分利用快速铁路与高速公路双重枢纽的区位优势，优化中心城区，并以加快工业园区及火车站周边片区开发为契机推进城区扩张。

优化增长极对外交通网络。良好的交通网络可以增强中心城市对周边的辐射与带动作用，助推中心城市与外部发达地区对接。应着力推进赣南地区的铁路建设，在南昌—吉安—赣州客运专线和赣州—龙岩铁路的基础上，规划建设赣州—韶关高铁及鹰潭—瑞金—梅州的高铁，加快推进赣州—井冈山—长沙的高铁建设，把赣州建成我国重要的区域性综合交通枢纽，将瑞金、南城打造成铁路枢纽。

加强制度创新。国家明确给予赣南原中央苏区高质量发展特别的政策支持。苏区应借助这一难得的历史机遇，立足地方优势和特色，加强制度创新，实现国家政策效应最大化。各中心城市应加大金融政策创新力度，鼓励各商业银行参与苏区发展，积极争取政策性银行对城市建设的信贷支持，以便为中心城市建设提供融资保障。在投资政策方面，各中心城市既要争取国家在大项目规划布局、资金安排等方面的倾斜，又要加强在招商引资、审批核准、差别化产业政策等方面的制度探索。特别值得重视的是，作为苏区主中心城市，赣州可充分利用执行西部大开发政策的突出优势，加强人才引进制度创新，支持符合条件的单位申报建立院士工作站和博士后科研工作站，以创新型人才培育促进钨、稀土等优势特色产业进一步做大做强。此外，赣州应着力打造国家服务外包示范城市，并争取享受税收优惠政策。同时，依托良好的资源优势，赣州可大力创建国家印刷包装产业基地，探索来料加工、来样加工、来件装配和补偿贸易政策。

6.3 宏观视角下苏北地区的协调发展

6.3.1 江苏省空间开发的特征

自近代以来，上海的崛起对江苏的区域发展影响巨大。上海对江苏的空间作用强度主要受交通干线，以及地理空间距离等因素的影响，因而江苏的空间开发呈现显著的南北纵向开发特征，即以上海为起点，向北呈放射状拓展(见图6-1)。其线路主要有三条：一是京沪铁路；二是大运河一线；三是沿204国道、沈海高速公路一线(沿海一线)。整体来看，江苏形成的自南向北的空间开发模式，与苏南、苏中、苏北经济格局梯度差异具有高度的耦合性。当前，江苏的区域发展空间结构的实质是以上海为核心，呈南北方向梯度扩散的核心—边缘结构。其中，上海与苏南处于核心层，苏中处于过渡层，苏北为边缘区。核心—边缘结构理念下的梯度开发策略，使江苏整体上获得巨大的空间效益，社会经济发展领先于全国。然而，苏北边缘区的特征不利于其实现区域地位与影响力的完全提升，在全面进入区域统筹发展阶段并压缩南北差距时，苏北问题的艰巨性深刻显现。

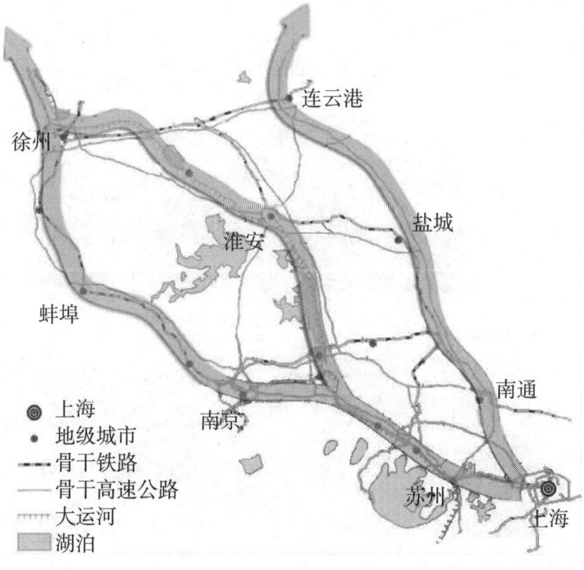

图6-1　城市轴带开发理念下江苏省空间结构示意

而以沿水系开发视角来看，江苏位于淮河水系与长江的下游及入海口，这种典型的自然地理特征使江苏需重视沿流域东西方向的横向开发思路。流域视角下的空间开发，其重要优势之一是苏北在发展地位上可以在一定程度上摆脱边缘区的阴影，从而确立以苏北城市为中心的区域开发体系，有利于苏北摆脱边缘困境。如图 6-2 所示，在沿长江区域，由入海口的上海，以及长江段西部门户的南京两大中心城市作为极点，以长江为天然轴线，苏州、无锡、常州、镇江、扬州、泰州、南通沿江南北两侧呈走廊分布，形成了“两级一线双廊道”的典型空间结构。淮河流域内，可以形成以淮河入海水道、苏北灌溉总渠为载体的淮安—滨海开发轴带，以沭新河、盐河、灌河航道为载体的淮安—连云港开发轴带，以宝射河—黄沙港、宝射河—新洋港航道为载体的宝应—盐城开发轴带。同时，沿各轴带方向完善铁路、高速公路、国道等综合交通体系，实现与省外地区的良好对接，可形成以淮安、盐城、连云港、徐州为中心城市，以水陆复合交通体系为支撑的流域开发空间结构。综上所述，江苏应将从南至北的轴带开发理念与自东而西的流域开发理念统筹考虑，将流域开发理念下的空间发展结构作为当前核心—边缘空间结构的完善与补充，在此基础上寻找与当前国家战略的契合点，提升区域发展的影响力。

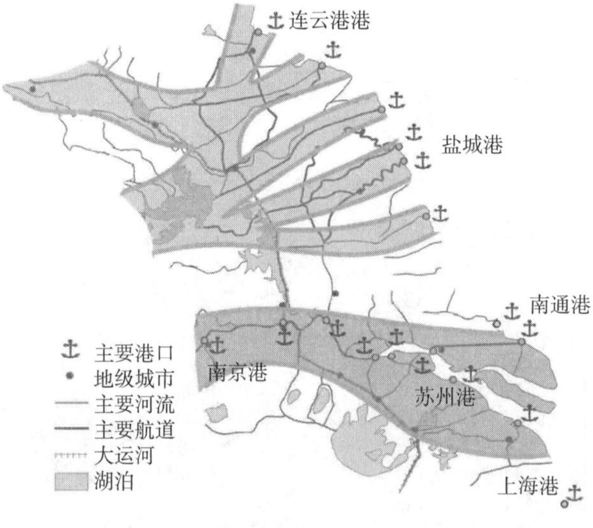

图 6-2　水系轴带开发理念下江苏省空间结构示意

6.3.2　淮河流域的苏北发展

6.3.2.1　淮河流域生态环境重要性分析

淮河流域位于长江流域与黄河流域之间，横跨河南、安徽、江苏、山东、湖北等省份，是我国重要的南北方自然地理过渡地带，其在国家生态格局中的重要性主要体现在三个方面：一是历史上黄河数次夺淮入海，造成淮河水系紊乱，加上流域内降水季节集中与降水量空间上的分布不均，旱涝灾害不断发生，形成“十年九旱一涝”的严峻局面，严重影响流域内群众的生存安全与生活水平提升。二是自近代以来，淮河流域人口迅速增加，成为我国重要的人口集聚区。淮河流域 2010 年人口数量将近 1.8 亿人，占全国的 13.12%，人口密度为全国的 4.17 倍(颜俊，2014)。人口的快速膨胀使人地矛盾趋向尖锐，自然环境遭受较大破坏，生态系统逐步失衡，自然灾害更加频繁。三是新中国成立以来，国家对淮河流域进行了大力治理，尤其是在遏制洪涝灾害方面效果明显。但随着城镇化与工业化进程的推进，水质污染问题逐步凸显，成为流域治理的棘手问题。在当前全面推进生态文明建设的新时期，淮河流域生态环境亟须进一步治理，并且跨省域协作变得尤为重要。

6.3.2.2 淮河流域县域经济与城镇发育的特殊性

本书以 2013 年人均 GDP 为研究对象，以淮河流域相关省份县域为研究单元，借助 GIS 进行县域经济格局分析与空间相关性分析。从县域经济格局来看，淮河流域经济水平明显低于周边的长三角地区、山东半岛地区及豫西北地区，且其流域内的高值区也分布在靠近以上地区的边界地带。淮河流域相关省份的县域经济空间集聚特征极为显著，热点区与次热点区高度集中在长三角地区、山东半岛地区与豫西北地区，淮河流域县域形成了连片的冷点区与次冷点区。由此可见，淮河流域的经济洼地特征极为明显，成为全面建成小康社会必须攻克的重点区域。

与其他大河流域相比，淮河流域当前没有形成独立的城镇体系，也没有出现公认的流域中心城市(王义民、高军波、颜俊，2013)。淮河流域周边分布着中原、山东半岛、长三角三个城市群，且从属于城市群的少数淮河流域城市均分布在支流的上游地带或流域末端，流域腹心地带变为城市发育低谷区。淮河流域城镇分散的格局不利于整体城镇化水平的提高，且受行政区划分割等因素的影响，流域内不同板块城镇间的空间联系较为松散。县域经济与城镇发育的特殊性亟须各省份统筹协作，加大对淮河流域城镇体系的培育和引导力度。

6.3.2.3 以生态治理为先导，建设淮河流域生态经济带

综上所述，淮河流域在国家发展格局中的重要性，以及其整体滞后的发展现状决定了其综合开发的紧迫性，实现淮河流域生态环境的恢复与流域崛起，对国家统筹区域发展意义重大。江苏地处淮河流域下游地区，拥有宝贵的入海港口条件，同时江苏是淮河流域最为发达的省份之一，具有良好的经济与科技支撑条件。因此，淮河流域生态经济带的建设，是江苏顺应国家战略导向，充分释放大区域影响力，实现核心腹地扩张的重大机遇。江苏应充分与安徽、河南、山东等省份协作统筹，并在淮河流域综合开发中发挥引领作用。同时，其应该明确两个方面的内容：一是充分认识恢复生态环境的重要性与紧迫性，生态文明建设是淮河流域协作开发的先导；二是充分发挥长期以来江苏在淮海经济区建设方面的经验优势，并将淮海经济区建设、淮安中心城市建设、沿海开发等苏北振兴战略纳入淮河流域协作框架，确立江苏在淮河流域生态经济带建设中的龙头作用。

6.3.3 国家空间开发视角下的苏北发展

6.3.3.1 国家空间开发轴带现状

在当前的国家战略下，国家层面的空间开发开放网络已基本成型。纵轴开发轴带主要有沿海开发轴带、京港开发轴带、二连浩特—北京—上海开发轴带、哈尔滨—北京开发轴带、西安—成渝—昆明开发轴带。横向开发轴带主要有新亚欧大陆桥(陇海开发轴带)、长江经济带主轴(沪汉蓉与沪昆开发轴带)、珠江—西江经济带主轴(广州—南宁—昆明开发轴带)，以及面向蒙古国和俄罗斯与东北亚的满洲里—哈尔滨—绥芬河开发轴带。此外，在西北—东南方向上，出现两条重要开发带：一是原有的新疆—西安—上海新亚欧大陆桥开发轴带；二是新形成的新疆—西安—武汉—南昌—福州—台北“一带一路”核心区的空间链接带，两者成为沟通西北门户与东南沿海地带的重要走廊地带。通过开发以上空间轴带，边疆门户区、沿海经济核心区、长江经济带、珠江—西江经济带等重要区域均实现了网络链

接，具备对外开放与对内开发双重功能的国家骨干廊道网络已基本确立。与以往相比，以西安为中心的关中地区、长江中游城市群、成渝城市群，以及边疆门户区等成为国家战略的重要枢纽区与支点区域，在国家发展格局中的战略地位明显提升。

6.3.3.2 江苏对接国家战略的四大协作类型区

江苏对接国家战略的重点协作区域可分为以下四个类型区：一是构建以苏南为主体的高端集聚区域。苏南作为长三角城市群的重要组成部分，应着力参与建设具有全球竞争力的城市群区域。同时，应提高各城市在城市群中的节点功能，注重创新功能与国际功能方面的培育，打造引领全国发展的高端产业，实现生产力要素的高端集聚。二是构建以淮河流域与长江下游为主体的核心腹地区域。核心腹地区域的范围主要包括江苏、安徽、河南三省，总人口为2.4亿人，经济总量达12万亿元。由分析可知，一方面，江苏位于淮河流域下游，具备整合流域资源并向上、中游地区释放影响力的天然优势；同时，淮河流域人口稠密，城镇众多，区域发展潜力巨大，加之当前生态问题突出与社会发展水平整体滞后，其具有空间开发的迫切性，而在沿海开发战略的支持与苏南发达地区的引领下，江苏已具备和相关省份联合打造淮河流域综合开发廊道的条件。另一方面，河南与安徽的经济发展水平整体低于江苏省，形成了显著的梯度互补条件，同时，连云港与通州湾等港口为河南、安徽两省的重要出海门户，皖江地区更是苏南的传统腹地，因此江苏已具备将河南、安徽纳入核心腹地的基本条件。三是构建以关中地区、长江中游城市群、成渝地区为主体的支点协作区域。西安是丝绸之路经济带的重要枢纽城市，也是以江苏省为起点的淮河流域的多条开发廊道的交会点，因此依托发达的交通体系，可以实现和关中地区的紧密合作，将其作为江苏省对接丝绸之路经济带的重要支点。此外，长江中游城市群、成渝城市群是“一带一路”倡议与长江经济带在国家腹心区的重要支撑区域，并拥有较好的经济基础，江苏应借助与长江中、上游地区地缘相亲，并利用长江黄金水道与快速铁路相连接的优势，加大与两者的经济合作。四是在“一带一路”倡议下，以新疆为核心的西北门户区、以云南为核心的西南门户区，以及以黑龙江、内蒙古为主体的东北门户区，对于江苏双向开放战略的实施都有重要作用，因此，可依托通州湾、连云港、大丰港等港口门户，增强吸纳货源的能力，通过海铁联运加强与以上边疆门户的对接，以提高在“一带一路”倡议贸易中的份额比例与影响力。

6.3.3.3 打造黄河流域生态经济带综合开发廊道

交通基础设施建设是区域开发廊道构建的基础。淮河流域的交通网络呈现显著的南北向发达、东西向较弱的特征，以沪宁沿线、京广沿线、运河沿线等纵向廊道的开发已经比较成熟。因此，需重点完善江苏、安徽、河南之间的东西向高速公路、铁路网络、通航河段，打通流域内的快速路网盲区，并以江苏沿海为龙头重点打造五大横向综合开发廊道。各廊道的社会经济概况如表6-3所示，具体如下：①新亚欧大陆桥：由连云港—徐州的北支与盐城—淮安—宿迁—徐州的南支开发廊道在徐州交会，然后接入陇海大通道，对接西北门户区。该廊道可强化东陇海走廊地区发展，同时南支可成为西北地区通过江苏沿海进入上海的新通道。②宁西廊道：南通—泰州—扬州—南京—合肥—六安—信阳—南阳—西安开发轴带。宁西大通道拥有宁西铁路、沪陕高速公路、312国道等多种类型交通线，是连接东、中、西部的骨干交通廊道。尤其是宁西铁路与宁启铁路两线即将开通，南通至西安的客货大通道即将形成，这对通州湾港口腹地的拓展极为有利。同时，该廊道沿线有较多的县级以上节点城市，沿线地区人口规模与经济规模均较大，有利于通州湾与苏南地区对其进行经济辐射和市场挖掘。③宁洛廊道：南通—泰州—扬州—南京—淮南—阜阳—周口—漯河—平顶山—洛阳。该廊道使淮河流域的腹心地带接入苏南以及通州湾地区，沿线地区人口达6000万人，经济规模达3万亿元，具有较强的区域经济后发潜力。④淮河干流廊道：信阳—固始—淮南—蚌埠—淮安—连云港/盐城开发轴带。一方面，该廊道沿淮河干流分布，保持了干流区域的完整性，有利于开发淮河干流的航运功能与生态治理的协调推进。另一方面，通过修建盐城—金湖—明光高速公路、淮安—蚌埠铁路及高速公路，可以彻底打通淮河中、下游地区的东西向大通道，使淮南、蚌埠、淮安等航运条件较好的干流城市实现联动发展。⑤盐洛廊道：盐城—淮安—宿州—亳州—许昌—洛阳。该廊道主要依托高速公路实现盐城、淮安与淮河流域上游区域的联通，有利于盐城、淮安对外影响力的增强。

表 6-3 淮河流域经济区横向综合开发廊道社会经济概况（2014 年数据）

廊道	沿线地级节点城市数量（个）	沿线县级节点城市数量（个）	沿线地区人口规模（万人）	沿线地区经济规模（万亿元）	廊道港口门户	廊道交会城市
新亚欧大陆桥	12	24	7486	3.66	连云港 大丰港	西安
宁西廊道	10	24	6670	3.82	通州湾	西安
宁洛廊道	11	18	6007	3.10	通州湾	洛阳
淮河干流廊道	6	14	2945	1.19	连云港 大丰港	信阳
盐洛廊道	6	12	3656	1.36	大丰港	洛阳

6.3.4 苏北地区协调发展的关键

相比全国其他地区，江苏的区位优势在于其毗邻上海、沿江与沿海，该优势也是其对接国家战略的出发点。江苏省空间开发的历史传统（南北纵向开发），决定了苏北地区仍要以融入发达的长三角地区为首要任务。在此基础上，苏北地区应高度重视生态文明时代新的发展理念，持续探索以流域为载体的跨区域东西横向开发路径。可将苏北地区的各具体战略统一到淮河流域协作发展的框架中，进一步重视沿海港口门户功能提升与腹地拓展，以沿海港城一体化地区与重要节点城市建设为支撑，打造功能协调、区域联动的淮河生态经济带空间开发廊道。当前，苏北地区通过融入长三角地区（狭义上），已取得重大经济效益，区域经济发展进步显著。实际上，苏北地区“边缘区”的称谓仍然来自省内的比较，相对于周边的皖北、豫东、鲁南等地，其经济发展水平已然更高。但是，在国家重大战略实施下的新发展阶段，苏北地区面临新的“边缘化”风险。因此，将苏北地区打造成在空间上联动长江经济带和黄河流域的枢纽地带，有可能是其寻找新的发展机遇与应对新挑战的重要选择。

6.4 豫西南地区的协调发展

6.4.1 豫西南的经济衰落与周边地区的崛起

6.4.1.1 豫西南的经济发展脉络

豫西南地处秦岭—淮河国家南北方分界线，同时位于中国地形第二与第三阶梯的交接带，是地理环境视角下中国国土东、西、南、北四个方位的居中位置与十字交叉枢纽，豫西南独特的地缘特征由此奠定，并成为历史上在国家层面具有较高地位的本源。历史上，南阳在西汉时期已是全国五大城市之一，东汉时期作为“南都帝乡”，豫西南在国家发展中的地位极为凸显。在交通方面，南阳位于古代重要的国家南北大通道（太原—洛阳—荆州—长沙一线）上，陆路北邻河洛，水路南通江汉，是国内著名的“南船北马”换乘枢纽与货源集散中心。在国土安全方面，南阳盆地作为极为关键的军事地理枢纽，受到历代王朝的高度关注与军事势力的激烈争夺。近代之后，铁路、公路等交通方式兴起，其内陆河运衰落。海洋贸易时代的到来重塑了国家经济地理格局，沿海地区借助优越的区位优势崛起，中西部内陆地区发展滞后。豫西南逐步丧失了既有区位优势，变为农村人口数量庞大的农业大市，并与发达地区的差距日趋明显。

6.4.1.2 豫西南发展的边缘化现象

值得注意的是，近年来，作为南阳盆地两大中心城市之一的湖北省襄阳市，其经济发展速度显著高于南阳市，在经济发展水平上逐步形成对南阳市的压倒性优势。同时，南阳市与其北部毗邻的洛阳市的经济差距也在扩大，经济发展的边缘化趋势逐步呈现。

湖北是首个正式提出建设省域副中心城市的省份，通过对宜昌、襄阳两大副中心城市的大力建设，外界普遍认为，湖北“1+2”的主副中心城市模式获得了较大的成功，成为省域内部统筹发展与均衡布局的典范。而洛阳市在中原城市群提出之后，便被赋予了城市群副中心的较高地位。依托较为雄厚的工业基础和独特的历史文化资源，洛阳市的经济总量和城市发展等相关指标长期位列中西部非省会城市第1，在全国城镇体系布局中亦有一定地位。在特定的区域内，支撑社会经济发展的优质要素规模是有限的，城市的崛起往往会吸引优质要素，占领市场并形成城市品牌效应，进而晋升为区域核心城市，并与周边城市和地区产生激烈的竞争效应。根据相关年份的国民经济和社会发展统计公报，本书对南阳、襄阳、洛阳三市经济指标进行统计（见表6-4）。2000年以来，南阳在GDP总量上逐步被洛阳、襄阳赶超。在人均GDP上，南阳在2000年时已低于襄阳和洛阳。南阳与襄阳的占比在2021年下降了29个百分点，目前仅相当于襄阳的45%。南阳与洛阳的占比下降了22个百分点，目前仅相当于洛阳的58%。可见，南阳在南北两个方向上，同时面对襄阳的崛起和洛阳影响力的提升，面临较大的外部竞争压力，其在周边区域发展格局中呈现边缘化的趋势。

表6-4　2000—2021年南阳、襄阳、洛阳市经济发展水平统计

城市	2000年	2010年	2021年	2000年	2010年	2021年
	GDP（亿元）	GDP（亿元）	GDP（亿元）	人均GDP（元）	人均GDP（元）	人均GDP（元）
南阳市	519.66	1953.40	4342.22	5424.00	19145.00	45095.00
襄阳市	415.29	1538.27	5309.43	7341.00	27969.00	100729.00
洛阳市	422.76	2320.30	5447.10	6786.00	35427.00	77190.00
南襄比值	1.25	1.27	0.82	0.74	0.68	0.45
南洛比值	1.23	0.84	0.80	0.80	0.54	0.58

6.4.2　南阳省域副中心建设的现实意义

6.4.2.1　国家层面省域副中心城市的发展趋势

在当前区域发展格局下，一方面，各省份着力做大做强中心城市和都市圈。尤其是省会城市具有强大的中心城市规模经济效应，对周边辐射带动作用强，“强省会”现象日益突出。但是在既有体制下，行政区边界阻碍了中心城市对周边的高效带动。都市圈的打造通过相关行政手段，和周边的中小城市产生强有力的联动发展，较好地克服了行政边界导致的市场分割效应。另一方面，国家因地制宜地推进城市空间布局形态多元化。2020

年，《国家中长期经济社会发展战略若干重大问题》指出，东部等人口密集地区，要优化城市群内部空间结构，合理控制大城市规模，形成多中心、多层级、多节点的网络型城市群结构。中西部有条件的省区，要有意识地培育多个中心城市，避免"一市独大"的弊端(习近平，2020)。国家发展改革委发布的《2022年新型城镇化和城乡融合发展重点任务》明确提出，"严控省会城市规模扩张"。在此背景下，省级层面越来越多地采取强力措施推进中心城市发展，同时着力发展省域副中心城市的模式。

省域副中心城市是指在省域范围内，综合实力较周边城市强大，拥有独特的优势资源，距离省会城市有一定距离，可以被赋予带动周边区域发展重任的大中城市。设置省域副中心的直接目的是，通过建立一个副中心城市促进当地的经济发展，进而实现省域的协调发展。宜昌和襄阳等省域副中心城市的实践探索表明，省域副中心城市模式是可行的和卓有成效的。参考各省份的国土空间规划、新型城镇化规划，以及国家发改委的相关文件，本书发现，当前全国至少有12个省份进行了省域副中心城市的布局(见表6-5)。

表6-5 省域发展层面上各省份省域副中心城市设置情况

省份	副中心城市	带动与协调区域	最新规划来源
山西	大同、长治、临汾	晋北、晋东南、晋西南	《山西省国土空间总体规划(2021—2035年)》(公众版)
湖北	襄阳、宜昌	鄂西北、鄂西南	《湖北省国土空间规划(2021—2035年)》(公众版)
湖南	衡阳、岳阳	湘南、湘北	《湖南省国土空间规划(2021—2035年)》(公众版)
广西	柳州、桂林	桂北	《广西新型城镇化规划(2021—2035年)》
广东	汕头、湛江	粤东、粤西	《广东省国土空间规划(2020—2035年)》(公众版)
河南	洛阳、南阳	豫西、豫南	《河南省新型城镇化规划(2021—2035年)》
安徽	芜湖	皖南	《安徽省国土空间规划(2021—2035年)》(公众版)
江西	赣州	赣南	《江西省国土空间总体规划(2021—2035年)》(公众版)

续表

省份	副中心城市	带动与协调区域	最新规划来源
贵州	遵义	黔北	《贵州省国土空间规划（2021—2035年）》（公众版）
宁夏	固原	宁南	《宁夏回族自治区国土空间规划（2021—2035年）》（公众版）
江苏	苏州	苏北	国家发展改革委《“十四五”特殊类型地区振兴发展规划》
陕西	延安	陕北	国家发展改革委《“十四五”支持革命老区巩固拓展脱贫攻坚成果衔接推进乡村振兴实施方案》

6.4.2.2　南阳省域副中心建设是豫西南协调发展的战略应对

近年来，有关把南阳打造为省域副中心（次中心）的城市讨论一直存在。“省域副中心城市”的提出者秦尊文等（2014）在《中国经济时报》发文呼吁将南阳明确为“省域副中心城市”。2021年，河南省第十一次党代会提出，支持南阳建设副中心城市。2022年初，“南阳建设副中心城市”首次写入河南省政府工作报告。至此，河南省“一主两副”区域发展新格局正式确立。

从省域层面来看，打造南阳省域副中心城市有利于打破河南省南北不平衡局面。由于矿产资源与交通线路空间分布的不平衡，以及城市发展基础的差异，近代以来，河南省在空间发展上形成了典型的核心—边缘结构，即“西北强、东南弱，北强、南弱”特征明显。核心区包含了以洛阳、焦作、郑州、平顶山、新乡、济源为代表的工业城市，以新乡—郑州—许昌—漯河、新乡—焦作—济源—洛阳、洛阳—平顶山—漯河、郑州—洛阳工业走廊为架构的半圆形地带，核心区集中了全省大部分支柱性工业企业。以上地区依托矿产资源的开采和加工，建立了较为系统的工业体系。随着经济要素的空间集聚，加之郑州成为省会城市，豫西北的经济发展水平显著领先于省内其他农业地区。薄弱的农业基础和较为单一的农业经济导致豫东、豫南（包括南阳市）等地经济发展滞后，变为全省的经济边缘区。商丘、周口、驻马店、信阳被称为“黄淮四市”，成为以农业为主导的经济落后地区的代名词。而豫南的南阳、信阳、驻马店三市，由于距离省会较远，接受中心城市的辐射带动较弱，边缘化状况尤为明显。

区域发展战略必须落实在特定空间范围内，并有明确的空间指向。南阳市总人口超千万，确立为省域副中心城市本身就是对全省1/10人口发展的极大支持与带动。同时，由于南阳在豫南三市中经济实力最强、人口规模最大，有相对完备的工业体系。南阳当前拥有国家级综合保税区、国家级高新区平台，以及牧原集团、龙成集团、河南油田、天冠集团、宛西制药等几十家在全国有较强行业竞争力的本土骨干企业。省域副中心城市的角色可使南阳在带动豫西南地区经济发展的同时，与驻马店、信阳实现协同发展，共同建设豫南高效生态经济示范区，进而可打破河南省南北不平衡局面，对于实现河南省内协调发展具有重要的现实意义。

此外，豫西南处于豫、鄂、陕三省交界地带，省域副中心城市建设有助于南阳市发挥区域中心城市的辐射带动效能，提升省际竞争力，并有助于河南与省外毗邻地区的协调发展。

6.4.3 豫西南的空间协调问题与优化路径

6.4.3.1 豫西南的空间协调问题

整体来看，当前的外部条件对豫西南的协调发展较为有利，但亦存在一些问题和挑战。一是南阳在地理位置上，偏于豫南地区的西部。以南阳当前的城市发展能级，加之南阳市本身拥有的较大空间范围，其更多地表现为对豫西南地区的辐射带动。因此，整个豫南三市的协调发展可从交通、生态环境协同治理等方面率先推进。二是当前豫西南存在中心城市规模不大、服务功能弱的问题，具有省际边缘区中心城市“小马拉大车”的典型特征，城市实力与其庞大的地域空间及人口规模不匹配。同时，豫西南县域在人口和产业集聚潜力、县域经济竞争力、现代化水平等方面仍有较大的提升空间。三是长期以来，豫西南与鄂西北地区表现出较为显著的竞争关系，并涉及经济、文化、自然资源等诸多层面，如何以经济合作促进社会经济的全面协调发展是豫西南地区发展需要面对的重要挑战。

6.4.3.2 借助行政资源下放优势，激活经济要素市场

省域副中心城市在基础设施建设、招商引资、产业布局、土地资源配

置、区域政策等方面均享受优先考虑与较大的支持力度。豫西南可借助行政资源的下放优势，加快产业链、创新链、价值链重建，充分发挥南阳核心水源地绿色发展优势、农业农村大市潜在发展优势。在产业发展上，进一步巩固纺织服装、食品加工、油碱化工、装备制造、冶金建材、汽车及零部件等传统优势产业，加大在数字光电、生物医药、新材料、新能源、生物制剂与中医药等方面的培育和创新。在做好库区水源保护与生态治理的基础上，促进县域经济的不断壮大，推动中心城市成为经济要素集聚的新高地。

6.4.3.3 着力打造综合性交通枢纽和豫西南门户

国家公布的《国家综合立体交通网规划纲要》明确提出，加快建设“6轴、7廊、8通道”国家综合立体交通网主骨架、建设多层次一体化国家综合交通枢纽系统。其中“7廊”中大陆桥走廊的路径2是上海经南阳至西安；“8通道”中的二湛通道是二连浩特经南阳至湛江。在《现代综合交通枢纽体系“十四五”发展规划》中，南阳入选全国性综合交通枢纽城市名单。当前，豫西南已拥有郑渝高铁、宁西铁路、焦柳铁路、浩吉铁路、沪陕高速、二广高速等国家级交通干线，拥有一定的对外联系基础。在省域副中心的战略目标指引下，豫西南地区可进一步谋划和争取新的重大交通项目，以提升区域对外可达性。具体来看：一是争取合西高铁进入国家规划，着重推动南阳以东合肥—六安—信阳—南阳段率先研究和建设；二是争取呼南高铁豫西通道洛阳至南阳段取直方案进入国家中长期铁路网规划（调整）；三是联合十堰、驻马店、阜阳等市，积极谋划十堰—南阳—驻马店—阜阳；四是积极推进南阳高速铁路动车运用设施项目规划建设，进一步优化铁路二级物流基地；五是加快推动南阳机场迁建工作，为中心城市拓展提供足量空间；六是“空水铁公”并举，大力推进唐白河复航工程，配套建设临港物流园。

“一带一路”倡议的深入实施与高铁时代的全面到来，将在一定程度上提升内陆地区的经济区位。豫西南地区是长三角—西北门户区、京津冀—成渝地区轴线上的重要节点区域，且拥有机场、高铁、高速等重要基础设施，面临较大的发展机遇。尤其是郑渝高铁的开通，将使南阳成为中原城市群对接成渝双城经济圈的“桥头堡”，豫西南地区的门户职能将凸显。

6.4.3.4 加强“宛—襄”合作，共同打造长江、黄河两大国家战略的重要链接区

南阳盆地作为一个相对独立的地理单元，自古以来在国家的经济发展、城镇体系、军事战略等层面具有突出地位。南阳和襄阳作为盆地的双子星城市，均具有长时间的发展积淀，两者在气候、农业、文化等方面，具有显著的相近性，可谓地缘相近、人缘相亲。但受地缘关系等因素影响，两者长期分属不同的省级行政单元。随着快速交通网络的构建，以及城市群、都市圈时代的到来，两者的竞合关系将发生较大的变化。其主线是，两者的协同发展条件和需要将会大大加强，最终达到从盆地到经济高地的空间效应。从融入国家重大战略角度来看，南阳盆地处于长江、黄河流域核心地带的联结地区，是国家东西方向与南北方向交通干线的交会地带。随着南阳市上升为省域副中心城市，南阳盆地形成了双省域副中心格局，这对于经济要素的集聚和资源的调控极为有利。在郑渝高铁开通的基础上，唐白河复航工程将使两市在水运上实现连接，进一步驱动南阳盆地对接长江经济带。因此，加强“宛—襄”合作，实现豫西南和鄂西北的双核联动，成为南阳省域副中心建设和豫西南崛起的重要路径。

7　在重塑中走向协调：新发展阶段区域协调的路径展望

7.1　大国的协调发展：推动不同层次的空间协同

7.1.1　注重海洋和陆域经济系统的协同发展与实践创新

区域经济差异及发展水平的约束(沿海与内陆地区、东部板块与其他板块)表明，我国海洋和陆域系统所拥有的发展条件差异较大。当前，全球经济活动仍处于典型的“海权”主导时代，我国从沿海至内陆的经济地理梯度格局仍十分明显。中国学者从超大规模陆海复合型国家的内部秩序视角，将我国划分为三大亚区域：海洋地带，即东部沿海地区；大陆地带，即内陆边疆地区；中介地带，即以中部地区为代表的广大过渡地带(施展，2018)。三大亚区域实际上分别对应了海洋系统的沿海发达地带，以及陆域系统的国家腹心地带和内陆边疆地带。在长期实践过程中，不同地带间形成了良好的协同发展机制(见图 7-1)，协作创造了庞大的供应链网络和国家经济能力。一方面，腹心地带和边疆地带为沿海发达地带提供了人力、农矿产品等生产要素，支撑了后者的快速发展；另一方面，沿海发达地带为其他地带提供了大量的就业岗位和财富机会。同时，国家通过二次分配将部分财政转移至相对落后的腹心地带和边疆地带(施展，2018)。在新的发展阶段，国家应优化和创新海洋与陆域经济系统的具体合作机制，进一步释放两者的协同效应。此外，有必要强化海洋与陆域系统的连接性和深度合作；应加快促进陆海空间在资源开发、环境保护、产业发展、基础设施建设等方面的全方位协同发展，构建陆海空间良性互动、陆海经济一体化发展新格局。在陆域系统提升方面，国家要加速打造内陆开放高地，充分发挥中欧班列、国际陆港群、空港群、自贸区、综保区、跨境电商示范区、边境合作区等开放载体与平台的优势，在更大程度上扭转内陆地区的区位劣势。

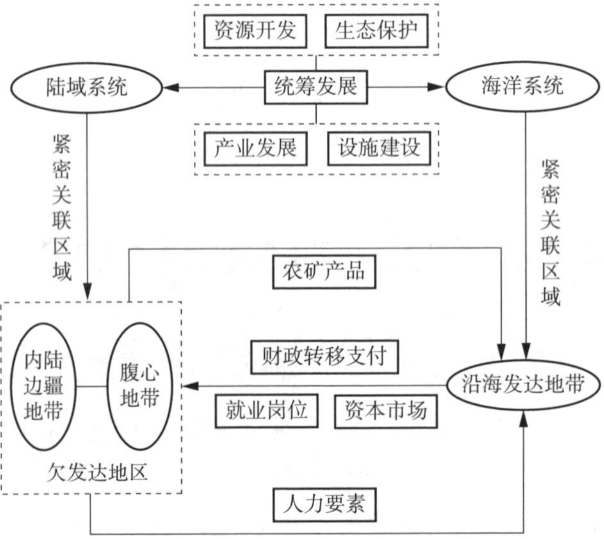

图 7-1　海洋与陆域系统协同发展机制

7.1.2　着力加强不同流域的协调发展

流域作为由自然要素与人文要素组成的“自然—社会”的复合系统，是一种特殊的地理空间单元。依托流域的天然联系，流域内部往往形成不同维度的经济社会系统，流域的协调发展对于破解我国区域经济差异和发展水平约束意义重大。我国河流广布，跨省流域众多，部分大河流域甚至涉及四大板块、南北方、沿海与内陆等不同地区。近年来，国家逐步重视“以流域为纽带、东中西相统一、横向互补发展”模式，并实施了长江、黄河、珠江—西江、淮河、汉江等流域发展战略。因此，在新的发展阶段，国家应从两个层面加强协调：一是对于跨经济板块（地带）的大江大河流域，应充分借助流域内的资源环境联动性，促进其生产要素的自由流动，着力推进上下游、左右岸、干支流之间的发展协调性，进而推动流域一体化发展。二是对于不同的江河流域，应更加重视各流域特殊自然环境条件和在发展上的利益诉求，推动流域间构建互联互通大通道和开放合作平台，注重发挥比较优势，加强流域经济协作，不断缩小流域经济社会发展方面的差距。

7.1.3 进一步强化增长极与外围地区的协调发展

随着资源与经济要素的高度集中，增长极对周边地区的带动作用不断提升，但同时应警惕过度“虹吸”带来的副作用，慎重应对增长极与外围地区过度差距所带来的新的区域不平衡（李小建等，2020）。从不同空间维度来看，增长极与外围地区的差距主要表现在两个方面：一是中心城市（往往是大、特大、超大城市）作为核心增长极，与周边地区的显著差距；二是城镇和周边乡村地区间的较大发展差距。对此，一方面，要进一步提升增长极内部的功能和结构，尤其要着力增强中心城市的创新和服务功能，使增长极成为高质量发展的动力源，更加高效地带动外围地区的发展。同时，应加强周边地区基础设施配套建设，推进公共服务均等化，更加有效地促进生产要素的跨区域流动，不断推进区域一体化进程。在都市圈和城市群地区，要注重优化中心城市与周边中小城市的职能分工和协作格局，构建高度发达的空间经济网络，并在整体上不断深度融入全球产业链、创新链、价值链。另一方面，要进一步统筹城乡空间布局，推进城乡基础设施、公共服务、公共财政一体化建设，完善城乡统一市场，推动城乡之间要素的双向流动，构建新型工农、城乡关系，通过加快乡村振兴与推动高质量城乡一体化发展，实现城镇与周边乡村地区的协调发展。

7.2 打造“菱形”格局：国家核心地带的网络化重塑

7.2.1 “菱形”格局是国家空间结构演变的必然趋势

杨军（2007）研究表明，中国国家空间结构的发展历程虽然具有明显的阶段性，但是其演进一直延续，各个历史时期的区域结构就整体而言，继承多于变革，从不存在断层式的发展。国家空间结构的延续性，正是中华文明五千年绵延不绝的原因之一。而产生延续性的最重要原因在于，国家空间结构演变背后存在着一个相对稳定的区域结构基本框架，而这正是国家空间结构最为核心与关键的部分。

7.2.1.1 从史前至隋唐：内生“三角形结构”的成型与巩固

就全球而言，航海大时代之前，各大区域整体上处于独立发展状态。中国一直到近代才被纳入全球政治经济体系中。因此，尽管具有陆海复合型的地理环境，但是近代之前的中国基本呈现大陆性国家的内生性发展特征。这也意味着，近代之前，国家空间结构的演变往往受制于中心区域的发展，而中心区域的地理格局肇始于史前文明的发育与发展。

近年来，一系列考古的重大发现与历史学者的研究表明，中华文明起源于多个中心，多个文明中心与多个文明源头汇聚成后来的华夏文明，其中最重要的三个文明中心为黄河文明区（距今4000年以前）、红山文明区（距今5000年以前）、良渚文明区（距今约4000~5300年）。有关三大文明中心的具体论证历史学界成果众多，此处不再赘述（苏秉琦，1988；郭大顺，2001）。从空间视角来看，黄河文明核心区位于关中平原与河洛地区，红山文明核心区位于燕山以北的今辽宁西部地区，良渚文明核心区位于环太湖地区。三个文明核心区之间较高水平的互动，形成了东亚第一个国家——中国，而由关中平原、燕山南北和环太湖地区构成的三角形地带逐渐形成中国最早的疆域（杨军，2007）。三个文明核心区地带逐步发育了今西安、洛阳、北京、苏州、杭州、南京等核心城镇。在后来的漫长历史时期中，这些城镇成为全国或大区域的政治、经济中心。在封闭的内陆国家环境中，这三个地区成为国家的核心区，占据了最优地理区位。虽然这个三角形地带的顶点常常出现内缩，如西部顶点由今西安一带东移至洛阳一带，东北顶点由燕山以北移至燕山以南，东南顶点由杭州、苏州北移至南京一带，但是支撑国家结构的三角形框架本质上没有改变，一直发挥着作用，贯穿北宋以前的国家发展进程（见图7-2）。

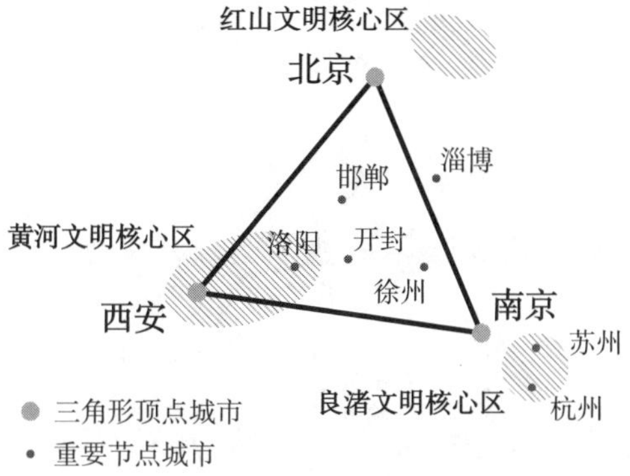

图 7-2　史前至隋唐时期的内生“三角形结构”示意

7.2.1.2　从北宋至明清：“中轴式结构”的转换

安史之乱对黄河流域的经济造成了严重破坏，之后的国家经济重心南移，以及藩镇割据等多种原因，造成关中—河洛地区成为原来三个核心区域中最早衰落的一个。隋朝大运河的开凿将燕山以南地区、中原地区、太湖地区沟通起来，大运河在南北方运输中的重要地位日益突出。由于关中—河洛地区的衰落与黄河干流通航能力的下降，拥有发达水运交通的开封在国家城镇体系中的重要性凸显。鉴于开封优越的交通区位，北宋王朝定都开封，促使国家政治中心东移，其地理位置也进一步靠近燕山以南及环太湖地区，原来的三角形框架的西侧顶点持续向东收缩。元代定都北京，元代大运河则截弯取直，呈南北轴线状，成为北方政治中心与南方经济中心运输动脉，原来的三角形框架最终转换为以大运河为轴线，以燕山以南地区与环太湖地区为两端的“中轴式结构”（见图 7-3）。明代前期定都南京，而后迁都北京，南京和北京的国家中心地位使中轴式结构更加巩固。“中轴式结构”一直持续至清中期，南端的杭州、苏州、南京，运河沿线的扬州、淮安、济宁、临清，以及北端的北京占据了极为优越的区位条件，成为这一时期最为繁华的城镇。

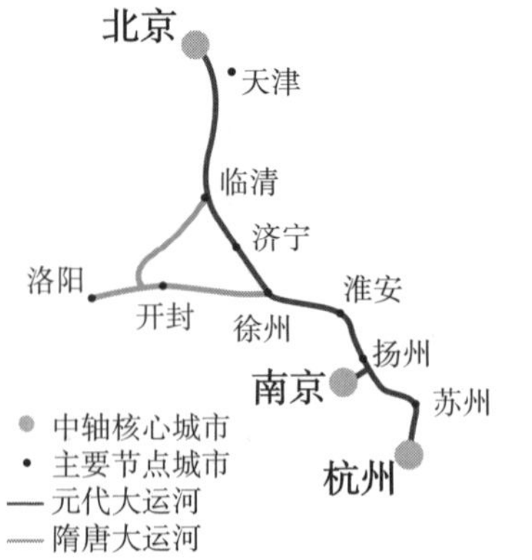

图 7-3 北宋至清前期的“中轴式结构”示意

7.2.1.3 从近代至当代：外源性“三角形结构”的重塑

鸦片战争后，中国对外开放开启，国家被逐步纳入世界政治经济体系。海洋外力的介入成为国家空间结构演变的重要驱动力，这是与近代之前最大的不同之处。

近代以来国家空间结构的重塑，与广州、上海、天津、武汉等一大批沿海沿江城市的发展密切相关。隋唐开始，得益于对外贸易的发展，广州逐步发展为重要的港口城市，其在国家对外贸易体系中的地位逐步上升。清代中期，清廷仅保留广州作为对外通商港口，广州成为国家对外贸易门户。鸦片战争后，广州成为首批对外开放口岸。随着中国香港与东南亚地区成为欧洲国家的殖民统治，岭南地区成为毗邻全球资本的前沿地带，其在全国发展格局中的地位进一步提升。五口通商之后，大区域间的货物流向发生改变，上海成为长江流域与北方地区进出口货物集疏运枢纽，并逐步取代广州成为最大的对外贸易门户。同时，上海取代苏州成为长三角地区的经济中心，并带动周边地区的工业化进程。在北方地区，天津依托优越的港口条件与通商口岸的地位，取代北京成为北方经济中心。青岛则取代济南、济宁等运河沿线城市，成为山东的外贸中心。大连成为东北的外贸中心。在沿江地区，武汉取得快速发展，并在 20 世纪初成长为仅次于上海的全国第二大工业中心。由此可见，在近代半个多世纪的时间里，我国经济地理格局实现了重塑。外部生产力要素的扩散路径为，由沿海港口城市逐步覆盖至主要沿海地带，同时由沿海地带逐步深入至内地。因此，沿海与沿江地带成为经济要素集聚的重点地区，而后进一步扩展至全国。原来支撑国家发展的“中轴式”架构，再次转换为“三角形”，但其架构是以长三角地区、珠三角地区、京津地区为顶点，以北方沿海、东南沿海、京广铁路为边框，表现出显著的外向性和趋向海洋的特征（见图 7-4）。同时，“三角形”架构的内部还存在长三角顶点向京广边框的延伸轴线，即长江沿线，两者的交点位于武汉地区。20 世纪 80 年代，我国对外开放进程再次启动，沿海地区再次成为国家最优的区位地带之一，长三角、珠三角、环渤海地区高速发展，并称为“三大国家核心区”，近代以来的“三角形结构”得到进一步巩固。

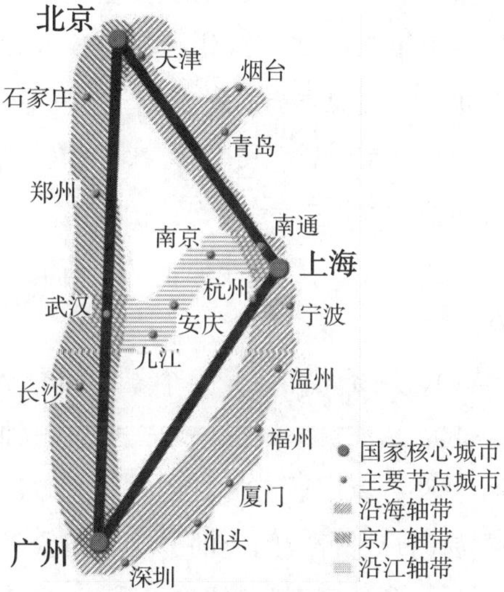

图 7-4 近代的外源性“三角形结构”示意

7.2.1.4 陆海联动、双向开放时代：“菱形”结构与国家经济地理横轴

由于驱动力量、区域发展水平差异，以及互动模式的变化，支撑国家空间结构与国家发展格局演进的基本框架由内生力量主导的“内陆三角形”转变为由外源力量主导的“沿海三角形”。虽然国家空间结构也因此发生了一系列变化，但是基本框架表现出极强的延续性。陆海统筹、双向开放时代到来后，这一基本框架仍会基于之前的架构特征继续演进。

由于海洋运输显著的运价优势，当前，我国至国外大部分货物仍然选择水运，海洋方向的力量仍然占据主导地位。2013—2020 年，海路条件下节点城市运费区位的研究结果表明，沿海与长江下游地区仍拥有十分明显的优势，近代以来“三角形结构”的沿海两边，以及长三角顶点至武汉的内部轴线仍会继续保持。从海路条件下节点城市时间区位的研究结果来看，在内陆地区中，广州—长沙—岳阳和广州—贵阳—重庆轴线优势最为突出。成渝贵地区在双向开放格局下，其区位获得显著提升，在国家维度上的区位优势已经凸显。在双向开放格局下，武汉—十堰—常德三角区作为节点城市区位格局递变的枢纽，连接上海—武汉轴线，并使其向西延伸至成渝贵地区。此外，西安作为丝绸之路经济带的新起点，西向开放之后，其区位优势也获得明显提升。由此可见，西向开放之后，近代以来的“三角形”基本框架发生了新的变化，其演进的基本方向由近海进一步向内地纵深，西部地区的首要支撑点为成渝地区。而根据对区位格局的分析结果，本书发现，以长三角—京津冀、长三角—珠三角、珠三角—成渝贵、京津冀—成渝贵为四大边框，以长三角—武汉—成渝贵，以及京津冀—武汉—珠三角为对角线的“菱形结构”已经浮现，以上轴带均已表现出显著的区位优势（见图 7-5）。

在“菱形”结构中，两条对角线是整个菱形的十字支撑，将四大顶点地区有机地联系在一起。京津冀—武汉—珠三角这一轴线，肇始于晚清修建的京汉铁路与粤汉铁路，京广通道的打通将北方政治中心、长江流域经济中心与岭南对外贸易门户进行空间上的连接，国家新的南北中轴得以确立。而成渝、武汉、长三角地区则归属同一流域，上、中、下游地区本来就存在着天然联系，长江黄金水道更成为不可多得的运输大动脉。陆玉麒和魏也华（1999）根据美国纽约与芝加哥地区的开发历史和经济地理演进特征，提出上海—武汉地区可成为媲美纽约—芝加哥的国家经济地理横轴，并指出上海与武汉是全国最大的流域双核结构。

本书指出了上海—武汉轴带在国家区位上的优越性，并进一步认为，国家经济地理横轴可延伸至成渝地区，即上海—武汉—成渝。其主要原因如下：一是双向开放下的城市区位格局在整体上显示出上海—武汉—成渝这一延伸地带的区位优势，按照国家基本框架向“菱形结构”的演变趋

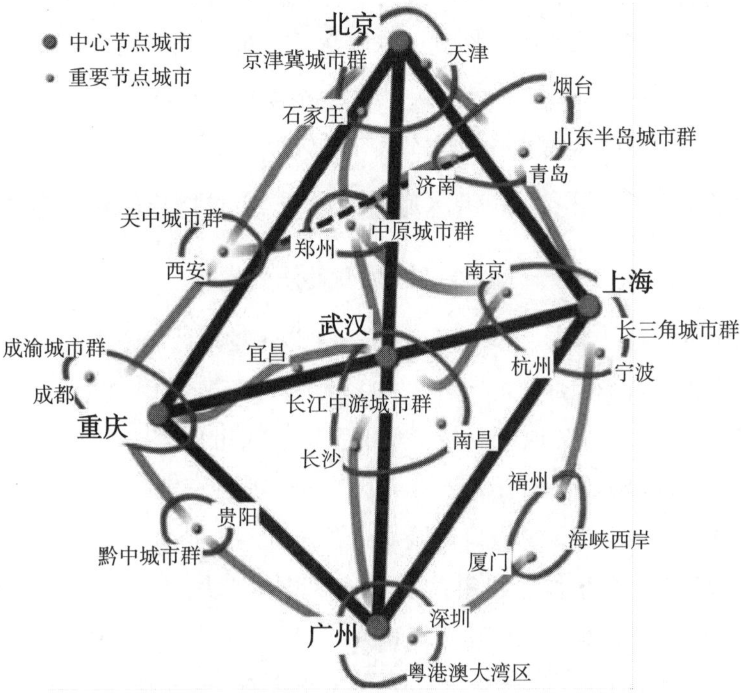

图 7-5 陆海双向开放时代的“菱形结构”示意

势，上海—成渝成为横贯国土东西的横轴在情理之中。二是沪汉蓉高铁等重大交通基础设施的开通，打破了长期以来四川盆地的东向交通瓶颈，为其与长江中、下游地区的联系提供了极为重要的条件。三是建设长江经济带成为国家战略，在未来一段时间内，长江流域尤其是上海—武汉—成渝轴带将获得较大的政策支持。四是国家经济地理横轴不仅是若干核心城市的空间链接，更是较大规模城市群之间的联系与互动。美国的经济地理横轴以大西洋沿岸城市群与五大湖城市群为支撑，并依托伊利运河作为运输纽带。我国在长江流域的上、中、下游地区分布了三个大规模的城市群，这在全球的大河流域是极为少见的。长三角、长江中游、成渝三大城市群在规模与影响力上都具备显著优势，三者的有机联系与互动将使国家经济地理横轴变为现实。五是成渝地区拥有较好的自然资源禀赋，尤其是水热资源，这为其大规模的人口与产业集聚提供了基本保障。

值得注意的是，在国家规划层面，2021 年国家印发的《国家综合立体交通网规划纲要》，在“附件：国家综合立体交通网主骨架布局示意图”中首次出现了“菱形结构”图式，这与国家空间结构的演进规律相一致。“菱形格局”实际上代表了中国人口和经济高度集聚的核心地带，而这一空间的形成正是国家经济增长和区域协调发展的关键。

7.2.2 “菱形”地带区域的协调发展优势与网络化重塑

7.2.2.1 “菱形”地带区域协调发展的优势

从水资源条件来看，“菱形”地区一半以上的地区年降水量可达到800毫米以上，其余绝大部分地区也在400毫米以上，属于湿润、半湿润地区。从地形来看，“菱形”地区囊括了华北平原、四川盆地、长江中下游平原等我国的大部分平原地带。从农业条件来看，其拥有大量水热条件较好的耕地，农、副业发达。从人口与城市分布来看，我国人口密度较高的华北平原、长江中下游平原、四川盆地等地区均位于其中，集中了我国长三角、珠三角、京津冀、长江中游、山东半岛、福建沿海、中原、关中、长株潭等极为重要的城市群。从经济发展水平来看，“菱形”地区集聚了全国最为发达的沿海地区和内陆地区，具备极为明显的资本、科技、教育、人才优势。从交通可达性状况来看，2020年，以北京、上海、广州、武汉、重庆五大城市为中心，其6小时货运范围已覆盖核心地带的大部分地区，核心地带内部不同中心城市所在片区之间的物流联系便捷度显著提高，且北京、重庆、广州向“菱形”以外地区的交通辐射更为强烈。总体来看，“菱形”地区在区域协调发展方面，其自然条件、经济发展、城市发育等条件整体较好，有利于地区内的联动和协调。

7.2.2.2 “菱形”地区的网络化重塑

张建军（2010）研究表明，网络系统包括实体要素、网络流和地域组织要素。实体要素是指人类长期的社会经济活动所形成的社会经济实体，以及支撑这些实体生成与发展的线状基础设施（Liu，2000）。实体要素主要包括，区域不同层级的城市，以及乡村两类区域经济实体，其中与城市和乡村相关的非农产业区和农业区则是区域经济活动的基本空间（Sun and Parikh，2001）。线状基础设施主要包括交通、通信线路、动力和水源供给设施，是区域经济活动横向拓展的先决条件。按照空间经济学的观点，各种空间实体之间联系的实质就是生产力要素流。生产力要素的空间流动，泛指其在一定时空范围内所发生的量与质的转移和交换现象（Brun, Combels and Renard, 2002），其可分为人流、物流、资金流、技术流和信息流等类型。由中心及腹地所组成的节点区域是最基本的地域组织要素，节点区域具有内聚性，其反映的不是一个平面，而是一个结构性组织（张建军，2010）。"菱形"地区集合了沿海与中西部地区最发达区域，可参考网络系统理论重塑核心地带的网络化空间结构。

从网络流的视角来看，核心地带的土地开发与宏观生产力布局需注重两个方面：一是加强沿海地区与内陆地区的联系与协作，推进两者在社会经济要素上的密切互动。从经济要素的空间作用来看，沿海城市与内陆地区本身就存在着极为显著的港口—腹地结构，沿海港口城市作为进出口贸易的集疏运枢纽，其与腹地间的货物流动十分密切。因此，核心地带的港口中心城市应加大与其腹地的资金、技术、人才流动，构建产业合作网络，带动核心地带的内陆地区的发展。二是加强核心地带城市群中心城市与其他节点城市的功能协作，引导各种流要素的合理交互，形成真正紧密的一体化区域。核心地带拥有长三角、珠三角、京津冀、福建沿海、山东半岛、长江中游、成渝、中原、关中九大城市群，集中了我国城市群的主要力量。而就城市群发展状况来看，不少城市群还未形成一个内部联系紧密、市场统一、职能分工合理的一体化区域，因此，"菱形"地区应注重打破其城市群内部市场分割的阻碍，推进各种流要素的自由流动；在职能上要明确各城市的主要分工，避免恶性竞争；不仅要发挥中心城市的增长极作用，还要防止过度"虹吸"所带来的负面影响，重视中心城市与其他节点城市间的协调发展。此外，从地域组织要素视角来看，"菱形"地区在网络式开发方面要大力推进城乡统筹，破解城乡"二元结构"困境。

依据网络系统的理论，要实现核心地带的网络式空间开发，首先要着重建设完善的交通基础设施，打造不同等级的经济轴带。当前，核心地带的骨干交通网络已基本形成，以超大和特大城市为枢纽的放射性网络特征比较明显。在交通布局上，可进一步考虑提升中等城市的对外交通可达性，加强货运型铁路改造和建设，以提高城市群、都市圈的物流能力。

虽然核心地带集中了我国最为发达的城市群体，拥有最为优质的发展资源，但是其内部的区域发展仍呈现一定的不平衡。燕山—太行山片区、大别山片区、罗霄山区片区、秦巴片区、武陵片区等地的经济发展仍相对落后。因此，在“菱形格局”下，核心地带的空间开发，应重视区域统筹，加大对相关片区的精准扶持和人文关怀，为该地区提供更多的政策支持与发展机遇。

7.3 生态文明时代的区域协调发展：保护性开发与低碳协同

从人类文明发展视角来看，生态文明是对传统文明类型（原始文明、农业文明、工业文明）的超越。党的十七大正式提出建设生态文明的治国理念，生态文明建设被纳入全面建设小康社会的总体目标。党的十八大报告则将生态文明建设列入国家现代化建设“五位一体”总体布局，生态文明建设上升到前所未有的高度，融入社会发展的方方面面。2015 年，国家生态文明建设专题部署的第一个文件《关于加快推进生态文明建设的意见》出台，标志着系统完整的生态文明制度体系逐步确立，生态文明建设进入全面高效实施的新阶段。当前，区域协调发展的内涵和标准发生了变化，区域间的绿色协同发展成为重要目标。如何在生态文明中推进区域协调发展，是一个值得深入探讨的议题。

7.3.1 “人类世”与区域协调

“人类世”（Anthropocene）作为一个独特的地质学概念，成为社会研究讨论的焦点。2000 年，“人类世”这一地质学纪元概念因诺贝尔奖得主保罗·克鲁岑（Paul Crutzen）发表的《我们已进入“人类世”?》而受到广泛关注。2016 年，国际地质大会（IGC）在南非召开，AWG 正式建议地质学接纳“人类世”的概念，并确定其开始的时间为 20 世纪中期（王瑜，2019）。

“人类世”代表了由人类主导的地质时代，反映了人类活动对地球的影响已达到形成新地层与新生态的程度。保罗·克鲁岑认为，工业革命以来，人类对全球环境的影响不断升级，人为的二氧化碳排放使全球气候可能在未来几千年内严重偏离自然行为。在此背景下，必须加强对工业、技术和人的各种能力的重新评估，并借此走向一个可持续的未来（杰米里·戴维斯，2021）。中国于2020年提出“双碳”目标，“双碳”目标事关中华民族永续发展和人类命运共同体的构建，必须在区域发展中得到落实。2021年，国家发布《关于完整准确全面贯彻新发展理念做好碳达峰碳中和工作的意见》和《2030年前碳达峰行动方案》，各省份也将“双碳”目标列入相关规划和发展任务。

可以判断，在新发展阶段，地方政府都将充分利用各种条件，尽最大努力推进“双碳”工作。地方政府的区域发展挑战在于，“双碳”工作具有艰巨性，即如何协调做到既按计划甚至超前完成“双碳”目标任务，又不使各地经济社会发展水平降低。各地资源禀赋、经济基础、发展阶段差异较大，在化石能源仍占据能源消费主体地位的条件下，部分地区的经济发展与节能降碳存在较大矛盾。尤其是煤炭资源富集的地区，当地的经济和民生均依赖于能源资源。同时，“双碳”目标将重塑区域发展格局。碳达峰、碳中和将重塑生产力要素价值及其利用方式，如荒漠化地区发展农业面临着水资源制约，却具备“光伏+”等多种模式产业发展的有利条件；高碳排放的水泥行业，将出现新变化，而不一定是“梯度转移”。在“双碳”目标下，城市间的产业转移将出现新态势，区域发展不平衡风险将加大（周宏春，2022）。因此，要从发展与减排并行的角度，基于替代效应进行前瞻性思考、系统性谋划，进一步强化降碳脱碳路径中不同行业间、不同领域间、不同产品间、不同地区间的统筹平衡，这既需要差异化的行动方案，也需要东、中、西部地区间要素禀赋的深度融合（庄贵阳，2022）。

7.3.2 新的人地关系模式探索与区域低碳协同发展

15世纪至16世纪，欧洲在世界各地建立全球商品的产业链，资本主义本身的发展逻辑也使全球各区域生态恶化不断加剧（杰米里·戴维斯，2021）。在生态文明理念下，传统的发展模式难以为继。国土开发将从以经济效益为中心的开发理念，转向强调保护性开发，强化国土空间规划和用途管控，划定落实生态保护红线、永久基本农田、城镇开发边界，以及各类海域保护线。国家“十四五”规划提出，以国家重点生态功能区、生态保护红线、国家级自然保护地等为重点，实施重要生态系统保护和修复重大工程，加快推进青藏高原生态屏障区、黄河重点生态区、长江重点生态区和东北森林带、北方防沙带、南方丘陵山地带、海岸带等“三区四带”生态屏障建设。这将为各区域在优化人地关系的过程中实现协调发展提供条件。

同时，如何识别人地关系演进过程中资源环境基础的安全保障能力，以及人地核心要素的相互作用机理，寻求工业文明向生态文明有序转变的发展模式，以缓解乃至遏制日趋紧张的人地关系，是未来一段时间区域发展的重要任务。各地区应从历史演进和内在逻辑关系的角度，充分认识自身社会经济发展与生态环境变迁的内在关系，充分提炼区域发展的特殊性和规律性，从人地关系视角深刻把握经济发展的生态困境，构建各具特色的生态文明模式。

从工业发展视角来看，沙漠、戈壁、水资源短缺的高原地区、交通条件不便的山区等，很难创造经济效益，注定成为区域协调发展的“问题地带”。但在生态文明的实践下，越来越多的地区新型人地关系正逐步构建，并创造客观的生态效益和经济效益，为探索区域低碳协同发展道路提供了现实经验。

库布齐沙漠是中国第七大沙漠，虽是一片不毛之地，但其拥有丰富的太阳能资源，年均日照时数超过3180小时。2017年，国家能源局批准在库布齐沙漠建设达拉特光伏发电应用领跑基地。新华社（安路蒙，2019）报道，基地全部采用双面光伏板和跟踪式支架，同时吸收太阳直射光和地面反射光，实时跟踪太阳位置自动调整方向，能提高20%左右的发电量。按照设计，该基地总规模200万千瓦，建成后年发电量可达到40亿千瓦·时，每年减排二氧化碳320万吨。更为重要的是，其探索出“光伏治沙”新模式，构建新型人地关系。该发电基地拥有178万块连片分布的光伏板，其基桩能固沙、光伏板能遮阴，进而明显改善了植物生长的环境条件。光伏板间隙大量种植黄芩、黄芪等中草药，一些区域还种植了红枣等经济林木。随着小型啮齿类动物的活动，光伏基地形成了植物—动物生态链。同时，不少农牧民参与承包了经济林养护工程，按照“谁养护谁受益”原则进行利益分配。沙漠旅游、光伏板保洁、物业服务等工作，也为当地提供了上千个就业岗位，人均增收 4200 元。通过实践创新，基地片区实现了光伏发电、生态修复和扶贫利民的共赢。

青海省海南藏族自治州共和县海拔较高、戈壁广布，经济发展较为落后。其中，塔拉滩地区平均海拔 2920 米，总面积为 2136 平方千米，以戈壁沙丘为主，受降水减少、盲目开荒、超载放牧等影响，土地荒漠面积达到 674 平方千米，是黄河上游和三江源地区风沙危害最严重的地带之一。2012 年，当时国内最大的光伏发电基地在此建设。光伏板的铺设使园区风速降低了近 50%，蒸发量降低了 30%，为植被恢复创造了条件（陈远丁，2021）。植物的生长既遮挡光伏板发电，又在冬季产生火灾隐患。因此，园区引入羊群锄草助力（被称为“光伏羊”），村民则可以从事清洗光伏组件、割草、保安等工作，增加了收入。通过探索，塔拉滩地区创造了牧光互补的发展模式。同时，为克服光伏发电间歇性、波动性和随机性较大的问题，光伏基地和 40 多公里外的龙羊峡水电站并网发电，开启“水光互补”模式。塔拉滩地区是青海发展探索生态文明和发展绿色经济的一个缩影。2020 年，青海清洁能源发电量已达到 847 亿千瓦时，清洁能源占总发电量的比例高达 88%，相当于替代原煤 3811 万吨，促进减排二氧化碳 6268 万吨（央秀达珍，2021）。除了省内就地消纳外，其还输送至多个省份。通过特高压直流输电工程，其每年向河南输送 400 亿千瓦时的清洁电能。

7.4 胡焕庸线的突破与国土空间协调发展

7.4.1 胡焕庸线的本质

区域协调发展的重点之一，是对经济发达地区与欠发达地区进行引导和平衡。从国家维度来看，当前经济发展水平的分异首先仍然表现在东西方向上，而胡焕庸线正是国土空间协调发展难以逾越的议题。胡焕庸线刻画了人口地理特征，反映的是人口分布的综合规律。关于是否可以“克服”胡焕庸线的问题，多是围绕“突破”或“打破”而言。“突破”指胡焕庸线的大致格局是不变的，在局部地方发生了变动；“打破”则有较大的变化，是对整个格局产生较大影响。本书不聚焦到底是“突破”还是“打破”，而是胡焕庸线的变化对国土空间协调的影响。

王铮等（1995，2016，2019）进行了一系列生态环境—社会经济发展的综合研究，为如何进行国土空间协调，尤其是如何发展胡焕庸线以西地区有较好的启发。其启示可分为三个层面：一是胡焕庸线的本质是生态环境过渡带，标志着生态环境梯度的变化。胡焕庸线是对第一地理本性的刻画，只要地貌、气候等自然禀赋的要素不变，胡焕庸线反映的人口、经济地理格局也就不会发生变化，从这个意义上讲，“打破胡焕庸线”是不可能的，除非中国的气候及其次生的水文分布格局发生重大变化。二是其他国家的发展经验表明，交通和产业发展非常关键。美国东、西部的界限非常明显，玉米带作为生态界限而存在，但美国打破了玉米带的限制，西部地区开发取得了较大成功。美国首先大幅度提升西部地区的交通通达程度，对自然资源进行开发。同时，在相对荒芜的地区发展节水产业，依托特殊的地区政策使水资源条件相对较好的地方出现经济要素集聚。美国西部的发展经历显示了克鲁格曼所提出的第二地理本性，即交通和经济要素集聚的重要价值。三是在信息化推动下，通过对中国未来经济发展水平的模拟，发现信息化可能是“打破胡焕庸线”的重要手段，用信息化推动胡焕庸线以西人口、资本的新聚集，是促进西部地区发展的可行方法。

7.4.2 西部地区发展应充分考虑气候变化因素

事实上，随着全球变暖，近年来我国部分地区的自然生态环境条件发生了一定程度的改变。气象观测资料显示，自20世纪80年代以来，西北地区气温逐步上升，以黄河为界的西部区域，降水开始呈现逐渐波动的增加趋势（刘毅，2019）。未来，西北地区气温仍将持续升高，降水、径流和土壤湿度也将增加，整体向暖湿化转变（李明、孙洪泉、苏志诚，2021）。根据施雅风院士（2003）的预测，2050年，西北各省份平均气温将上升1.9摄氏度，降水增加4%~34%。随着西北暖湿化的趋势，近年来，西北地区人工种植的植被存活率逐步提升，加速了西北地区生态改良。如“三北”工程建设40年，累计营造防风固沙林达到788.2万公顷，治理沙化土地达到 33.62 万平方千米，保护和恢复沙化草原达到 1000 多万公顷，工程区年均沙尘暴日数从 6.8 天下降为 2.4 天，营造水土保持林达到 1194 万公顷，累计治理水土流失面积达到 44.7 万平方千米，年入黄河泥沙减少 4 亿吨左右（王琪，2018）。2020 年，榆林市沙化土地治理率已达 93.24%，年均荒漠化逆转速率高达 1.62%，而存在千年的毛乌素沙漠（中国四大沙地之一），即将从陕西版图上消失（王罡、赵波、李羽佳，2020）。

从区域发展的历史脉络来看，人类的行为对不同时期自然景观的改变起到一定的作用，但相比之下，自然环境的力量和作用更为强大。历史上，气候的较大变化，对景观的改变、游牧与农耕民族的冲突、城镇的发展，以及王朝的兴衰均产生了极大的影响（邹逸麟，2019；许倬云，2017）。因此，自然环境实际上在胡焕庸线的议题上扮演着“系铃人”的角色，而随着气候的持续变化，西北气候暖湿化逐步显现，自然环境的改变为打破胡焕庸线提供了最大可能性。

“天之道，不争而善胜，不言而善应”（老子，2021）。中国古人对事物规律的认识，在区域发展层面同样适用。随着“道”的动态变化，人类的经济行为往往需进行相应的调控。当然，无论是基于历史还是基于现状，西部地区的发展都应在最大限度保护生态环境的前提下，进行合理的开发开放。

7.4.3 西部地区发展应重视内部差异性

胡焕庸线以西地区的发展瓶颈大多受自然条件的影响较大，如高寒缺氧、干旱缺水、沙漠戈壁广布等，但西部地区内部具有显著的空间差异性。因此，在区域发展上，应选择综合条件相对较好的地理空间，进行合理的经济布局和人口集聚，逐步形成不同层级的增长极。

高山—绿洲—荒漠、河流—绿洲—荒漠等自然地理格局特点决定着干旱地区的人口和经济主要集中在水源附近的绿洲地带，有限的水资源促使区域的开发必须依托绿洲形成人口—产业聚集区。绿洲的大小、分布在一定程度上决定着绿洲城市发展规模，以绿洲为基础的组团式发展是干旱区自然地理背景下城镇形成发展的客观规律。由于“一带一路”建设已成为长期的目标，西部地区外向型经济的发展必将进一步深化，这要求西部地区在更大的范围内，优化生产要素配置，促进边境地区和西部地区形成新的增长极（王开泳、邓羽，2016）。因此，在新一轮国土开发中，国家应着力培育绿洲中心城市，特别重视对具有广泛对外联系的区域性中心城市和边境口岸中心城市的发展（刘慧、叶尔肯·吾扎提、王成龙，2015）。在城镇化方面，由于西部地区资源环境的有限承载性，决定了其城镇空间布局的串珠和嵌套特征，因此应不以规模而谋大，不因功能而谋全，坚持以人为本，坚持走安全、生态、集约、山水、信息化城镇建设之路（方一平等，2016）。在产业培育方面，有选择性地发展具有资源优势的专业化产业集群，以若干产业创新主导的城市为枢纽，加快中小城市的信息化建设和交通网络建设，构建西北地区新型产业主导的枢纽—网络结构（王铮，2014）。

7.4.4 充分利用新技术推动国土空间协调发展

在信息时代，整个世界被互联网连接为一个整体，网络使世界的距离缩短，并以惊人的速度改变着经济发展。高铁、机场等快速交通设施网络快速构建，尤其是偏远地区的对外交通可达性迅速提升，区域间出现显著的“时空压缩”效应。随着“流动空间”在一定程度上取代“场所空间”，距离、劳动力、市场等因素对经济活动区位的影响在逐步改变。新冠肺炎疫情期间，居家办公、网购、网课、网上商品交易会等模式的普及，正是借助互联网提供的非接触式交流渠道，实现经济社会活动的正常运行。

同时，新一轮科技革命不断推动产业变革，并将逐步重构经济地理格局。国内不同地区间的科技创新基础优势差异较大，部分地区尤其是沿海发达地区在一些领域实现了“并跑”和“领跑”，为获取新一轮发展优势。但近年来，部分经济较为落后的地区（如贵州）通过加强对重点领域的发展，已积累了一定的高新技术产业优势。后发区域应发挥自身比较优势，通过吸引和集聚高素质人才，专注于特定领域的创新和突破，充分把握“弯道超车”的重要机遇。因此，在新发展阶段，国家可充分利用新技术条件在相关领域打破地域、实践的限制，优化经济要素的流动和空间集聚，推动国土空间的协调发展。

7.5 新环境下的区域协调发展

7.5.1 “双循环”时代的开启：沿海与内陆的协调之道

洪银兴和孙宁华（2015）的研究表明，自20世纪90年代以来，沿海与内陆地区经济差距扩大的重要原因之一在于，两者的相互依赖性减弱。改革开放之后，尤其是中国加入WTO之后，中国逐步融入世界经济体系。相对于内陆地区，沿海地区的产业发展更快，产业层级也更高，其所需的资源可以从国际市场获得，而不一定来自内陆地区。沿海地区在产业优化升级的过程中，不断向高新技术和服务产业转型，这导致了其对农矿等初级资源和产品的需求量降低，从而减少了对内陆地区的依赖。同时，沿海地区所生产的产品面向全球市场，对内陆市场的依赖性较弱。

刘志彪（2016）认为，区域的发展取决于制度创新能力和区位优势，地理区位、市场化和全球化是解读国内东、中、西部经济发展的主要视角。改革开放之后，东部沿海地区利用自身优势率先加入全球价值链，打造劳动密集型环节的产业集群，迅速形成了全球最大的制造基地。而中西部地区只能得到低级要素报酬，变为低端要素的供应地。此外，中国内部发展差异不断加大，这跟要素市场发育不完全有较大关系，要素市场因城市化程度差异和制度创新不足（如户籍制度、公共福利制度）导致存在相当程度的扭曲和分割。

翟东升（2021）对东北地区的研究显示，东北地区衰落的首要原因在于中国经济的全球化。在封闭的计划经济时期，东北地区以其雄厚的工农业实力成为全国的工业重心与经济重心。国家形成了以东北为中心、其他区域为外围的空间结构。如果把中国经济比作一棵树，则东北地区为树根，其他地区为树干和树叶。对外开放特别是加入WTO之后，中国快速融入世界贸易大循环中。沿海地区成为对外开放与经济发展的前沿，以东南沿海为代表的“枝叶”部分嫁接到更强壮的欧美根系上，东北地区快速变为边缘地带。同时，东南沿海等制造业大省的可贸易部门保持着相对强势，使得人民币汇率由于出口而整体偏高，加大了制造业相对弱势的内陆地区参与全球竞争的难度。

诺贝尔经济学奖得主约瑟夫·斯蒂格利茨（1999）曾指出，中国不能只把对外开放作为增长的发动机，国内经济同样重要。过分依赖外部需求的战略存在一定的局限性：一是国际市场的出口障碍越来越大，出口收益明显下降。二是外向型经济使沿海城市得以繁荣，但未能给内陆省份同样的机遇。三是落后地区需要获得增长源来带动发展。中国应当采取措施利用其庞大的国内市场，将其作为自身增长的发动机。

2020年，国家提出要深化供给侧结构性改革，充分发挥我国超大规模市场的优势和内需潜力，形成国内国际双循环相互促进的新发展格局。双循环新发展格局的提出正是应对以上问题，并和约瑟夫·斯蒂格利茨的主张相一致。2022年，国家发布《关于加快建设全国统一大市场的意见》，明确提出加快建立全国统一的市场制度规则，打破地方保护和市场分割，打通制约经济循环的关键堵点，促进商品要素资源在更大范围内畅通流动，加快建设高效规范、公平竞争、充分开放的全国统一大市场。全国统一大市场的建设将进一步确立市场在资源配置中的决定性作用，有效促进国内大循环的畅通。

综上所述，从宏观层面来看，沿海与内陆地区的协调发展之道已经比较清晰，即如何优化和增强沿海与内陆地区的贸易分工和经济要素联系，如何提升内陆地区的经济地理区位，如何提升内陆地区的创新能力。双循环时代的开启，使内循环受到空前的重视。双循环格局的打造将把基于出口导向的经济全球化转变为基于扩大内需的经济全球化，全球价值链与国内价值链将逐步实现协调发展，且国内价值链的打造将在区域协调发展中发挥重要作用。中国通过建立本土企业控制的国内价值链，带动关联产业发展，实现区域经济协调发展。建立由本土企业主导的国内价值链，可实现在国内不同地区间有效整合要素禀赋，甚至将订单外包到其他国家，主动整合全球资源。同时，可充分发挥国内外产业特别是国内循环产业间的关联效应，带动上、下游产业发展，弥补全球价值链在国内链条太短的缺陷（刘志彪，2016）。

双循环格局的打造，将进一步优化或重塑出口与内需、国际市场与国内市场、全球化与本土经济、对外开放与对内改革等关系，也将推动“有效市场”和“有为政府”更加高效的结合。在区域发展上，中央和地方政府将继续发挥沿海地区的引领优势，同时对老少边穷及“问题区域”进行针对性扶持。而从陆海复合型国家的地缘特征与发展趋势来看，现代化的中国必将是“海权”与“陆权”发展力量交相辉映。可以说，一个有利于内陆地区更充分发展的机遇期已经到来。

7.5.2 人口“零增长”与“负增长”：区域协调发展新的关注点

国家统计局数据显示，2021 年末，全国人口（包括 31 个省、自治区、直辖市和现役军人的人口，不包括居住在 31 个省、自治区、直辖市的港澳台居民和外籍人员）共有 141260 万人，仅比 2020 年末增加 48 万人。对于全国超过 14 亿的人口总量来说，我国即将进入人口“零增长”甚至“负增长”时代。与此同时，不少地区的人口老龄化，中国正在步入老龄社会。在此背景下，一些新的经济社会发展趋势将逐渐出现。如少子化、老龄化和低生育，经济发展的人口红利急速下降，社会养老压力进一步凸显等。同时，城镇化趋势也正在发生变化。我国城镇化率已从 1978 年的 17.90%增长到 2021 年的 64.72%。近年来，城镇化增速已呈现下降趋势。2015 年，常住人口城镇化率比上年增加 1.33 个百分点，2021 年则下降到 0.83 个百分点。世界银行数据库资料显示，2020 年末美国城镇化率为 82.66%、日本为 91.78%、英国为 83.90%、法国为 80.98%、德国为 77.45%。也就是说，参考发达国家 80%左右的城镇化率目标，我国还有 15%左右的上升空间。整体来看，改革开放 40 多年之后，中国的城镇化发生了从高速度到高质量的重大转变。

新发展阶段我国面临的趋势是：人口总量增长放慢，城镇化增速趋缓，人口老龄化加剧。而人是经济社会发展的核心要素，新背景下将形成怎样的与人口发展相对应的区域发展格局？人口“零增长”与“负增长”时代下，各区域应当如何应对并相互协调？

按照当前中国经济的发展阶段、人口的流动规律和国土空间的开发管控，新背景下，中国将形成以下区域发展格局：城市规模应取决于人口自由迁移和选择，人为对城市规模的过度控制既无效率又不公平，大城市快速发展将成为重要趋势（陆铭，2016；踪家峰，2021）；城市群和都市圈地带，人口与产业将持续集聚，经济和人口承载能力将不断提升；沿海发达地区将对高端人才等经济要素持续保持吸引力；部分人口将从沿海“回流”至内陆地区；高品质空间对人口要素的吸引力将不断增强，综合条件优越的大城市和宜居性好（生态良好、对外交通便利、公共服务完善）的小城镇均具有显著人口吸引优势；人口的抱团效应将逐步凸显，青年人口将大量向有活力的区域聚集；部分缺少活力的区域将进一步被边缘化。从区域协调发展的视角来看，不同地区在应对路径上将各有侧重。沿海发达地区将致力于一体化发展模式，尤其沿海的城市群地区将形成典型的区域一体化格局。省级层面将加强都市圈与城市群的建设，尤其是内陆省份将以都市圈作为主要承载空间吸纳外部人口流入。随着生态、交通可达性、公共服务等方面水平的大幅度提升，县级城市和重点小城镇将成为幸福指数较高的宜居家园，将吸纳大量乡村人口就近集聚。整体而言，未来，各区域应加大与人口要素相关的制度改革，着眼于从“人口红利”向“改革红利”的转变。各区域除了在产业、生态、交通、服务等领域大力进行提升外，还应加强对“人”本身的重视。一方面，应进一步破除人口自由流动的樊篱，尊重人口在地域空间上的自由选择和发展权利；另一方面，要加大教育投入和人才培养，提高人力资本，创新体制机制，加强知识与智力层面的共享。只有如此，才能实现区域崛起和协调发展。

7.6 未来中国区域协调发展的思考

自“九五”计划正式提出区域协调发展以来，我国20多年间已取得了重大进展和大量宝贵经验。在此过程中，基于大量的实践创新形成了推动区域协调发展的典型模式，如立足主体功能区优化国土空间结构，“点”“线”“面”相结合统筹的区域发展战略，以城市群和都市圈建设引领周边地区发展，破除行政壁垒和市场分割推动区域经济一体化，以多维手段帮扶欠发达地区发展等（廖祖君、侯宏凯，2021）。尤其是大规模的精准扶贫工程、长期的地区对口支援帮扶、大规模的财政转移支付、不同空间维度的发展战略等，既较好地结合了我国独特的国情，又极大地推动了区域间的平衡发展。面向未来，基于较复杂的大国环境和深厚的历史文化传统，在推动区域协调发展中仍有一些需要强调或加强的内容。

7.6.1 坚持尊重自然与经济社会发展规律

区域作为不同维度的地域空间，一直受到自然与经济社会发展规律的影响。而区域协调发展目标的实现，应基于对区域特质的深入把握，必须遵循以下规律。在推动区域协调发展的过程中，应进一步加强对资源、环境、生态等方面规律的认识，加深对区域地理环境的认知。相关学科存在一些极为重要的基本规律，比如，地理学的地域分异规律、地域发展规律等，前者包括纬度地带性、经度地带性、垂直地带性和非地带性规律，后者包括地理环境周期性发展和人地关系发展阶段性（胡兆量，1991）。又如，地理学的三大定律（朱阿兴等，2020）对空间相关性、空间异质性、地理相似性等方面进行了深入剖析，这些规律对于剖析经济地理格局、引导区域发展规划、指导经济活动布局等意义重大。地理学研究中常采用突出差异的思维模式，关注区域个性，从个性中概括区域特征，探索区域发展的特殊机理。这种思维模式有利于各地区科学把握自身特点和差异性，充分发挥自身比较优势，因地制宜、分类指导，进而制定差异化政策，对区域协调发展大有裨益。

大量的区域发展的事实与经验表明，区域协调发展必须遵循经济社会规律。区域发展不平衡是普遍的，要在发展中促进相对平衡。推动区域协调发展，要以完善产权制度和要素市场化配置为重点，破除资源流动障碍，确立市场在资源配置中的决定性作用，促进人口、土地、资金、技术等各类生产要素合理流动和高效集聚，构建全国统一开放、竞争有序的市场体系（陈梓睿，2021）。同时，着力建立区域间利益共享和成本分担机制，探索区域协同立法。

在尊重自然与经济社会发展规律的基础上，应深刻认识中国区域协调发展的空间层次特征，充分注重陆海联动发展，着力统筹大江大河流域内部的协调发展，强力优化以都市圈和城市群为载体的经济核心区发展，科学促进省际交界地带、老少边穷、“问题区域”等经济边缘区的发展。

7.6.2 强调以人为核心的区域协调发展

自古以来，中国人对理想社会的追求有着独特的设想，最具代表性的是儒家所提出的“天下大同”。“天下”是表征地理空间、文化心理、秩序理念的有机体，是古人对世界的表达。“大同”则出自《礼记·礼运》，是古人对理想社会的统称。儒家认为，富国强兵不是最终目标，共同富裕才难能可贵（陈忠海，2021）。而从当前社会发展阶段来看，共同富裕是社会主义的本质特征和根本原则。因此，共同富裕在本质上已远超出经济议题的范畴，共同富裕的目标决定了区域协调发展战略必须长期坚持，并且要更加强调以人为核心。

共同富裕是全体人民的共同富裕，各区域发展水平和方式可以不同，但不同区域居民享有发展成果的权利是相同的。而在区域协调发展层面，“人”是各类发展的要素核心，并有不断强化的趋势。首先，必须注重以人为本的原则，打破“人”的各种身份束缚，完全实现人口在地区间的自由流动与发展。加快欠发达地区的居民基本公共服务水平、基础设施水平、收入和消费水平等的速度提升，实现发展成果由全体居民共享（黄群慧，2022）。其次，应重视人地关系在区域协调发展中的重要性，注重人居环境的改善和优质生态环境的共建共享，充分认识“人”在生态文明建设与低碳发展中的主体角色。最后，要认识到“人”和利益主体才是区域协调制度的制定者和探索者，应积极整合和对接不同的地区政策制度体系，勇于创新治理协调体制机制，尽快建立多元共治的框架平台，使各方利益主体都有表达与诉求的权利和机会（陈杰，2019）。

7.6.3 充分重视文化作用

许纪霖认为，中国历史上重要的问题，一是“东西”问题；二是“南北”问题（许纪霖，2021）。“东西”问题在历史上是胡汉文化的冲突，南北问题是农耕文化与游牧文化的冲突。近代以来，中国“东西”“南北”问题逐步转变为海洋文化与大陆文化的差异、传统农本思想与重商思潮的区别。大国地理环境和文化差异造就了“空间中国”。而“空间中国”随时代发生变化，是多种文化的空间复合体，它们共同组成了多元一体的中国（许纪霖，2021）。历史进入近代以后，国家的经济要素形式和生产力水平发生了极大变化，区域发展格局被深刻重塑。历史上区域关系的诸多特征已经不适用于今日，但地域文化的痕迹依然或多或少地存在。文化作为一种渗透性的力量，通过主导人的思想和价值观念，依然影响着不同的区域群体和决策者的思维。可以说，区域文化的差异在一定程度上成为区域发展差异化的诱因。

在当前的区域发展中，部分地区表现出了显著的文化优势，成为区域经济发展的重要支撑。而一些地区则被认为存在一些“文化劣势”，制约了当地的发展。同时，不少地区的文化同质化与单一化倾向已经引起相关经济主体和决策者的担忧。在开放的市场经济环境下，地域文化作为重要的发展资源，直接或间接地影响了区域的经济效益和发展活力。不可忽略的是，中国在长期的大一统进程中，形成了国家尺度上独特的文化传统：儒家、道家、佛家思想对民众思维的影响，国家发展的系统性思维（如强调“全国一盘棋”），中央之于地方的权威性，民众对政府治理的高度信赖等，这些文化传统在当代的区域发展层面均起到了不同的作用。因此，应充分重视文化的作用，通过传统文化的创造性转化和地域文化的多元化发挥，助推各区域构建现代文化体系，提升经济社会效益，走出发展困境，实现良好的协调发展。

总的来说，推进区域协调发展的目的是破解当下区域发展的不平衡、不全面、不可持续问题。区域协调发展必须坚决破除地区间利益樊篱和政策壁垒，最终形成统筹有力、竞争有序、绿色协调、共享共赢的新局面。当然，不能简单地要求各地区达到同样的发展水平，而是要根据自身条件，发挥比较优势，走出富有地域特色的高质量发展之路。在这一过程中，自然、经济、政治、文化等方面的因素都将起到重要的作用，自然与经济社会规律不可违背，政府的科学调控不可缺位，文化的重要影响不能忽视；科技创新与国际环境亦是极为重要的外部变量。区域发展的态势与区域间的关系将在内外因素的共同驱动下持续变化，新发展阶段的中国将在区域格局重塑中走向协调发展。

从当前的形势来看，全方位、深层次推进区域协调发展的大幕已经拉开。

参考文献

［1］老子．道德经［M］．北京：中华书局，2021.

［2］徐松．宋会要辑稿［M］．上海：上海古籍出版社，2014.

［3］欧阳修，宋祁．新唐书（第五十三卷）［M］．北京：中华书局，1975.

［4］吴曾．能改斋漫录（第十三卷）［M］．上海：上海古籍出版社，1979.

［5］BRUN J F，COMBELS J L，RENARD M F. Are there spillover effects between coastal and noncoastal regions in China?［J］. China Economic Review，2002（13）：161-169.

［6］LIU S. Resource allocation and econamic growth in China［J］. Econ Inquiry，2000，38（3）：515-526.

［7］O'KELLY M E. Spatial interaction based location allocation models// Spatial analysis and location allocation models［M］. Van Nostrand：Van Nostrand Reinhold，1987：302-326.

［8］SUN H，PARIKH A. Exports，inward foreign direct investment（FDI）and regional economic growth in China［J］. Regional Studies，2001，35（3）：156-178.

［9］United Nations. Euro-Asian transport linkages phase II：Expert group report［R/OL］. 2012. http：//www. unece. org/fileadmin/DAM/trans/main/eatl/docs/EATL_ Re port_ Phase_ II. pdf.

［10］阿尔夫雷德·赫特纳．地理学：它的历史、性质和方法［M］．王兰生，译．北京：商务印书馆，2009.

［11］阿努钦．地理学的理论问题［M］．北京：商务印书馆，1994.

［12］安路蒙．“光伏+治沙”内蒙古库布齐沙漠创新生态治理新模式［EB/OL］．2019-11-20. http：//www. rmzxb. com. cn/c/2019-11-20/2469524. shtml.

［13］安树伟，李瑞鹏．都市圈的界定与对比［J］．中国投资（中英文），2019（17）：90-93.

［14］比希瓦普利亚·桑亚尔，劳伦斯·J. 韦尔，克里斯蒂娜·D. 罗珊．关键的规划理念：宜居性、区域性、治理与反思性实践［M］．南京：译林出版社，2019.

［15］彼得·卡尔索普，威廉·富尔顿．区域城市（第四版）［M］．南京：江苏凤凰科学技术出版社，2018.

［16］蔡昉．从比较优势到规模经济：重新认识东北经济［J］．学习与探索，2019（9）：1-11.

［17］曾灿，张秀生．发达国家促进区域经济协调发展的经验及其对广东的启示［J］．广东经济，2017（8）：75-79.

［18］陈传康．鄱阳湖区的开发整治战略［J］．江西师范大学学报（自然科学版），1989（2）：98-100.

［19］陈春林，陈红，韩阳．改革开放以来吉林省城市集聚区的空间演化［J］．中国人口·资源与环境，2011，21（S1）：121-124.

［20］陈福军，沈彦俊，李倩，等．中国陆地生态系统近30年NPP时空变化研究［J］．地理科学，2011，31（11）：1409-1414.

［21］陈杰．长三角高质量一体化的目标是共同富裕［N］．经济参考报，2019-06-12（A07）.

［22］陈耀．黄河流域生态保护和高质量发展战略的思考要点［J］．区域经济评论，2020（1）：8-11.

［23］陈怡平，傅伯杰．黄河流域不同区段生态保护与治理的关键问题［N］．中国科学报，2021-03-02（007）.

［24］陈远丁．青海：小小光伏羊，绿色大文章［EB/OL］．2021-06-08. http：//finance. people. com. cn/n1/2021/0608/c1004-32125695. html.

［25］陈震宁．把握先行契机，创建淮河流域生态文明示范区［J］．群众，2014（12）：37-38.

［26］陈忠海．先秦时代的共同富裕思想［J］．中国发展观察，2021（17）：63-64+60.

［27］陈梓睿．增强区域经济发展的平衡性协调性［N］．经济日报，2021-12-22（10）．

［28］戴德梁行．戴德梁行：2019 中国都市圈发展报告［EB/OL］．2020-03-30. https：//tech. sina. com. cn/roll/2020-03-30/doc-iimxyqwa3965273. shtml.

［29］樊杰，赵艳楠．面向现代化的中国区域发展格局：科学内涵与战略重点［J］．经济地理，2021，41（1）：1-9.

［30］方创琳，姚士谋，刘盛和，等．2010 中国城市群发展报告［M］．北京：科学出版社，2011.

［31］方创琳．城市群空间范围识别标准的研究进展与基本判断［J］．城市规划学刊，2009（4）：1-6.

［32］方创琳．中国城市群形成发育的新格局及新趋向［J］．地理科学，2011，31（9）：1025-1034.

［33］方一平，等．关于“胡焕庸线能否突破”的学术争鸣［J］．地理研究，2016，35（5）：805-824.

［34］冯慧娟，罗宏，吕连宏．流域环境经济学：一个新的学科增长点［J］．中国人口·资源与环境，2010，20（S1）：241-244.

［35］冯婉，谢世友．长江流域片 2000—2015 年植被 NPP 时空特征及影响因子探测［J］．水土保持研究，2022，29（1）：176-183.

［36］冯兴华，修春亮，钟业喜，等．长江经济带城市的网络层级：基于铁路公路客运视角的分析［J］．城市问题，2017（7）：18-26.

［37］葛剑雄．中国人口发展史［M］．成都：四川人民出版社，2020.

［38］古龙高．基于陆桥通道视角的“中欧班列”优化与建设的思考［J］．大陆桥视野，2015（5）：46-49.

［39］郭大顺．世纪之交的辽宁考古［J］．考古，2001（8）：3-14.

［40］郭文韬．中国地缘战略变迁的历史教训：寻求陆海统筹的必要性［J］．南方论刊，2017（5）：31-34.

［41］韩会然，焦华富，李俊峰，等．皖江城市带空间经济联系变化

特征的网络分析及机理研究［J］. 经济地理，2011，31（3）：384-389.

［42］郝寿义，倪鹏飞. 区域协调发展战略［M］. 广州：广东经济出版社，2020.

［43］何雄浪，李国平. 国外区域经济差异理论的发展及其评析［J］. 学术论坛，2004（1）：89-93.

［44］洪银兴，孙宁华. 中国经济发展：理论、实践、趋势［M］. 南京：南京大学出版社，2015.

［45］胡兆量. 地理学的基本规律［J］. 人文地理，1991，6（1）：9-13.

［46］黄洁，钟业喜. 长江中游城市群铁路客运联系及其空间格局演变［J］. 世界地理研究，2016，25（2）：72-81.

［47］黄群慧. 在协调发展中扎实推进共同富裕［N］. 光明日报，2022-01-04（11）.

［48］黄新建，等. 环鄱阳湖城市群发展战略研究［M］. 北京：社会科学文献出版社，2009.

［49］冀朝鼎. 中国历史上的基本经济区［M］. 北京：商务印书馆，2014.

［50］姜良芹. 成长在后续上的困境：刍议近代江西早期工业化的延误［J］. 江西社会科学，1999（2）：66-70.

［51］蒋祖缘. 明代广州的商业中心地位与东南一大都会的形成［J］. 中国社会经济史研究，1990（4）：19-29.

［52］杰米里·戴维斯. 人类世的诞生［M］. 北京：生活·读书·新知三联书店，2021.

［53］匡晓明，佟鑫. 新航海时代的城市梦想［J］. 城市中国，2014（65）：1-4.

［54］李春芬. 区际联系——区域地理学的近期前沿［J］. 地理学报，1995，50（6）：491-496.

［55］李兰冰. 中国区域协调发展的逻辑框架与理论解释［J］. 经济学动态，2020（1）：69-82.

［56］李明，孙洪泉，苏志诚. 中国西北气候干湿变化研究进展［J］. 地理研究，2021，40（4）：1180-1194.

［57］李平华．基于顶点城市的三角洲双核型空间结构形成演化研究［J］．人文地理，2008，23（5）：47-52.

［58］李平华．三角洲的顶点城市研究［D］．南京：南京师范大学，2005.

［59］李小建，李国平，曾刚，等．经济地理学（第三版）［M］．北京：高等教育出版社，2018.

［60］李小建，文玉钊，李元征，等．黄河流域高质量发展：人地协调与空间协调［J］．经济地理，2020，40（4）：1-10.

［61］李晓园，张云，赖利燕．赣南等原中央苏区人才队伍现状与建设对策研究［J］．江西师范大学学报（哲学社会科学版），2012，45（5）：75-80.

［62］李娅，吴虹丽．本地市场效应、比较优势动态化与地方中枢型产业的选择［J］．产经评论，2015，6（2）：114-125.

［63］理查德·哈特向．地理学的性质：当前地理学思想述评［M］．叶光庭，译．北京：商务印书馆，2009.

［64］梁太济，包伟民．宋史·食货志补正［M］．北京：中华书局，2008.

［65］廖祖君，侯宏凯．新中国成立以来我国推动区域协调发展的历程、模式与展望［J］．企业经济，2021，40（6）：31-39.

［66］林毅夫，付才辉．基于新结构经济学视角的吉林振兴发展研究：《吉林报告》分析思路、工具方法与政策方案［J］．社会科学辑刊，2017（6）：5-20.

［67］刘慧，叶尔肯·吾扎提，王成龙．“一带一路”倡议对中国国土开发空间格局的影响［J］．地理科学进展，2015，34（5）：545-553.

［68］刘军．社会网络分析导论［M］．北京：社会科学文献出版社，2004.

［69］刘世庆，许英明，巨栋．中国流域经济与政区经济协同发展研究［M］．北京：人民出版社，2019.

［70］刘小瑜，胡俭．环鄱阳湖城市群等级规模结构研究［J］．江西财经大学学报，2010（5）：10-14.

[71] 刘筱，王铮．论研发枢纽城市［J］．中国软科学，2013（1）：93-102.

[72] 刘耀彬，姜晓璐，张安军．基于城市经济空间联系视角的江西省城市群空间整合研究［J］．特区经济，2008（4）：195-196.

[73] 刘毅．西北缘何呈现“暖湿化”趋势［N］．人民日报，2019-11-13（015）.

[74] 刘志彪．经济全球化与中国产业发展［M］．南京：译林出版社，2016.

[75] 鲁西奇．历史地理研究中的“区域”问题［J］．武汉大学学报（哲学社会科学版），1996（6）：81-86.

[76] 鲁西奇．中国历史的空间结构［M］．桂林：广西师范大学出版社，2014.

[77] 陆大道．区域发展及其空间结构［M］．北京：科学出版社，1995.

[78] 陆锋，陈洁．武汉城市圈城市区位与可达性分析［J］．地理科学进展，2008，27（4）：68-74.

[79] 陆铭．大国大城［M］．上海：上海人民出版社，2016.

[80] 陆玉麒，李平华．三角洲顶点城市探讨［J］．地域研究与开发，2006，25（1）：6-9.

[81] 陆玉麒，魏也华．中美经济地理横轴的比较研究［J］．科技导报，1999（5）：61-64.

[82] 陆玉麒．流域中心城市的区位特征：以南昌为例［J］．人文地理，2011，26（4）：11-16.

[83] 陆玉麒．区域发展中的空间结构［M］．南京：南京师范大学出版社，1998.

[84] 吕桦．低谷效应与江西发展战略［J］．地理学与国土研究，1990，6（4）：8-12.

[85] 吕桦．京九低谷与九江区域发展战略［J］．地理学与国土研究，1987，3（4）：12-14.

[86] 吕连宏，罗宏，罗柳红．流域环境经济复合系统辨析［J］．水资源与水工程学报，2009，20（4）：9-13.

[87] 麻智辉．中部崛起与环鄱阳湖城市群的发展战略［J］．郑州航空工业管理学院学报，2007，25（4）：1-5.

[88] 马斌．“中欧班列”的突出问题与发展转型［J］．丝路瞭望，2017（1）：39-40.

[89] 马向明．健康视角下的大都市圈结构［EB/OL］．2020-11-11. https：//mp. weixin. qq. com/s/cIFVQT-jaHlW3wJDhbSjGg.

[90] 莫辉辉，王姣娥，宋周莺．丝绸之路经济带国际集装箱陆路运输的经济适应范围［J］．地理科学进展，2015，34（5）：581-588.

[91] 尼尔·史密斯．不平衡发展：自然、资本与空间的生产［M］．北京：商务印书馆，2021.

[92] 倪鹏飞，沈力．从城市看中国：经济集聚、人才争夺与产业迁移［N］．经济日报，2018-06-23.

[93] 聂琳．统一近28年东西部差距难消除，德国或需多一点“政府”［EB/OL］．2018-05-31. https：//www. sohu. com/a/233556237_ 313745.

[94] 宁波市政府发展研究中心课题组．宁波建设中欧班列沿海集结服务中心的方案设计［J］．宁波经济（三江论坛），2017（1）：10-16.

[95] 秦尊文，卢志文，杨兰桥，等．南阳宜明确为“省域副中心城市”［N］．中国经济时报，2014-03-19（A11）．

[96] 荣朝和．从交通区位的历史变化看京九铁路对江西的作用［J］．探究铁路经济问题，2009（2）：352-380.

[97] 茹小斌，祖健，张力文，等．国土空间规划对生态文明建设的推动作用：德国经验启示及海淀区的探索［J］．国土资源情报，2019（5）：8-14.

[98] 申现杰，袁朱．城市群高质量发展的理论逻辑与路径选择［J］．开放导报，2021（4）：24-31.

[99] 盛垒，权衡．区域经济分化态势与经济新常态地理格局［J］．复旦学报（社会科学版），2018，60（3）：135-145.

[100] 盛思鑫．从农牧之争到陆海分流［M］．厦门：厦门大学出版社，2020.

[101] 施雅风．中国西北气候由暖干向暖湿转型问题评估［M］．北

京：气象出版社，2003.

［102］施展．枢纽：3000 年的中国［M］．桂林：广西师范大学出版社，2018.

［103］史念海．论历史时期黄土高原生态平衡的失调及其影响［J］．生态学杂志，1982（3）：19-23.

［104］苏秉琦．中华文明的新曙光［J］．东南文化，1988（5）：1-7.

［105］孙学玉．推动有效市场和有为政府更好结合［J］．人民论坛·学术前沿，2021（15）：86-90.

［106］孙志燕，侯永志．对我国区域不平衡发展的多视角观察和政策应对［J］．管理世界，2019，35（8）：1-8.

［107］谭经龙．通江连海：明清时期中原商镇与水运网络的兴衰研究［D］．青岛：中国海洋大学，2008.

［108］汤放华，汤慧，孙倩，等．长江中游城市集群经济网络结构分析［J］．地理学报，2013，68（10）：1357-1366.

［109］汤毓贤．陈元光：开漳圣王，漳台圣宗［M］．福州：福建人民出版社，2020.

［110］王成金，金凤君．中国海上集装箱运输的组织网络研究［J］．地理科学，2006，26（4）：4392-4401.

［111］王成金．中国港口分布格局的演化与发展机理［J］．地理学报，2007，62（8）：809-820.

［112］王罡，赵波，李羽佳．毛乌素沙漠即将从陕西版图“消失”［N］．陕西日报，2020-04-23（01）．

［113］王开泳，邓羽．新型城镇化能否突破“胡焕庸线”：兼论“胡焕庸线”的地理学内涵［J］．地理研究，2016，35（5）：825-835.

［114］王凯．国家空间规划论［M］．北京：中国建筑工业出版社，2010.

［115］王琳．多国竞相加入中欧班列，运价仍有压缩空间［N］．第一财经日报，2015-06-23（A04）．

［116］王琪．三北工程建设四十年，森林覆盖率提高 8.5 个百分点［J］．国土绿化，2018（12）：6-7.

［117］王尚义，张慧芝．历史流域学论纲［M］．北京：科学出版

社，2014.

［118］王一鸣．“双循环”对城镇化提出新要求［N］．经济参考报，2020-11-24（007）．

［119］王义民，高军波，颜俊．论淮河流域城镇体系空间结构的演变［J］．信阳师范学院学报（自然科学版），2013，26（2）：254-258.

［120］王瑜．“人类世”来了［EB/OL］．2019-06-17. https：//www.cgs.gov.cn/xwl/kxjs/201906/t20190617_484443.html.

［121］王铮，张丕远，刘啸雷，等．中国生态环境过渡的一个重要地带［J］．生态学报，1995（3）：319-326.

［122］王铮，乐群，夏海斌，等．中国 2050：气候情景与胡焕庸线的稳定性［J］．中国科学：地球科学，2016，46（11）：1505-1514.

［123］王铮，孙翊，顾春香．枢纽—网络结构：区域发展的新组织模式［J］．中国科学院院刊，2014，29（3）：376-382.

［124］王铮，夏海斌，田园，等．胡焕庸线存在性的大数据分析：中国人口分布特征的生态学及新经济地理学认识［J］．生态学报，2019，39（14）：5166-5177.

［125］王铮．地理本性：胡焕庸线的突破与打破问题［J］．探索与争鸣，2016（1）：43-47.

［126］韦伟．从区域竞争迈向高质量发展的区域合作［J］．区域经济评论，2018（5）：53-57.

［127］魏后凯．现代区域经济学［M］．北京：经济管理出版社，2006.

［128］文玉钊，车冰清．“一带一路”倡议背景下江苏省区域发展问题与对策研究［J］．江苏师范大学学报（哲学社会科学版），2017，43（4）：120-126.

［129］文玉钊，李小建，刘帅宾．黄河流域高质量发展：比较优势发挥与路径重塑［J］．区域经济评论，2021（2）：70-82.

［130］文玉钊，陆梦秋，李小建，等．基于西通道的国家西向流通网络特征与组织模式［J］．地理学报，2019，74（6）：1205-1223.

［131］吴怀连．从“南北—东西”关系看中国宏观区位结构及其变动［J］．武汉大学学报（社会科学版），1992，45（1）：16-21.

［132］武清华，姚士谋，薛凤旋．我国中部崛起的城市群发展策略思考［J］．长江流域资源与环境，2011，20（4）：391-396.

［133］希罗多德．历史［M］．北京：商务印书馆，2010.

［134］习近平．国家中长期经济社会发展战略若干重大问题［J］．求是，2020（21）：4-10.

［135］习近平．推动形成优势互补高质量发展的区域经济布局［J］．求是，2019（24）：4-9.

［136］肖金成．中国区域发展：理论、战略与布局［M］．北京：光明日报出版社，2021.

［137］辛德勇．黄河史话［M］．北京：社会科学文献出版社，2011.

［138］新华社．改善黄河流域生态环境　促进全流域高质量发展［N］．大众日报，2020-09-01（16）.

［139］新华社．默克尔：两德统一 28 年后，东西部仍存发展差距［EB/OL］．2018-04-16. http：//m. news. cn/2018-04/16/c_ 129851274. htm.

［140］新华社．习近平主持召开中央财经委员会第六次会议［EB/OL］．2020-01-03. http：//www. xinhuanet. com//2020-01/03/c_ 1125420604. htm.

［141］徐浩程，李博．“京九”十五年：那些尚未实现的区域崛起［J］．中国民营科技与经济，2010（12）：48-53.

［142］许怀林．“舟船之盛，尽于江西”：历史上江西的航运业［J］．江西师范大学学报，1988，12（1）：15-21.

［143］许纪霖．脉动中国：许纪霖的 50 堂传统文化课［M］．上海：上海三联书店，2021.

［144］许倬云．万古江河：中国历史文化的转折与开展［M］．长沙：湖南人民出版社，2017.

［145］亚历山大·B. 墨菲．地理学为什么重要［M］．北京：北京大学出版社，2020.

［146］颜俊．淮河流域人口分布空间格局研究［J］．信阳师范学院学报（自然科学版），2014，27（4）：525-528+533.

［147］央秀达珍．青海清洁能源发电量相当于替代原煤 3811 万吨［N］．经济参考报，2021-02-03（A08）.

［148］杨柏．我国归类划分东中西部经济区已不适应发展要求［J］．贵州财经学院学报，2007（4）：40-47.

［149］杨军．区域中国：中国区域发展历程［M］．长春：长春出版社，2007.

［150］杨明．极简黄河史［M］．桂林：漓江出版社，2016.

［151］姚世谋，陈振光，朱英明．中国城市群［M］．合肥：中国科学技术大学出版社，2008.

［152］尹国康．流域地貌系统［M］．南京：南京大学出版社，1991.

［153］尹洪妍．城市群战略对江西区域经济发展影响因素分析［J］．科技广场，2008（2）：15-16.

［154］尹稚，卢庆强，吕晓荷，等．中国都市圈发展报告 2021［M］．北京：清华大学出版社，2021.

［155］俞勇军．赣江流域空间结构模式研究［D］．南京：南京师范大学，2004.

［156］约瑟夫·斯蒂格利茨．中国第三代改革的构想［J］．经济导刊，1999（5）：7-13.

［157］翟东升．平行与竞争：双循环时代的中国治理［M］．北京：东方出版社，2021.

［158］张建军．中国西部区域发展路径：层级增长极网络化发展模式［M］．北京：科学出版社，2010.

［159］张侃侃，郭文炯．基于空间特征、过程与机制的流域经济研究［J］．经济问题，2013（10）：103-108.

［160］张学良，林永然．都市圈建设：新时代区域协调发展的战略选择［J］．改革，2019（2）：46-55.

［161］张媛．“一带一路”倡议下，中国产业布局出现哪些大拐点？［EB/OL］．2015-12-08. http：//www. ccpit. org/Contents/Channel_ 3430/2015/1208/510308/content_ 510308. htm.

［162］赵苗苗，刘熠，杨吉林，等．基于 HASM 的中国植被 NPP 时空变化特征及其与气候的关系［J］．生态环境学报，2019，28（2）：215-225.

［163］赵青松．中欧国际铁路班列运行特点、问题及对策：基于“渝

新欧”班列的运行实践［J］．对外经贸实务，2015（3）：33-35.

［164］赵婷，陈钊．比较优势与中央、地方的产业政策［J］．世界经济，2019，42（10）：98-119.

［165］赵新正，冯长安，李同昇，等．中国城市网络的空间组织特征研究：基于开发区联系的视角［J］．地理研究，2019，38（4）：898-910.

［166］郑度，欧阳，周成虎．对自然地理区划方法的认识与思考［J］．地理学报，2008，63（6）：563-573.

［167］郑新立．把加快淮河生态经济带建设作为我国扩大内需的重要战略支点［J］．经济研究参考，2014（3）：69-72.

［168］中国共产党第十九届中央委员会．中华人民共和国国民经济和社会发展第十四个五年规划和2035年远景目标纲要［M］．北京：人民出版社，2021.

［169］中华人民共和国驻意大利共和国大使馆经济商务处．Eurispes报告称意大利南北经济和社会分化严重［EB/OL］．2021-05-14. http：//it. mofcom. gov. cn/article/jmxw/202105/20210503061833. shtml.

［170］钟业喜，陆玉麒．基于空间联系的城市腹地范围划分：以江苏省为例［J］．地理科学，2012，32（5）：537-543.

［171］周宏春．碳达峰碳中和将重塑区域经济发展格局［J］．区域经济评论，2022（1）：18-21.

［172］周魁一，等．二十五史河渠志注释［M］．北京：中国书店，1990.

［173］朱阿兴，闾国年，周成虎，等．地理相似性：地理学的第三定律？［J］．地球信息科学学报，2020，22（4）：673-679.

［174］朱传耿，仇方道，孟召宜，等．省际边界区域协调发展研究［M］．北京：科学出版社，2012.

［175］朱丽萌，陈雁云．对省级行政区域城市群构建的思考：以构建大南昌城市群为例［J］．中国井冈山干部学院学报，2009，2（3）：101-106.

［176］朱舜．行政区域经济学：行政区域经济结构与增长的理论框架［M］．北京：经济科学出版社，2017.

［177］朱艳硕，王铮，程文露．中国装备制造业的空间枢纽：网络结构［J］．地理学报，2019，74（8）：1525-1533.

［178］庄贵阳．在全国一盘棋原则下制定区域差异化“双碳”路径［J］．区域经济评论，2022（1）：16-18.

［179］踪家峰．区域与城市经济学［M］．上海：上海财经大学出版社，2021.

［180］邹逸麟．中国历史地理十讲［M］．上海：复旦大学出版社，2019.

索 引